쉼과 나아감에 대하여

쉼과 나아감에 대하여

An OASIS in TIME

인생의 오아시스를 만나는
예일대 명강의

마릴린 폴 지음 | 김태훈 옮김

북플레저

당신은 제대로 쉬고 있는가

잠시 숨을 고르고 나를 찾아야 할 시간

나는 경영 컨설턴트로서 사람이 일과 휴식 사이에서 삶의 균형을 잡도록 돕고 있다. 또한 최근에는 과중한 업무가 주는 비효율성을 개선할 수 있도록 자문한다. 회사를 컨설팅할 때면 종종 직원이 쉬는 날에도 연락이 닿기를 바라는 대표나 관리자를 만나는데, 나는 직원을 완전히 쉴 수 있게 내버려두도록 권한다. 그러면 어떤 관리자는 당황한다. 그들은 쉬는 것보다 회사의 이익을 먼저 생각하기 때문이다. 이 책은 휴식의 중요성을 모르는 그들과 쉬어야 하는데 쉬지 못하는 당신을 위한 책이다.

과거에 나는 뜻하지 않게 매주 휴식시간을 가졌다. 나는 유대인이지만 유대교 관행에 관심이 없었다. 그런데 대학원에 다니던 어느 날, 친구가 금요일 저녁을 함께 먹는 모임인 하부라havurah에 나를 초대했고 그곳에서 일주일에 하루를 완전히 쉬는 안식일sabbath을 경험하게 되었다. 그 경험은 놀라웠고 어떤 식으로든 나만의 안식일이 필요하다는 사실을 알게 되었다.

나는 오직 나를 위한 안식일을 만드는 법을 서서히 배워나갔다. 일주일 중 가장 안정적으로 재충전하는 시간이었고 이 시간이 내 인생을 좋은 방향으로 바꾸었다. 당시 미혼인 나는 데이트를 할 때 상대에게 내 일상의 중심이 나만의 안식일이라는 것을 진지하게 이야기했다. 내 남편인 데이비드와 처음 전화로 나눈 대화가 기억난다. 금요일 저녁에 영화를 보러 가자던 그에게 나는 금요일에는 외출하지 않는다며 이렇게 말했다.

"내 방식이 문제가 된다면 사귀지 않는 편이 좋겠어."

용기 내 데이트를 신청한 상대에게는 심한 말이지만 내게는 중요한 부분이었다. 데이비드는 전혀 문제가 되지 않을 것이라고 장담했지만 그렇지 않았다. 결혼을 포기할 만큼 심각한 문제는 아니지만 매주 하루, 오직 자신만을 위한 쉼의 시간을 만드는 방법에 대한 우리의 시각은 너무나 달랐기 때문이다. 실제로 자신만의 안식일을 이 정도로 중요하게 챙기는 것에 대해서 많은 사람이 잘 이해하지 못한다.

한동안 우리를 힘들게 만든 이 차이는 이 책을 쓰는 계기가 되었다. 우리는 둘 다 즐길 수 있는 안식일을 찾아야 했다. 안식일이라는 단어는 히브리어에서 나왔으며 '중단' 혹은 '멈춤'을 뜻한다. 이 안식일은 온갖 고통으로 삶이 괴로울 때 가던 길을 멈추고 지친 자신을 회복할 오아시스를 발견하는 시간이다. 피폐해진 마음을 치유하고 따뜻한 관계를 만들기 위한 매우 강력한 도구가 된다.

데이비드와 나는 각자가 중요하게 생각하는 것이나 관심사에 맞게 일주일에 하루 동안 온전히 자신만을 위해 쉴 수 있는 시간을 만들었고 서로의 방식을 존중해주었다. 무엇보다 각자의 일상 루틴에 맞는 휴식시간을 만들고자 했다.

물론 바쁜 일정 속에서 안식일, 곧 오아시스 타임(나는 나만의 안식일을 오아시스 타임이라고 부르기로 했다)을 만드는 일이 벅차고 비현실적으로 보일 것이다. 일에 완전히 얽매여서 저녁에도 쉴 수 없는 당신에게 이런 시간은 오히려 쉼이 아니라 불안함을 자아낼 수 있다. 그러나 궁하면 통한다고 길은 언제나 있다. 생산성을 유지하면서도 오아시스 타임은 충분히 만들 수 있다. 천천히 출발해 토대를 쌓고, 목적을 정해 실현할 방법을 찾으며, 안식일을 일정에 넣은 다음 원한다면 점차 늘려갈 수 있다. 심지어 당신에게 꼭 맞는 방식으로 말이다.

생산성의 함정에서 벗어나
마음껏 쉴 수 있는 단 하루를 선물한다면

우리는 지금 가능성과 생산성이 넘치는 시대를 살아간다. 효율, 효과, 노력을 향한 우리의 열정은 넘칠 정도다. 못다 한 업무를 따라잡으려 밤늦도록 깨어 있지만 게임, 소셜미디어 등 우리의 시간을 좀먹는 것들 때문에 시간을 낭비하는 경우가 허다하다. 정신과 시간을 집중시켜준다는 앱도 활용해보고, 유튜브를 통해 마음을 가다듬는 음악, ASMR 등을 틀어보지만 별로 효과를 보지 못한다. 한 번뿐인 소중한 인생을 즐기지 못하고 끝없는 일과 다중작업에 따른 스트레스로 에너지를 낭비한다. 번아웃이 우리 시대를 점령한 지 오래다.

사람은 속도를 늦추는 것의 가치를 이미 알고 있다. 그렇기 때문에 산책, 친구와의 대화, 느긋한 식사시간을 틈틈이 일과에 끼워 넣으려 애쓴다. 심지어 명상이나 기도도 한다. 그러나 이런 노력은 우리의 피로를 전혀 줄이지 못한다. 한두 시간 재충전을 해보지만 금방 방전되고 만다. 이 악순환의 쳇바퀴에서 내려와야 한다는 사실을 알지만 어떻게 해야 내려올 수 있는지는 모른다.

자, 이제 생산성의 러닝머신에서 내려올 때가 됐다. 끝이 보이지 않는 일, 압박감, 긴장에서 벗어나는 길이 있다. '일하지 않는 시간', '멈춤', '쉼', '안식일', '휴일', '오아시스 타임' 등 여러 이름으로 불리는 이 오랜 관행은 수 세기가 지난 지금도 여전히 필요하고 의미 있다. 그러나 많은 사람에게 '안식일'이라는 단어는 종교적 의미나 시간이 여유로운 사람의 배부른 소리로 받아들여진다. 그래서 즉각 거부 반응을 보이기도 한다. 그러나 안식일은 종교적인 의미뿐 아니라 삶의 균형을 위한 오래된 지혜다. 현대 사회로 접어들면서 그 전통이 잊혔을 뿐이다.

내가 이 책을 쓴 이유는 삶을 바꿀 만큼 충분한 활력과 생기를 북돋는 휴일을 보내는 법을 보여주기 위해서다. 다만 그러려면 일부 오랜 관념을 버려야 한다. 특히 종교적으로 전통적인 휴일이 주는 엄격함에서 벗어나라. 교회나 성당에 가서 설교의 뜻이나 종교적인 충만감을 맛보는 것이 아니라 그저 가만히 앉아서 설교를 듣거나, 유대교회에 가서 무슨 소리인지도 모를 만큼 중얼거리는 기도를 몇 시간 동안 듣는 일이 삶을 풍요롭게 해준다고 믿을 사람이 있을까?

《아내를 모자로 착각한 남자The Man Who Mistook His Wife for a Hat》를 쓴 올리버 색스Oliver Wolf Sacks는 어린 시절에 런던에서 가족과 함께 보낸 안식일을 아름답고도 감동적으로 묘사했다. 그는 가족 행사를 통해 느끼는 친밀감을 좋아했지만 동성애자라는 이유로 가족에게 배척당한 뒤 집을 떠나면서 안식일 의식을 버렸다. 그러나 이후 동성애자라도 가족의 일원이 될 수 있다는 사실을 확인하고 기꺼이 안식일의 전통으로 돌아갔다. 그는 이렇게 회고했다.

"나는 가치 있는 삶을 살아간다는 의미, 마음의 평화를 이룩한다는 의미가 무엇인지 계속 고민했다. 그러자 할 일을 마치고 마음 편하게 쉴 수 있는 휴식의 날, 바로 안식일이 점점 생각났다."

색스의 경험은 안식일이 지닌 가장 좋은 점을 취하고, 우리의 생활과 필요 그리고 우리가 바라는 것에 맞춤으로써 앞으로 나아갈 수 있는 길을 제시한다.[1]

대중매체, 저술가들의 글, 기업계, 종교계에서 사람은 매주 휴식과 회복을 위해 하루를 쉬는 일이 주는 이점을 재발견하고 있다. 이 새로운 안식일은 매주 진정한 자신의 모습을 되찾고 가장 좋았을 때의 모습으로 되돌려준다. 그뿐만 아니라 놀이와 휴식, 성찰, 재충전을 하며 실천사항이나 기한 혹은 성취에 대한 압박감이 없는 시간과 공간에서 비슷한 생각을 지닌 사람과 어울리기 위한 것이다. 그러므로 나만의 안식일, 곧 '오아시스 타임'은 사막 같은 현실에서 나를 돌보고 안식처를 만들어주는 출구일 뿐 아니라 사다리이기도 하다.

요즘 같은 시대에 자신만의 시간을 되찾겠다고 말하는 것은 도발적인 행동이다. 왜냐하면 자신이 생산자와 소비자 이상의 존재라는 선언이기 때문이다. 이것은 마음과 영혼의 상태를 돌보는 일이 중요하다는 주장이기도 하다. 공동체에 대한 깊은 관심을 거침없이 표현할 수 있어야 하며, 긴장을 풀고, 속도를 늦추고 함께 어울리고, 삶의 축복을 경험하는 좋은 하루를 보내겠다는 다짐이다.

일하지 않는 시간이 주는 힘을 진정으로 누리려면 목적을 갖고 접근해야 한다. 이 책은 매주 즐거움, 회복, 성찰 그리고 신성함에 대한 감각을 깊게 할 시간을 만드는 길을 제시할 것이다.

인생에서 진짜 중요한 것을 찾는 것에 대하여

《먹고 기도하고 사랑하라Eat, Pray, Love》의 작가 엘리자베스 길버트Elizabeth Gilbert는 매주 하루 동안 소셜미디어를 멀리하고 휴식을 취한다.

나는 매주 하루 동안 디지털 안식일을 보내면서 여러 화면에서 고개를 들고 숨을 쉬는 계기, 오프라인에서 창의적으로 시간을 보낼 계기로 삼는다. (중략) 그러다가 월요일 아침이 되면 (먼 땅에서 온 이방인처럼) 온라인 생활로 돌아간다. (중략) 나는 활력을 충전한 상태로 흥분까지 느끼며 디지털 세계로 다시 뛰어들어가 그동안 놓친 것들을 본다. (실제로는 내가 놓친 것들이 많지 않다는 사실을 알게 된다. 또한 내가 웹의 세상과 단절하는 동안 사람들이 이메일로 보낸 '시급한 문제' 중 대부분은 어찌된 일인지 저절로 해결된다. 놀라운 일이다!)[2]

현대 사회는 인간을 쉽게 하지 않는다. 어떤 식으로든 계속 일하게 만든다. 쉴 때조차 광고료를 발생시키는 존재로 만들지 않는가. 자기도 모르는 사이 휴식을 빼앗긴 인간은 정신없이 하루하루를 보낼 수밖에 없다. 과도한 책임감, 불안감에 쉼 없이 달리다 보면 돌아오는 것은 우울증, 번아웃. 결국 모든 걸 다 해내려다 아무 일도 못하는 상태가 된다. 그러므로 우리는 힘 내서 쉬는 법을 배워야 한다. 한 발 더 나아가기 위해서, 보다 더 나답게 살기 위해서. 이 책은 그것을 위한 길잡이다.

'오아시스 타임'을 보내며 우리는 인생에서 진짜 중요한 것이 무엇인지 재확인할 수 있다. 내면의 나침반을 다시 설정해 중요한 일을 기억하고 실행할 수 있다. 쉬면서 목표와 꿈을 향한 방향감각을 되찾고, 열의와 건강을 빼앗는 피로와 번아웃의 악순환을 끊는다. 다른 사람과 다정하고 느긋하게 관계를 맺을 수 있다. 한마디로 오아시스 타임은 당신의 삶을 구한다.

일주일에 단 하루라도 떠밀리듯 살아가는 시간에서 벗어나려면 두 가지가 필요하다. 바로 용기와 지원이다. 지금부터 당신의 삶에 스스로 진정한 휴식을 선물하는 강렬한 경험으로 당신을 안내할 것이다.

목차

· 2부 **연습** ·
쉼이 있는 삶은 어떻게 만들어지는가

· 3부 **적용** ·
한 걸음 더 나아가기 위해 인생에 필요한 것

1부

시작

우리는 도대체 왜
제대로 쉬지 못하는가

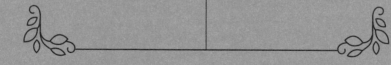

인간의 불행은 단 한 가지,
고요한 방에 들어앉아 휴식할 줄 모른다는 데서 온다.

— 파스칼

1장

우리는 너무
빨리 달리고 있다

우리는 과속의 시대에 살고 있다. 사람은 모두 바쁘고 너무 큰 목표와 성과만을 위해 앞으로 달려 나가는 것을 중요하게 여긴다. 그에 덧붙여 소셜미디어 등 타인의 시선을 의식한 활동까지 하다 보니 명상, 운동, 봉사활동, 요리, 아이나 친구들과 시간 보내기 같은 여가시간마저 숙제처럼 보내기 십상이다.

찰리 채플린은 유명한 영화 〈모던 타임스〉에서 생산 속도를 높이려고 애쓰는 공장 노동자를 연기했다. 회사는 직원들이 조립라인에서 일을 멈추지 않고 점심을 먹을 수 있도록 급식 기계까지 도입한다. 급식 기계를 발명한 사람은 찰리에게 접시에 담겨 돌아가는 음식, 자동으로 음식을 밀어넣는 장치, 위생 입닦개 등을 자랑스레 소개한다. 그러다 불쌍한 찰리가 빨리 음식을 먹지 못하는 바람에 기계는 고장 나고, 그의 얼굴 위로 음식이 마구 쏟아진다. 점심은 세 가지 코스로 준비되어 있지만 무엇을 먹을지 고를 여유까지는 없다. 대신 에너지바로 대충 점심을 때우고 계속 일한다. 찰리는 점심시간을 즐겼을까? 당연히 그렇지 않다. 이는 오늘날의 우리 역시 마찬가지다.

우리는 너무 열심히 일한다

잘 살기 위해 최선을 다하지만 끝없는 활동 패턴에 갇힌 듯한 나의 지인들을 소개하겠다. 컴퓨터에 능숙한 의사인 앨런은 특기를 살려서 의료 체계를 개선하겠다는 강한 사명감을 갖고 의료계에 뛰어들었다. 그러나 그의 일상을 보면 만성적 과로의 악영향이 고스란히 드러난다.

🌱 몸이 무겁고 개운하지 않다. 피로가 풀리지 않아 하루를 버틸 수 있을지 걱정하며 잠에서 깬다. 되도록 맑은 정신을 유지하기 위해 커피를 마시고 출근한다.

아침 회의시간에 맞춰 제때 회사에 도착하지만 회의시간이 갈수록 빨라지는 바람에 준비할 시간이 없다. 예전에는 9시였던 회의시간이 지금은 8시가 되었다. 제대로 준비도 하지 못한 채 이 회의에서 저 회의로 서둘러 달려간다. 동료들에게 화내지 않고 차분한 모습을 보여주려 애쓴다. 어느새 퇴근시간이 되었지만 일이 많이 남았다. 집에 가서 밤에 하겠다고 결심한다.

하루를 정리할 시간도 없이 서둘러 집으로 돌아간다. 오늘도 운동은 생략한다. 마음의 여유가 없어 가족들에게 퉁명스럽게 대한다.

저녁을 먹은 후 회사에서 가지고 온 일을 해보지만 결국 끝내지 못한다. 끝내지 못한 일을 걱정하며 잠자리에 들지만 좀처럼 잠이 오지 않는다. 수면제를 먹은 후에야 새벽 1~2시에 잠이 든다.

일에 치어 피곤한 상태가 지속되면서 앨런은 자신의 건강이 나빠지고 있다는 사실을 깨닫게 되었다. 그는 긴장감이 따라다니는 일상에서 벗어나고 싶었다. 최근에는 명상을 시작하며 조금 도움을 받긴 했지만, 하루의 대부분 도저히 일을 멈출 수 없고 주말에도 여전히 쉬지 못한다. 앨런은 요즘 시대의 많은 사람처럼 끝없는 일에 둘러싸여 살아간다.

다른 사람의 이야기지만 나의 이야기 같지 않은가. 실제로 미국 스트레스연구소의 발표에 따르면 미국인에게 긴장을 초래하는 절대적인 요인은 업무에서 오는 압박감이다. 업무 스트레스가 결근, 전직, 생산성 저하 그리고 의료, 법률보험 비용 등 각종 국가 비용으로 발생시키는 돈이 연간 3,000억 달러에 이른다(3억 달러가 아니라 3,000억 달러).[3]

계속되는 스트레스는 생산성을 크게 떨어트려서 같은 양의 일을 하는 데 더 많은 시간을 쓰게 한다. 그런데도 왜 사람은 힘겹게 스트레스를 견딜까? 바로 노력 때문이다. 자신의 가치를 성과로 증명하려다 보니 노력을 멈출 수 없는 것이다.

바버라는 애틀랜타 외곽에 있는 부동산 기업에서 변호사로 일한다. 그녀는 다른 변호사들처럼 6분 단위로 자신의 시간을 관리하지만 그들처럼 끝없는 압박에 시달리며, 시간을 제대로 관리할 시간조차 없다고 느낀다. 주말에는 미뤄둔 볼일과 집안일을 하고 억지로 시간을 내서 운동을 하거나 가끔 친구들과 브런치를 먹지만 쉰다는 느낌은 들지 않는다. 우정을 소중히 여기는 바버라는 다른 사람과 교류하는 시간을 그리워한다. 어떻게든 쉬고 싶지만 그러기에는 일이 너무 많이 밀려 있다.

바버라는 많은 미국인처럼 하루라도 쉬면 일과 일자리가 위태로워진다고 생각한다. 미국인은 선진국 노동자 중에서 유급휴가를 가장 적게 받으며, 그마저도 제때 챙기지 못한다. 2013년에 미국의 피고용인이 쓰지 못한 휴가일은 총 5억 일이며, 이를 돈으로 환산하면 1,000억 달러 가치에 이른다.[4] 게다가 미국은 휴가를 의무화하지 않은 유일한 선진국이다. 미국의 상시 근로자 중 25퍼센트는 아예 유급휴가를 누리지 못하며, 미국인 중 70퍼센트는 휴가가 부족하다고 느낀다.

반면 네덜란드는 미국과 비슷한 생산성을 올리지만 노동시간은 더 적다. 2012년 〈타임〉지 기사에 따르면 "네덜란드는 미국보다 매일 더 적은 시간을 일하고, 6주에 걸친 유급휴가를 얻고, 심지어 8퍼센트의 휴가 보너스까지 받는다"라고 지적한다.[5]

레일라는 시카고 교외에서 활동하는 인테리어 디자이너다. 시간 관리에 철저한 그녀는 아이들과 오랜 시간을 보내려고 재택근무를 선택했다. 자신의 일을 사랑하는 레일라는 자재의 색상, 질감, 재질의 특성을 잘 이해했고, 사람에게 집에 대한 관심을 갖게 하는 특별한 재능도 있다. 그러나 현실은 그녀가 원하는 것과 달랐다. 그녀의 일상은 고객과의 만남, 가구 주문, 제안서 작성, 청구서 작성, 고객의 급한 요청에 대한 대응이 뒤섞여 있다. 원래의 계획과는 달리 아이들은 방과 후 학교에 있고, 주말은 볼일과 대충 끼워 맞춘 놀이시간으로 채워진다. 매주 정해진 휴식시간을 갖는 것이 어떠냐는 나의 말에 레일라는 이렇게 대답한다.

"좋은 생각이기는 한데 할 일이 너무 많아."

그녀는 로욜라대학교 철학 교수인 앨 기니가 만들어낸 단어 '일상 마라톤everydayathon' 때문에 잠을 제대로 이루지 못한다. 안타깝게도 자영업을 한다고 해서 일의 쳇바퀴에서 내려올 수 있는 것은 아니다. 최근 갤럽의 설문 결과에 따르면 수면 부족에 시달린다고 밝힌 미국인은 무려 수백만 명으로 응답자의 40퍼센트에 달한다. 숙면은 운동과 좋은 음식만큼 건강에 중요하다. 연구자들은 17시간에서 19시간 연속으로 깨어 있으면 술에 취한 상태와 비슷한 정도로 인지 능력이 저하된다는 사실을 확인했다.[6] 며칠, 몇 주, 몇 달, 몇 년 동안 수면 부족에 시달리면 어떻게 될지 상상해보라. 그런데도 많은 사람은 잠을 덜 자도 상관없다고 생각한다.

내슈빌에 사는 제임스는 어린 시절부터 과로에 시달리는 베이비붐 세대의 부모를 보며 자신은 다른 삶을 살겠다고 결심했다. 현재 음악가인 그는 주말에는 공연을 하고 주중에는 문제 청소년을 돕는다. 두어 가지 아르바이트를 하지만 가장 사랑하는 음악을 위한 시간은 항상 확보해둔다. 그러나 제임스도 제대로 쉬지 못하는데 자신이 쉴 자격이 없다고 느끼기 때문이다. 그는 오아시스 타임을 갖는 방법도 고민했지만 하루를 쉴 만큼 자신이 많은 일을 했다고 생각지 않는다. 물론 안식일을 가지면 좋다는 것을 알지만 이상하게도 쉬지를 못한다. 자신의 부모가 그랬듯 말이다.

앨런, 바버라, 레일라는 저마다 일하는 방식은 다르지만 같은 문제를 안고 있다. 과로에 시달리는 부모처럼 되지 않도록 삶을 설계하고 음악가로 살아가는 제임스조차 자신을 위한 시간을 갖는 데 어려움을 겪는다. 일과 성과에 대한 사회적, 경제적 압박이 너무 강해서 의식적으로 거기에 맞서려는 사람의 경험에까지 영향을 미치는 것이다. 우리는 휴식의 진정한 가치와 혜택을 이해하지 못하는 세상에 살고 있으며, 그래서 고통받고 있다.

당신도 이런 이야기나 통계의 사례에 해당하는가? 나는 해당한다. 나는 너무 빨리 움직이고 너무 많은 일을 한다. 일, 엄마 역할, 결혼 생활, 건강 개선, 인간관계, 아들의 홈스쿨링을 모두 감당해야 한다. 좋은 음식을 식탁에 올리고 집을 살 만한 상태로 유지하려고 애쓰는 것은 말할 필요도 없다. 나는 시간을 더 잘 관리하고, 더 잘 집중하는 법을 배우려고 노력했으며 이 주제로 이미 책도 썼다. 개선을 위해 조금씩 노력한 결과 다행히 나는 내 삶을 구할 방법을 찾았다. 그 얘기를 하기 전에 멈추지 못하고 일만 하는 생활방식을 만든 원인과 그로 인한 결과를 짚고 넘어가려 한다. 원하는 삶을 되찾고 새로운 길을 그릴 수 있도록 우선 지금의 우리가 치르는 커다란 대가를 살펴보자.

스트레스는 당신을 죽이고 있다

스트레스는 단기적으로는 동기를 부여하고 생산성을 높여준다. 그러나 대다수 사람이 시달리는 만성적 스트레스는 당연히 해롭다. 미국 심리학회에 따르면 의료비의 75퍼센트는 만성질환에 따른 것이며, 스트레스는 만성질환의 주요 원인이다. 1억 3,300만 명 혹은 45퍼센트의 미국인이 관절염, 천식, 암, 심장병, 우울증, 당뇨병 같은 만성질환을 적어도 하나씩 갖고 있다. 게다가 이는 미국인의 삶에 악영향을 끼치는 여러 만성질환 중 일부에 불과하다.[7]

예를 들어 스트레스가 심각한 만성질환 중 하나인 당뇨병에 끼치는 영향을 살펴보자. 미국 당뇨병학회에 따르면 "당뇨병 환자의 경우 스트레스가 두 가지 방식으로 혈당치를 바꾼다. 먼저 스트레스를 받는 사람은 건강을 제대로 돌보지 않는다. 그들은 스트레스를 풀기 위해 술을 더 마시거나 운동을 덜 한다. 혈당수치를 재거나 좋은 식사를 할 시간이 없거나 그렇게 해야 한다는 사실을 잊어버린다. 또한 스트레스 호르몬은 혈당치를 직접적으로 바꾸기도 한다.[8]

한편 '기분 전환용' 음식을 많이 먹는 것처럼 몸에 좋지 않은 스트레스 관리법은 비만율을 높인다는 사실은 이미 상식이 된 지 오래다.

스트레스는 불면증으로도 이어진다. 미국인 중 40퍼센트 이상은 스트레스 때문에 잠을 잘 이루지 못한다. 한 시간만 잠을 설쳐도 일상에 큰 지장을 받는데 스트레스에 지친 사람은 몇 시간씩 잠을 설치거나 수면제의 도움을 받는다. 당연하게도 수면제는 상당한 부작용이 있다. 해마다 수면제 오남용으로 응급실을 찾는 사람이 늘어나는 건 이 사실을 뒷받침해준다.[9]

스트레스는 과음에도 영향을 준다. 해마다 8만 8,000명이 과도한 음주로 사망하며, 그중 절반은 폭음이 원인이다. 미국 성인 중 약 3,800만 명은 한 달에 평균 4회 혹은 여덟 잔 이상을 마시는 폭음을 한다고 밝혔다. 폭음을 일삼는 대부분의 사람은 알코올 의존증 환자가 아니다. 그들이 폭음하는 이유 중 하나는 스트레스에 시달린 후 마음을 달래거나 긴장을 해소하기 위해서다.[10]

이토록 많은 질병을 부르는 스트레스의 원인은 무엇일까? 당연하게도 직장과 관련된 스트레스가 많은 부분을 차지한다. 돈, 주거비, 가족관계에 대한 걱정도 스트레스를 일으키며, 타인과의 해결되지 않은 갈등도 마찬가지다. 또한 외로움과 사회적 단절도 건강 악화로 이어지는 스트레스를 초래하는 중대한 요인이다. 피츠버그대학교 의과대학원의 연구자들은 외로움이 여성의 심장병과 연관되어 있다는 사실을 발견했다.[11]

한편 〈내셔널지오그래픽〉의 저널리스트 댄 뷰트너는 90세나 100세가 넘어도 건강한 신체와 정신 상태를 유지하며 사는 사람이 많은 지역을 대상으로 장수의 비결을 연구한 글을 썼다. '블루 존Blue Zones'으로 불리는 이 지역들은 한 가지 근본적인 공통점을 지닌다. 바로 소속감, 혹은 뷰트너가 말하는 '한결같은 친화성timeless congeniality'이다.

미국 심리학회는 극심한 장기적 스트레스가 심각한 정서 장애를 초래할 수 있다고 밝혔다. 타고난 방어 체계를 활용해 변화하는 상황에 적응하면 사소한 스트레스는 극복할 수 있다. 그러나 과도한 만성 스트레스는 정신과 신체를 쇠약하게 만든다. 스트레스 관리법으로 대처할 수 있는 일상적 스트레스와 달리, 만성 스트레스를 방치할 경우 불안증, 불면증, 근육통, 고혈압, 면역계 약화 같은 심각한 문제를 일으킨다. 이 모든 질환은 당뇨병 내지 당뇨병 전증으로 이어질 수 있다.[12]

앞서 언급한 직업 스트레스가 초래하는 연간 3,000억 달러의 비용은 우리의 일상생활에 끼치는 악영향을 포함하지 않은 수치다. 스트레스는 삶의 즐거움을 없애고 친구들과 깊은 우정을 쌓거나 건강한 식생활을 영위하는 것도 어렵게 한다. 이 일에서 저 일로 정신없이 뛰어다니다가 일과가 끝난 후 지쳐 쓰러지는 상황에서 자신이나 다른 사람을 통해 얻는 기쁨은 점점 희미해진다.

이것은 우리가 바라는 삶이 아니다.

우리는 터무니없이 많이 연결되어 있다

디지털 기기는 우리를 계속 달리게 하는 주요한 요소다. 우리는 어디든 스마트폰, 태블릿, 노트북을 들고 다닌다. 구글 드라이브와 드롭박스 등 클라우드 서비스는 어떤 기기를 통해서든, 언제 어디서나 작업물에 접근할 수 있도록 해준다. 이메일, 문자메시지, 메신저 앱은 동료, 친구, 가족과 끝없이 소통하게 한다. 라이프스타일 앱은 퇴근 길에 우버 차량을 부르거나, 포장 음식을 주문하거나 혹은 인근 요가 학원의 수업 일정을 살피면서 어디서나 함께한다.

디지털 기기와 각종 앱은 생산성을 높여주고 우리의 생활을 크게 개선하지만 단점도 갈수록 명확해진다. 디지털 기기는 같이 사는 가족 사이의 소통과 유대를 막는 장벽이 되고 있다. 미국 청소년은 매일 평균 9시간 동안 디지털 기기를 이용한다.[13] 한편 리서치 회사 닐슨의 발표에 따르면 성인은 인터넷, 텔레비전, 라디오를 비롯한 다양한 미디어를 이용하는 데 11시간을 쓴다. MIT 연구원이자 작가인 셰리 터클Sherry Turkle은《대화를 잃어버린 사람Reclaiming Conversation》에서 한 15세 소년의 말을 인용한다. 이 소년은 나중에 어른이 되면 '부모가 지금 자신을 그렇게 키운다고 생각하는' 방식대로 아이를 키우고 싶다고 말한다. 그의 부모는 저녁식사 시간에 휴대전화를 보지 않고 아들의 축구 경기에 진정한 관심을 기울인다고 생각한다. 그러나 이 소년이 실제로 경험하는 현실은 다르다.[14]

분주하게 사는 부모는 자신이 곁에 없을 때 아이가 얼마나 큰 상처를 받는지 모를 때가 많다. 또한 디지털 기기에 푹 빠진 자신의 모습이 아이에게 강력한 메시지를 준다는 사실을 모른다.

'디지털 해독 운동'을 이끄는 타냐 셰비츠는 중학생들과 디지털 기기에 따른 문제를 논의할 때 소셜미디어에서 느끼는 '또래 압력peer-pressure'(동료 집단으로부터 받는 사회적 압력 – 옮긴이)이나 성적인 문자메시지 같은 이야기가 나올 것이라고 예상했다. 그러나 뜻밖의 상황에 당황할 수밖에 없었다. 청소년들은 부모의 관심을 받기 어려운 현실을 토로했다.

한 남학생은 "우리 엄마는 통화나 문자메시지, 이메일, 페이스북을 할 때는 나한테 말도 걸지 않아요. 중요한 이야기를 하려 해도 전화기에 매달려서 고개도 들지 않을 때가 많아요"라고 말했다.

또 다른 남학생도 말한다. "우리 아빠는 내가 대화를 하려 해도 그냥 무시해요. 일부러 그러는 건 아니라고 생각하지만 아빠가 이메일이나 페이스북을 할 때는 내가 무슨 말을 해도 아무런 대꾸가 없어요. 정말 화가 나요."[15]

나 또한 내 아들 아리와 같이 있을 때 휴대전화를 자주 확인하거나 통화를 하지 않는다고 생각했다. 그러나 아리는 아홉 살 때 내게 '휴대전화 중독자'라는 판정을 내렸다. 내가 휴대전화를 들려고 할 때마다 "봐, 또 그래"라고 말했다. 처음에는 아이의 지적을 무시했다. '내가 다른 사람보다 휴대전화를 훨씬 적게 쓴다는 걸 왜 모르지'라고 생각했다. 그러나 그게 사실이라고 해도 여전히 나는 아리와 같이 있을 때 휴대전화를 사용했다. 아리가 자신도 디지털 기기를 지금보다 더 오래 쓰게 해달라고 요구하자 나는 마지못해 아리의 지적을 진지하게 받아들였다. 디지털 기기로 접촉하는 것보다 서로 얼굴을 보며 소통하는 것이 더 중요하다는 사실을 모범 삼아 보여주고 싶었다. 그러려면 나부터 휴대전화를 쓰는 방식을 바꿔야 했다. 아리는 같이 있는 시간을 온전히 누릴 수 있도록 휴대전화를 내려두고 짧은 문자메시지조차 주고받지 말아야 한다는 사실을 내게 가르쳤다. 그러고 나서 우리의 관계는 매우 좋아졌다. 내가 핑계를 대고 휴대전화에 매달렸다면 놓치고 말았을 소통과 웃음의 순간은 이제 너무나 소중하다.

얼굴을 맞대고 나누는 소통은 행복한 삶에 필수적이다. 우리는 식사와 놀이를 같이 할 때 행복해진다. 이런 시간을 놓치는 데 따른 잠재적 비용은 엄청나다. 연구결과에 따르면 가족이 같이 밥을 먹는 가정에서 자란 아이는 학교생활을 잘하고, 몸에 좋은 음식을 먹으며, 자존감이 높을 가능성이 크다고 한다. 무엇보다 그들은 약물 중독이나 알코올 중독에 빠질 가능성이 훨씬 낮다.[16] 에모리대학교 연구자들은 부모와 자녀가 느긋하게 쉬는 시간을 보내며 나누는 대화가 자녀에게 높은 자존감, 더 깊은 가족관계, 강한 결속력, 더 낮은 불안감으로 이어진다는 사실을 발견했다.

아이에게만 좋은 것이 아니다. 작가이자 의사인 에이미 뱅크스Amy Banks는《소통 본능Wired to Connect》에서 인간관계가 신체적, 정신적 건강에 도움이 된다는 확정적이고 반박할 수 없는 여러 연구결과를 제시한다.[17] 우리는 소통을 소홀히 하는 바람에 외로움과 고통을 겪는 데, 사람과 의미 있는 소통을 나누면 마음의 평온함을 되찾고 업무 생산성을 높일 수 있다. 또한 스트레스, 불안, 순환기관 질환, 암 발생률, 조기 사망률을 낮춘다. 이처럼 중요한 소통을 진지하게 나눌 시간을 찾아야 한다. 디지털 기기를 쓰는 시간을 조절하는 것이 그 필수적인 단계다.

살아갈 의욕을 갉아먹고 있다

면역계가 스트레스에 노출된 상태로 의미 없이 디지털 기기를 쓰는 시간이 길어지면 번아웃이라는 또 다른 심각한 결과로 이어진다. 번아웃은 대단히 심각한 문제이며 회복하기 어려운 데도, 많은 사람이 마음속 열정이 사라지는 데 따른 정서적, 정신적 영향은 대부분 간과한다. 하루를 보낼 의욕 없이 잠에서 깨어나는 일은 삶의 즐거움을 갉아먹는다. 많은 사람이 이런 생활에 익숙해지는데 이때 삶은 풍요가 아니라 절망만을 안긴다.

대부분 사람이 삶을 행복하게 음미하지 않는다. 이전 세대와 다른 풍요로움과 경험은 충분히 누리고 있어도 가슴에는 공허감과 작은 불만을 안고 산다. 번아웃은 일과 인간관계의 질을 떨어뜨리며, 삶을 무미건조하게 만든다. 활력을 중심으로 시간을 관리하는 방법론으로 유명한 토니 슈워츠는 성과를 내지 못하면 겁이 났다고 털어놓았다.

🌱 나는 성인이 된 후 한참이 지나서야 '아무 일도 하지 않고 깊은 휴식을 취해도 괜찮다'는 사실을 받아들일 수 있었다. 나는 정말로 이렇게 믿는다. 부모님은 일에 집착했다. 나는 항상 일을 통해 내 가치를 증명할 수 있다고 믿으며 자랐다. 눈에 보이는 성과를 내지 못하면 금세 불안해졌고 길을 잃은 느낌이 들었다.[18]

슈워츠는 아무 일정이 없는 상태나 일상의 소소한 즐거움을 접하면 매우 불편해했다. 개를 산책시키는 일조차 시간 낭비라고 생각해서 좋아하지 않았다. 그는 시간을 느긋하게 즐기지 못했다. 리더십 개발 컨설턴트인 데이브 슈레이더 박사는 사람이 일과 삶에 대해 받는 느낌을 이렇게 비유했다.

"우리는 이미 발사된 총알을 따라잡으려 애쓴다. 그렇게 빨리 달리기만 하면 총알이 등에 맞기 전까진 휴식도, 회복도, 성찰도 없다."[19]

생각할 시간도 없이 일에 매달리면 그 순간에는 일상이 활기를 띠는 듯 보이지만 결국에는 피로에 지쳐 허무함에 빠지고 만다. 제대로 쉬는 능력을 잃었기 때문이다. 번아웃 상태가 되면 왜 하는지 이유도 모른 채 일을 하게 되고, 관심과 애정이 간절히 필요한 일에 신경 쓰지 못하게 된다.

이제는 속도를 줄여야 할 때

시간이 부족한 문제에 대한 답은 일주일에 한 번 속도를 늦추는 것이다. 이 말은 얼토당토않거나 완전히 역설적으로 들릴 수 있다. 시간이 없으니 시간 관리를 더 잘하라는 것이 아니라 일주일에 하루를 쉬라고? 그렇다. 의식을 치르듯 정기적으로 휴식을 취하고, 긴장을 풀고, 삶을 음미할 시간을 보내면 자신을 추스를 수 있고 일할 때 더 높은 생산성을 발휘할 수 있다. 많은 고용주가 직원에게 체계적으로 휴식시간을 부여하는 것이 사업 운영에 바람직하다는 사실을 점차 깨닫고 있다. 유럽 등에 비해 늦었지만 이메일 금지 시간, 정기 휴가, 연휴 기간 의무 휴식 제도를 시행하는 기업이 점점 늘어난다.

회계 감사 기업 프라이스 워터하우스 쿠퍼스는 '근무시간 외 이메일 금지 제도'를 실험하고 있다. 존슨 앤드 존슨은 '이메일 없는 주말 제도'를 추진하고 있다. 얼마 전에 투자은행인 골드만삭스는 신입 투자 분석가에게도 토요일에는 쉬라고 공지했다. 제이피 모건 체이스 외 10개 은행도 한 달에 한 번은 주말에 쉬도록 조치했다.

많은 유럽 기업이 근무시간 외에는 이메일 사용을 금하고 있다. 근무시간이 아니어도 언제 이메일이 올지 모르는 상황은 피로를 가중시킨다. 그렇다고 해서 확인하지 않을 수 없는 노릇이다. 일부 기업은 아예 사무실 안팎에서 이메일을 완전히 없애버리기도 했다. 2015년 BBC 기사는 "이메일 폐지 추세는 유별난 기업에만 해당되는 것처럼 보이지만 산업 전반에서 폭넓게 자리 잡고 있다. 심지어 수천 채의 주택을 관리하는 영국의 비영리단체인 홀튼 하우징 트러스트도 거기에 해당된다"라고 밝힌다.[20]

고속 성장 중인 고객 서비스 관리 기업 젠데스크의 최고기술책임자인 모튼 프림달도 "대부분의 사무실이 오후 6시 이후에 비어 있다. 통근 거리가 긴 직원도 있고, 기차에서 일하는 직원도 있고, 아이를 데리러 가는 직원도 있다. 우리는 유연한 시간 관리와 가정생활의 필요성을 인정한다. 균형 잡힌 생활이 회사에도 혜택을 안긴다고 믿기 때문이다"라고 말한다.[21]

우리는 삶에서 더 많은 것을 느끼고 즐기기를 바란다. 그러나 사람은 대부분 할 일이 너무 많다며 일주일에 하루, 심지어 한나절을 쉬는 것도 꺼린다. 쉬고 나면 더욱 뒤처져서 산처럼 쌓인 일더미에 짓눌릴까 봐 두려워한다. 이런 불안은 대개 쉼 없이 행동해야 한다는 문화적 편견과 끝없는 업무가 불러오는 엄청난 대가를 몰라서 생긴다. 우리는 우리의 선조들이 수천 년 동안 매주 휴식과 회복의 시간을 갖고도 파국을 겪지 않았다는 것을 명심해야 한다. 휴일은 오히려 정반대의 효과를 불러올 수 있다.

은퇴한 프로 농구선수 타미르 굿먼은 휴일이 "선수 생활 내내 활력과 기운의 토대"가 되었다고 말한다. 샌프란시스코의 기업가 노아 앨퍼 역시 이렇게 말한다. "안식일이 성공의 열쇠였다는 데는 의문의 여지가 없다. 내게 필요한 휴식을 보냈고 일주일을 보낼 활력을 재충전했다."

상원의원 조지프 리버먼도 안식일을 지킨 덕분에 활력을 유지할 수 있었다며 "일요일에 쉴 수 있다는 사실을 알았기에 토요일에 더 열심히 일할 수 있었다"고 밝힌다. 그는 부통령 자리를 놓고 유세를 펼칠 때도 휴일을 지켰다.[22]

그러나 의미 있는 휴식과 회복을 이루려면 꾸준한 활동을 잠시 멈추는 것보다 더 많은 요소가 필요하다. 아무것도 하지 않는 것이 반드시 쉬는 것만은 아니라는 말이다. 자신만의 안식일, 곧 오아시스 타임은 신경과학자 데이비드 록과 대니얼 시겔이 말한 '건강한 정신을 위한 성찰'과 같다. 두 사람은 휴식, 수면, 성찰, 교류, 놀이 등이 개인의 건강한 정신과 행복한 삶을 위한 필수 영양소라고 말한다.[23]

건강한 정신과 행복한 삶을 위한 요소는 여러 면에서 안식일에 하는 활동들과 같다. 오아시스 타임은 절대 특정 종교를 믿는 사람에게

만 좋은 관행이 아니다. 앞서 말했듯이 '안식일'이라는 단어는 '중단' 혹은 '멈춤'을 뜻하는 히브리어에서 나왔다. 무엇을 멈추는 것일까? 우선 일을 멈춘 다음 성과를 내려는 노력을 멈춘다. 어떤 일을 해야 한다는 생각을 멈춘다. 존재보다 활동을 우선시하는 일을 멈춘다.

오아시스 타임에는 일상적 활동을 중단한다는 사실보다 시간의 굴레를 벗어나는 경험을 한다는 점에서 훨씬 깊은 의미가 있다. 안식일의 특징 중 하나는 평소와 다른 활동과 분위기다. 우리는 랍비 아브라함 요수아 헤셸이 '시간 속의 궁전'이라는 유명한 표현으로 묘사한 다른 세계로 들어선다.

일상에서 벗어난다는 생각을 받아들인 사람은 이 별개의 시간이 서로 다른 특성을 지닌다는 사실을 알게 된다. 특히 디지털 기기를 쓰지 않는다는 것이 핵심적인 요소다. 윌리엄 파워스William Powers는 베스트셀러《속도에서 깊이로Hamlet's BlackBerry》에서 가족과 함께 실험한 인터넷 안식일에 대해 이렇게 썼다.

🌱 우리는 오랫동안 우리를 옭아맨 화면에서 눈길을 돌렸다. 우리는 다른 사람 없이 온전히 함께하는 시간을 보냈으며, 그 차이를 느낄 수 있었다. 더 느리고, 덜 조바심을 느끼며, 더 느긋한 사고방식으로 나아가는 정서적 변화가 일어났다. 우리는 그저 같은 곳에서 같은 활동을 하며 즐거운 시간을 보냈다.[24]

〈뉴욕타임스〉의 유명한 음식 저널리스트 마크 비트먼은 주말 중 하루 동안 디지털 기기에서 벗어난 경험에 대해 이렇게 썼다.

🌿 연락이 닿지 않아서 손해 보는 일이 생길지 모른다는 불안을 넘어서자 존재의 홀가분함 같은 것을 경험했다. 컴퓨터가 아니라 진정한 나 자신과 연결되어 있다는 느낌이 들었다.[25]

아리아나 허핑턴은 가족이 모두 휴대전화를 내려놓고 소셜미디어를 쓰지 않으면서 보낸 휴가에 대해 이렇게 말했다.

🌿 휴대전화가 거의 내 몸의 일부가 되었다는 사실을 바로 깨달았다. 허전해서 못 견디겠다는 듯 본능적으로 휴대전화에 손이 갔다. 휴대전화를 손에서 놓는 일은 모든 순간을 재발견하고 즐기는 것을 뜻했다. 말하자면 아름다운 풍경을 트윗으로 전하는 게 아니라 그대로 받아들이는 것, 맛있는 음식 사진을 찍어 인스타그램에 올리는 게 아니라 그대로 음미하는 것, 딸이 한 우스갯소리를 어디에 올리는 게 아니라 같이 웃으며 소통하는 것이었다. 휴대전화를 손에서 놓은 나는 그동안 내가 놓친 것들에 온전히 주의를 기울일 수 있었다. 그리고 완전히 재충전한 상태로 일에 복귀할수 있었다.[26]

파워스, 비트먼, 허핑턴은 휴식이 우리를 자신 및 가족과 연결해주며, 매주 휴식시간을 갖는 것이 자연과 연결되는 데도 도움을 준다는 사실을 발견했다. 우리는 환경에 미치는 영향을 인식하지 못한 채 끝없는 소비에 매달리게 만드는 언론의 메시지와 대중문화 그리고 습관에 둘러싸여 있다. 성찰과 교류를 위한 휴식시간은 환경에 대한 무지의 베일을 벗겨주고, 쉼 없는 소비와 생산이 우리 모두에게 위험하다는 인식을 심어준다.

실제로 일상적 습관을 멈추고 다른 세계로 들어서는 일은 지구 환경에도 실질적이고 긍정적인 영향을 미친다. 노벨상 후보에 세 번 오른 요세프 아브라모위치는 오늘날 쉽게 사고 쉽게 버리기를 반복하는 소비 주기에서 벗어나면 우리가 지구에 미치는 영향을 인식할 수 있다고 말한다. 예를 들어 이스라엘에서는 욤 키푸르_{Yom Kippur}(속죄의 날을 뜻하는 유대교 최대 명절 – 옮긴이) 휴일 동안 차량 운행이 크게 줄자 대기질이 아주 좋아졌다. 태양광 발전을 열심히 홍보하면서 캡틴 선샤인_{Captain Sunshine}이라는 별명을 얻은 아브라모위치는 우리가 매주 하루만 소비와 생산을 멈추면 지구 온난화를 초래하는 온실가스 배출 문제를 해결할 수 있다고 말한다.

정기적으로 쉬면 세상에 대한 더 넓은 시각도 생긴다. 우리를 둘러싼 작은 공동체에서 일어나는 일에만 반응하는 것이 아니라 세상과 교류하게 된다. 어려운 처지에 있는 사람에 대한 공감과 연민이 깊어진다. 이처럼 매주 제대로 휴식을 취하는 일이 주는 혜택은 엄청나다. 다만 그 혜택을 누리려면 우리의 영혼을 위한 황금을 캐야 한다. 외부와 연결을 최소화하고 오로지 자신을 위해 매주 하루씩 쉬는 것은 분명 현대 사회에서 실천하기 어렵기 때문에 적극적으로 노력하려는 태도가 중요하다.

우선 하루라도 온전히 쉬기

매주 하루, 나만을 위한 오아시스 타임을 만들어 온전히 쉴 수 있을까? 정말로 그렇게 할 수 있는 사람이 있을까? 물론이다. 회사 대표, 경영 컨설턴트, 비서, 기술업계 종사자 등 바쁘게 사는 수많은 사람이 그렇게 하고 있다. 오아시스 타임을 지키는 사람의 직업은 다양하다. 그들은 사회생활은 물론 가정생활과 관련해서도 여러 제약이 있지만 오아시스 타임을 실천한다. 나도 그중 한 명이다.

오래전에 나는 너무 바빠서 하루를 완전히 쉬는 일이 불가능하다고 생각했다. 일, 연구, 사회생활을 제대로 해내려면 하루 24시간도 부족할 지경이었다. 일주일에 6일이 아니라 8일이 필요했다. 그래도 조금씩 오아시스 타임을 만들 방법을 찾았다. 나 자신의 필요와 욕구에 주의를 기울이고, 유대인인 내가 물려받은 영적 유산(유대교 전통)

으로 돌아간 덕분이었다.

그렇게 되기까지 시간이 걸렸다. 젊은 시절에 나는 우리 가족의 유산인 유대교에 전혀 관심이 없었다. 내가 보기에 유대교는 낡고 고루했다. 게다가 나는 히브리어를 몰랐고 배울 생각도 없었다. 대신 17세 때 명상을 시작했고, 본격적으로 수련하기 위해 불교명상원에 들어간 적도 있다. 나를 매료시킨 것은 티베트불교였다. 티베트불교가 내게 준 뛰어난 가르침은 성경과 아무 관련이 없었다.

20대와 30대 시절 활력이 넘치던 나는 종일 쉼 없이 움직이기를 좋아했다. 예일대학원에서 조직변화론을 공부할 때는 새벽 1시에 자고 아침 7시에 일어나 강의를 듣거나 다른 사람과 아침을 같이 먹었다. 사람을 만나는 자리는 끝없이 이어졌다. 여기서 친구와 점심을 먹고, 저기서 발표를 했으며, 다른 데서 저녁과 술자리를 가졌다. 건강한 일터를 만드는 법을 배우는 게 좋았던 나는 '활동'에 취해 있었다. 압박과 혼란에 휩싸인 채 정리되지 않은 생활의 연속이었지만 그래도 계속 움직였다. 어디서든 곯아떨어질 정도로 피곤했지만 언제나 버텨냈다.

그러던 어느 날, 자리에서 일어날 수가 없었다. 단순히 지친 정도가 아니라 뭔가 단단히 잘못된 것을 그제야 깨달았다. 나는 어쩔 수 없이 정신없는 생활을 멈췄다. 여러 의사를 찾아갔지만 "휴식을 취하세요"라는 말뿐, 이렇다 할 답을 듣지 못했다. 그들은 내 문제가 무엇인지, 어떻게 치료해야 할지 몰랐다.

1년 동안 도움을 구한 후에야 면역결핍질환이라는 진단을 받았다. 그동안 면역계를 한계까지 밀어붙인 탓이었다. 식단을 바꿔보고, 명상을 더 많이 하고, 일을 줄였지만 그것만으로는 부족했다. 생활을 완전히 바꿔야 했지만 어디서부터 시작해야 할지 몰랐다.

그 무렵 한 친구가 안식일 만찬에 나를 초대했다. 사실 몇 번이나 거절한 제안이었다. 여전히 몸이 좋지 않았고, 낯선 자리에 가고 싶은 마음이 전혀 없었기 때문이다. 그러나 끝내 친구의 고집을 꺾지 못해서 어느 날 저녁, 그의 집으로 힘들게 발걸음을 옮겼다. 기운이 없어서 빨리 걸을 수도 없었다. 그의 집 거실에는 내가 한 번도 만난 적이 없는 사람들이 촛불을 켜놓고 모여 있었다.

그곳에서는 평온한 기운과 함께 힘든 한 주가 끝났다는 집단적인 안도감이 느껴졌다. 사람들은 찬양과 의식을 마친 후 내가 전혀 모르는 찬송을 불렀다. 나는 어떻게 예배를 드리는지 몰랐다. 그래도 그들은 나를 따뜻하게 맞아주었고, 시간이 지나면서 나와 친구가 되었다. 우리는 매달 한 번씩 만나서 안식일 만찬을 함께 나눴다. 그들이 도와준 덕분에 나는 속도를 늦추고, 삶을 바꾸고, 의도적으로 활동을 멈추는 법을 배웠다. 마침내 나는 속도를 늦춰야 할 뿐 아니라 일주일에 한 번은 완전히 정지해야 한다는 사실을 깨달았다. 내 삶에는 생산성이라는 말로 표현할 수 없는 요소들이 자리 잡을 공간이 필요했다. 하루 동안 일주일의 피로를 씻어내자 건강도 차츰 나아지기 시작했다.

그렇게 조금씩 안식일을 나의 생활 속으로 받아들였다. 처음에는 저녁에만 일을 하지 않다가 나중에는 아침에도 일을 하지 않는 식이었다. 그동안 여러 가지 시간 관리 방법을 익혔다. 일주일에 하루를 쉬는 시간은 내 몸을 치유하는 영약과 같았다. 덕분에 고칠 수 없던 병이 조금씩 치유되었다. 나는 오아시스 타임이 지니는 힘을 1~2년 동안 경험했다. 놀랍게도 나의 삶은 무너지지 않았고 여러 면에서 오히려 더 나아졌다.

약 1년 후 마침내 건강을 회복한 나는 적당한 속도로 박사 과정을 마친 후 치열하고 바쁜 경영 컨설팅의 세계로 뛰어들었다. 그러나 나는 매주 헤셸이 말한 '시간 속의 궁전'으로 들어가는 습관을 갖고 있었고 이 습관을 절대 버리지 않았다.

나는 전통적인 지혜의 도움을 받았다. 우리 집안에 내려오는 유대교 전통은 삶의 깊이를 더해주었다. 안식일은 삶의 리듬을 되살리고 삶을 '버텨야만 하는 것'에서 '살 만한 것'으로 만들어주었다. 정확히 말하면 충만하고, 활기차며, 소통하는 삶을 안겨주었다. 안식일은 내 삶을 구했다.

오늘날의 욕망 가득한 목표와 따라잡기 힘들 만큼 빠른 속도는 감탄과 경이, 평안, 경외감을 꾸준히 느끼기 어렵게 만든다. 우리에게는 시간을 초월한 느낌, 편하게 숨쉴 수 있는 공간이 필요하다. 그래야 우리 자신과 삶을 아름다운 선물로 생각하고 우리의 사랑을 소중한 사람에게 전할 수 있다. 오아시스 타임은 시간의 사막에 갇힌 우리의 영혼을 다독이고 삶을 개선한다. 나는 많은 사람에게 매주 일의 쳇바퀴에서 내려와 쉬는 법과 종교가 있든 없든 치유의 리듬을 삶에 받아들이는 법을 보여주고 싶다.

생활 속에 휴식을 만들면 리듬이 생긴다. 리듬이 생기면 삶에 대한 시야가 열리고 우리를 잡아당기는 일을 넘어선 삶이 보인다. 그때 비로소 우리 안에서 음악과 노래, 춤, 소통, 감성, 친밀함, 경이를 바라는 영혼이 해방된다.

디지털 세계에서 벗어나는 시간을 보낸 윌리엄 파워스는 자신이 겪은 변화에 대해 이렇게 말한다.

🌿 두 가지 리듬을 번갈아 경험하면 그 대비를 통해 각각의 리듬이 지닌 가치를 깨닫게 된다. 월요일 아침에 사무실 의자에 앉아도 여전히 오아시스 타임의 여운이 남아서 더 차분하고 집중력 있게 일할 수 있다.[27]

일의 세계에서 약간 떨어진 상태가 되면 일상의 부담과 스트레스가 줄어든다. 오아시스 타임에 머무는 동안 우리가 따르는 속도가 바뀌고 생각하는 대상도 바뀐다. 그 대신 우리는 느려진다. 그저 함께 있기 위해 사람에게로 향한다.

나만의 안식시간인 오아시스 타임은 일상과 달라야 한다. 더 느리고, 디지털 기기에서 더 멀어지고, 성과에 대한 부담에서 벗어나야 한다. 그래서 오아시스 타임을 어떻게 보낼지 계획을 세우는 것이 매우 중요하다. 설령 아무 일도 하지 않을 생각이라도 말이다. 계획이 없으면 다시 예전의 속도, 관성, 습관으로 돌아가기 쉽다. 따라서 일상적 패턴에서 벗어나게 해줄 강력한 힘이 필요하다. 자연을 찾거나, 친구들을 만나거나, 음악을 연주하거나, 그림을 그리거나, 캠핑을 하거나, 래프팅을 할 계획을 세워라. 어떤 일을 할지 정하지 않고 되는 대로 시간을 보내겠다는 계획도 괜찮다. 계획과 준비가 없으면 일상으로 복귀하게 된다. '일 모드'가 나도 모르게 작동해 알지 못하는 사이에 과제가 적힌 목록을 살피고, 소셜미디어를 확인하고, 다시 속도를 높이게 만든다.

기본적으로 활동을 중심에 둔 모드가 잘못된 것은 아니다. 좋은 삶의 방식이다. 다만 한 가지 중대한 문제점이 있다. 많은 사람은 잠시 멈춰서 숨을 고르고 다른 사람에게 충분한 관심을 가지면서 다시 바쁘게 달려가는 삶을 바꾸기 어려워한다. 그 결과 삶의 소중한 부분들을 놓친다. 친구나 아이와 함께하는 시간, 오랫동안 느긋하게 뭔가를 창조하는 시간 말이다.

우리에게는 달리고, 일하고, 디지털 기기에 얽매인 생활에서 벗어나는 시간이 필요하다. 문제는 지금처럼 바쁜 삶에서는 만족을 모른다는 것이다. 성공도, 돈도, 주위의 관심도 충분치 않다. 항상 결핍 상태에서 살아갈 수밖에 없다. 더 많고 나은 것을 삶 속으로 끌어들이려 노력해도 뭔가 빠진 게 있다는 느낌이 든다. 그렇다면 오아시스 타임을 어떻게 마련해야 할까? 결의를 다지고 적극적인 자세를 취해야 한다. 오아시스 타임을 만드는 이유는 그것이 우리에게 필요해서다. 조심하지 않으면 우리도 지하철이나 마트에서 마주치는 다른 사람처럼 급하고, 정신없고, 불행하게 보일지 모른다.

오아시스 타임을 지키면 쉼 없는 활동의 손아귀에서 휴식과 회복의 리듬을 살려내어 바람직한 생활을 이어갈 수 있다. 그 과정에서 우리는 철학자, 학자, 작가 그리고 같은 여정에 오른 다른 사람들의 도움을 받는다. '더 많이 시도하고, 이루고, 가져라'는 메시지를 현명하게 다스리는 법을 배운다. 이제 '더'는 필요 없다. 필요한 것은 사랑과 관심 그리고 진짜로 중요한 것이 무엇인지 알게 되는 성찰의 시간이다. 지금부터 우리 삶을 더 풍요롭게 지속시키는 오아시스 타임이 어디서 나왔는지 살펴보자.

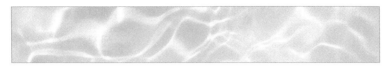

2장

지금 당신이
쉬어야 하는 이유

수많은 사람이 정기적으로 쉰다. 대부분 국가가 지정한 공휴일 덕이기도 하지만 인류의 오랜 지혜를 토대로 매주 휴식을 취하도록 요구하는 강력한 종교적, 문화적, 정치적 전통에 따른 것이다. 우리는 이 전통을 잘 활용해서 꼭 필요한 휴식시간을 가져야 한다.

휴식의 역사

안식일에는 다양한 양식과 형태가 있다. '안식일sabbath'이라는 단어의 어원인 히브리어 샤밧shabbat은 '중지' 혹은 '멈춤'을 뜻한다. 따라서 안식일은 지금 하는 작업이나 초조함 혹은 사소한 일상적 문제에 대한 고민을 멈추는 날이다.

종교들에 깊이 자리 잡은 휴식일은 수천 년 동안 유대교, 기독교, 이슬람교의 전통적 관행이었다. 불교에도 매월 음력 15일을 기준으로 포살일이라는 날이 있다. 포살일은 명상과 수도에 정진하면서 더럽혀진 마음을 씻는 날이다. '포살'이라는 단어는 산스크리트어 'poṣadha'를 소리나는 대로 쓴 말이 어원이다. 꼭 종교를 믿지 않는 사람도 예부터 정기적인 휴식일을 마련했다는 기록이 있다. 이런 사실은 활동과 휴식의 리듬이 마음과 정신에 매우 유익하다는 보편적인 인식을 보여준다.

안식일은 수천 년 동안 존재했으며, 농경사회에서 처음 등장한 것으로 보는 사람이 많다. 최초로 휴식일을 가진 곳은 7일마다 광범위한 활동이 금지된 바빌로니아다. 헬레니즘 문화와 그리스 문화에서도 비슷한 패턴이 각각 거의 동시에 발생했다.

유대교 안식일의 기원에 대해서는 학자들 사이에 의견이 분분하다. 에비아타르 제루바벨 교수는 유대교 안식일이 기원전 7세기 무렵 아시리아에서 7일마다 지키던 '악한 날Evil Days'에서 유래했을 가능성이 높다고 말한다. 아시리아의 왕은 50일을 기준으로 정해진 한 주 동안 마차를 타거나 조리된 고기를 먹지 않았다. 유대인은 기원전

6세기에 아시리아의 일부인 바빌로니아에서 망명 생활을 했다. 안식일의 기원일 가능성이 크긴 하지만 현재까지 밝혀진 사실에 비추어보면 유대인이 안식일을 언제부터 지켰는지는 확실치 않다. 다만 제루바벨 교수는 유대교의 안식일 전통이 서양 세계의 일주일 체계를 만들었다고 주장한다.[28]

한편 기독교 안식일의 기원은 잘 알려져 있다. 초기 기독교도는 유대 달력과 점성학 달력에서 한 주의 첫 날에 해당하는 일요일을 같은 날 일어난 예수의 부활을 기념하고 축복하는 날로 정했다. 그래서 일요일은 '주일'로 불리게 되었다. 유대인이기도 한 초기 기독교도는 토요일과 일요일에 모두 의식을 치렀지만 시간이 지나면서 유대교와 기념하는 대상이 다르기 때문에 토요일 의식을 제외하게 되었다. 유대교도는 하나님이 7일째 되는 날 휴식을 취하고 노예로 시달리던 유대 민족을 구한 것을 기념하는 반면 기독교도는 예수의 승천을 기념한다.

무함마드는 금요일을 이슬람교도를 위한 예배와 기도의 날로 삼았다. 토요일과 일요일을 선점한 다른 종교와 차별성을 보이고 싶었기 때문이다. 이슬람교도는 예배와 기도의 날이자 휴식의 날인 금요일을 '알 주므아Al-Jumuah'라 부른다. 코란은 "신자들이여, 금요일 예배를 알리는 소리가 들리면 일을 멈추고 서둘러 알라를 경배하라. 그러면 복을 받으리라"고 말한다.[29] 또한 "사람이 값싼 물건이나 구경

거리를 보고 그대가 서 있는 곳을 떠나 몰려간다면 이렇게 말하라. '알라의 축복이 어떤 구경거리나 값싼 물건보다 낫습니다! 알라는 모두에게 필요한 것을 주시는 지고의 존재입니다'"라고 말한다.[30] 이처럼 알 주므아는 일주일에 한 번씩 속세의 일을 멈추고 신성한 시간 속으로 들어가 신과의 성스러운 합일을 경험하는 날이다.

아랍 세계에서 주말은 금요일과 토요일이며, 일요일부터 평일이 시작된다. 많은 이슬람국가는 금요일을 공휴일 내지 주말로 여긴다.[31] 역사학계의 일반적인 관점에 따르면 서양 국가들이 따르는 일주일 체계의 기원은 유대교 안식일 전통이다.[32] 곧 안식일은 우리가 지닌 일주일 개념의 토대다. 휴식일 혹은 예배일은 종교마다 다르지만 각 문화권에서 일주일의 리듬을 좌우한다. 저술가이자 교육자인 노엄 지온은 이렇게 말한다.

종교를 믿든 믿지 않든 일주일은 유대교, 기독교, 이슬람교 문화에서 삶을 살아가는 기준이다. 서양에서 월요일이 주는 느낌은 금요일과 확연히 다르다. 일주일이라는 주기는 창조설처럼 시작과 끝이 있기 때문이다. 일주일은 계획과 함께 시작되고 실행과 진전에 대한 평가가 이뤄지는 가운데 단계적으로 나아간다. 하나님이 각 날의 끝에 보시기 좋다고 하셨듯이 끝은 조화, 질서 그리고 선을 이룬다.[33]

안식일은 기도와 휴식을 위한 날로 일주일 동안 이어진 노동의 시간과 균형을 맞춤으로써 우리의 삶에 조화와 질서의 리듬을 만든다. 주말을 고대하는 문화에서 살아가는 우리는 인지하든 아니든 일주일의 끝을 알리는 의식을 치른다. 소파에 털썩 주저앉는 것이나 밤늦도록 사람과 어울리는 것이 그런 예다. 주말은 집안일을 하는 날일 뿐 아니라 재미있는 일이 생길 것이라는 기대를 주는 날이기도 하다. 우리는 여전히 주말을 열심히 일한 보상으로 받아들이고 싶어 한다. 그러나 그 보상을 통해 진정한 고양과 재충전을 이룰 수 있도록 휴일을 지키려고 노력하는 사람은 많지 않다.

시간 부족에 시달리는 지금과 달리 중세 사람은 풍족한 시간을 누렸다. 그 시대, 잘 사는 사람은 기도문과 축일이 기록된 달력이 함께 수록된 기도서를 들고 다녔다. 반면 우리는 플래너를 기도서처럼 들고 다닌다. 또한 당시에는 노동일과 안식일이 자연스럽게 생활의 주기를 이뤘지만 더 많은 것을 얻으려고 하는 현대인은 갈망과 의심을 동시에 품고 신성한 시간에 접근한다. 우리는 조상과 달리 일로 꽉찬 일상에서 안식일을 힘겹게 빼내야 한다.[34]

안식, 휴식, 노동을 둘러싼 투쟁은 오랫동안 미국 역사의 일부였다. 17세기에는 청교도가 엄격한 도덕적 관행을 지키던 뉴잉글랜드 지역에서 안식일에 사적 활동을 금지하는 청교도법이 생겼다. 19세기에도 안식일은 사회적 풍습의 중요한 부분으로 남았으며, 법으로 보호되었다. 예를 들어 일요일에 여행을 하다가 다친 사람은 적절치 않은 행위를 했기 때문에 보상을 받지 못했다.

일부 조항은 안식일에 해야 하는 일을 규정했다. 예를 들어 1656년에 제정된 조항을 보면 다음과 같은 내용이 나온다.

> 본 관할권에 속한 모든 사람은 하나님의 뜻에 따라 적어도 주일에는 예배에 참석해야 하며 (중략) 정당한 사유 없이 불참하는 자는 5실링의 벌금에 처한다.[35]

다음은 하지 말아야 하는 일에 관한 조항이다.

> 주일에 남편이 아내에게 혹은 아내가 남편에게 입맞춤을 하는 과실을 범한 자는 치안 판사의 재량에 따라 처벌받는다.[36]

한 기록에 따르면 몇 달 동안 집을 떠나 있던 한 남성이 하필 일요일에 집으로 돌아와 문간에서 아내와 입맞춤을 하다가 걸리는 바람에 투옥되는 일이 있었다.[37]

1950년대와 1960년대에 미국에서 흔했던 청교도법은 선택의 자유를 제한한다는 이유로 반발에 직면했다. 지금은 일요일뿐 아니라 추수 감사절 같은 명절에도 매장들이 문을 열어야 한다는 무언의 압박이 존재한다. 매장 직원은 휴식을 취할 기회를 잃었고 하루 동안 물건 사는 일을 미루지 않아도 되는 손님은 말할 것도 없다.

청교도법은 주류 판매 금지 같은 일부 항목을 제외하고는 모든 주에서 대부분 폐기되었다. 그러나 뉴저지주 버겐카운티에서는 주민 투표를 통해 상업 활동 금지 조항이 유지되고 있다. 그래서 일요일에는 의류, 목재, 건축 자재, 사무용품 등을 판매할 수 없다. 지금 같은 시대에 버겐카운티 주민은 왜 자신들의 자유를 제한하는 조항에 찬성했을까?

《안식일 세계The Sabbath World》를 쓴 주디스 슐레비츠Judith Shulevitz 는 1961년에 일요일 영업 금지법을 폐기해달라고 제기된 소송에 대해 대법원 판사인 펠릭스 프랑크푸르터가 한 말을 인용함으로써 한 가지 답을 제시했다. 프랑크푸르터 판사의 말에 따르면 휴식을 취하는 일요일은 '중요한 문화적 자산'이다. 그래서 미국의 안녕을 뒷받침할 뿐 아니라 '일상의 피로를 씻어내고, 정신적 평화를 유지하며, 독자적 활동의 기회'를 제공한다.[38] 그는 공동체가 함께 갖는 휴일의 중요성을 지적하면서 안식일을 지키지 않는 사람에게도 휴일을 강제하는 데 따른 혜택이 부작용보다 훨씬 크다고 결론을 냈다.[39]

물론 청교도법이 소비자에게만 영향을 미치는 것은 아니다. 청교도법은 하루의 휴식을 보장받는 형식으로 노동자를 보호한다. 휴일 보장은 노동시간을 줄이려고 노조가 오랫동안 벌인 투쟁의 핵심이었다. 그들은 주 40시간 근로제와 일 8시간 근로제를 위해 싸웠다. 이런 투쟁의 이면에는 노동시간을 줄이면 인류 전체가 '고결한 진보Higher Progress'를 이룰 수 있다는 확신이 있었다.

고결한 진보란 지배계층뿐 아니라 일반대중의 정신을 계몽해 인류의 정신을 고양하고, 모두가 예술과 문화를 즐길 수 있도록 한다는 일종의 포부를 말한다. 여가시간을 연구한 사학자 벤저민 클라인 허니컷은 다음과 같이 이야기했다.

> 노동시간을 줄이려고 노조가 한 세기에 걸쳐 투쟁하는 동안 노동자들은 공화국에 대한 기대와 오랜 희망에 크게 기댄 자유와 진보의 이상을 따랐다. 이 이상은 노동이 최소한으로 줄고, 일반인이 고결한 진보를 추구하는 데 많은 시간을 들일 수 있는 미래를 그렸다.[40]

종교적인 이유에서든 정의를 위해서든 혹은 자신의 이상을 위해서든 다양한 사람이 휴일을 지키기 위해 오랫동안 싸웠다. 그들은 인간성을 온전히 실현하려면 열심히 일하는 것 말고 다른 활동을 할 시간과 공간이 필요하다는 사실을 알았다.

누구나 멈출 권리가 있다

랍비 아브라함 요수아 헤셸의 말에 따르면 안식일을 갖는 이유를 두고 수 세기 동안 논쟁이 벌어졌다. 그는 1세기에 벌어진 논쟁을 다음과 같이 인용한다.

> 알렉산드리아에 살면서 그리스어를 쓰는 유대인을 대변하는 필로Philo는 안식일이 필요한 이유를 이렇게 말한다. "법에 따르면 이날 우리는 모든 노동을 자제해야 한다. 법이 우리를 게으른 사람으로 만들려는 것이 아니다. 그 목적은 정기적인 휴일을 통해 끝없는 일에서 벗어나 휴식을 취하게 함으로써 활력을 되찾게 만들려는 것이다. 한숨을 돌리는 시간은 일반인뿐 아니라 운동선수들도 기운을 회복해 맡은 일을 즉각 그리고 끈질기게 계속하도록 해준다.[41]

이런 관점은 "우리는 계속 일할 수 없기에 휴식이 필요하다"고 가르친 아리스토텔레스의 정신에 깃들어 있다. 그렇다면 휴식은 끝이 아니라 '활동을 계속하기 위한 것'이다.[42] 계속 노력을 기울일 수 있도록 기운을 회복하는 것이다. 다시 말해서 우리는 더 잘 일하려고 쉬는 것이다.

그러나 헤셸을 비롯한 많은 사람은 다른 관점을 갖고 있다. 헤셸은 일과 휴식의 관계에 대한 생각을 성경적 개념과 구분한다.

> 성경의 관점에서 보아 노동은 목적을 위한 수단이다. 그러나 노동을 멈추고 휴식을 취하는 날로서 안식일의 목적은 노동을 계속할 수 있도록 피로를 해소하는 것이 아니다. 안식일은 삶 자체를 위한 날이다. 인간은 노동만을 위해 만들어진 피조물이 아니며, 안식일의 목적은 일을 더 잘하게 만드는 것이 아니다.[43]

헤셸은 여기서 유대교 안식일이 지닌 두 가지 핵심 주제인 휴식과 자유를 제시한다. 첫 번째 주제는 하나님이 엿새 동안 세상을 창조한 후 쉬었다는 사실에 바탕을 둔다. 서양 경전에 따르면 우리는 하나님의 형상을 본떠 만들었으니 마찬가지로 쉬어야 한다.

여기서 '휴식'이 뜻하는 것은 과연 무엇일까? 하나님은 분명 창조 작업을 계속하기 위한 기운을 회복하려고 쉬지 않았다. 창세기 2장 1절부터 3절을 보면 이런 내용이 나온다.

> 천지와 만물이 다 이루어지니라.
>
> 하나님이 하시던 일을 일곱째 날에 마치시니 모든 일을 그치고 안식에 드시니라.
>
> 하나님이 그 일곱째 날을 복되고 거룩하게 하셨으니 이는 하나님이

세상을 창조하시며 만드시던 모든 일을 마치시고 그날에 안식하셨음이니라.

성경에 따르면 일곱째 날에는 멈춰야 한다. 이 휴식은 그 자체로 소중하다. 우리가 하는 일을 멈추고 진정한 목적에 따르는 삶을 찾도록 해주기 때문이다. 이처럼 신과 우리 자신을 경건하게 섬기는 시간은 단지 계속 일을 하기 위해 준비하는 것보다 훨씬 큰 의미가 있다. 이때 안식일은 신성한 삶 자체의 정수가 된다.

유대교 안식일의 또 다른 주제는 자유다. 유대인은 안식일 만찬 기도에서 이집트에서 탈출하도록 도와준 신께 감사드린다. 그들은 "안식일은 우리의 성스러운 날 중 으뜸으로서 이집트에서 탈출한 일을 기념한다"라고 말한다. 안식일에 관한 성경적 관점은 우리 인간이 자유로운 존재로 창조되었다는 사실을 계속 상기해야 한다는 것이다.

하루 동안 일을 멈출 자유가 있다는 것은 노예가 아니라는 뜻이다. 매주 하루를 쉬는 것은 우리가 고개를 숙이는 이집트의 파라오나 왕이(오늘날에는 상사나 프로젝트 마감일이) 하루 동안은 눈을 감는다는 뜻이다. 지배자의 자리에는 압제가 사라지고 자유로운 하루가 들어선다. 얼마나 많은 것에 중독되었든, 얼마나 많은 것에 의존하든 안식일에는 하루를 쉴 수 있다. 그러면 이 독재자들을 잠시 살펴보면서 안식일이 지니는 의미를 더 알아보자.

우리는 스스로 삶의 방식을 선택할 수 있다

생산과 소비에 대한 충동이 우리를 계속 달리게 만드는 경우가 많다. 우리는 우리가 하는 일과 가진 것을 통해 자신을 정의한다. 다른 사람에게 '어떤 일을 하느냐'는 질문을 받으면 업무나 프로젝트 혹은 직무를 말한다. 안식일은 일주일에 하루 동안 쳇바퀴에서 내려와 자아를 더 깊이 깨닫도록 가르친다. 이 인식은 또 다른 일주일 내내 지속된다. 우리 시대의 멈추지 않는 열망과 요구는 억압과도 같다. 이처럼 우리를 계속 행진하게 만드는 힘은 무엇일까? 우리를 탈진할 때까지 밀어붙이는 것은 무엇일까? 우리는 주체적으로 삶을 이끌지 못한다는 느낌을 끊임없이 받는다.

우리 삶을 지배하는 지독한 독재자 중 하나는 '결핍'이다. 건강, 외모, 옷, 친구 등 그 대상이 무엇이든 우리는 결핍을 느끼며 자란다. 필립 슬레이터Philip Slater는《고독에 대한 추구The Pursuit of Loneliness》에서 다음과 같이 날카로운 지적을 한다.

🌱 소유는 사실 결핍을 낳는다. 소유물에 감정을 많이 이입할수록 진정한 만족을 누릴 기회가 사라진다. 소유물에 집착할수록 박탈감이 심해진다.[44]

한편 작가이자 환경운동가인 빌 맥키번은 이렇게 말한다.

   소비사회는 한 가지 치명적인 약점을 갖고 있다. 피상적이고, 달콤하고, 화려하고, 섹시한 매력에도 불구하고 정작 사람들을 행복하게 해주지는 못한다는 약점 말이다.[45]

  오아시스 타임은 소비와 생산에 대한 줄기찬 욕구에 맞서는 수단이다. 프란치스코 교황은 2015년 5월에 발표한 2차 회칙 '찬미 받으소서: 우리 모두의 보금자리를 돌보는 일에 대해 Laudato Si: On Care for Our Common Home'에서 이런 관점을 드러냈다. 그는 우리에게 매주 휴식을 취하라고 권하면서 또한 이렇게 말했다.

   사색을 하기 위한 휴식은 다른 모든 이에게 해를 입히는 무절제한 탐욕과 개인주의를 방지한다. 휴식은 더 큰 그림을 볼 수 있도록 해주고, 타인의 권리를 새롭게 인식하도록 해주며 한 주 전체를 살피도록 해주고, 자연과 빈자들을 더 생각하도록 해준다.[46]

  우리는 노예가 아니며, 삶의 방식을 선택할 수 있다. 우리는 생산에 대한 충동을 이길 수 있다. 우리가 뒤처졌고, 다른 사람을 따라잡지 못하고 있으며, 따라서 쉴 시간이 없다고 말하는 안팎의 목소리를 무시할 수 있다. 우리가 *스스로*를 그리고 서로를 상품으로 만들 이유가 없다. 매주 우리는 일상의 반복에서 벗어나 오래된 유산이자 타고난 권리인 축복과 자율성 그리고 지혜에 대한 감각을 느낄 수 있다. 미국의 국부들은 원래 고결한 진보로 불린 행복 추구를 모두가 누려야 할 권리로 보았다.[47] 안식일을 깊이 이해함으로써 우리는 공동체, 국가, 대륙, 지구에 대한 더 건강한 청사진을 마련할 수 있다.

유용한 일 말고 좋은 일을 하라

더 많은 것을 얻으려 애쓰지만 않으면 삶은 그 자체로 충만하다. 그렇다면 일하지 않을 때 뭘 해야 할까? 고대 그리스 사람도 이런 의문을 가졌다. 그들은 좋은 삶이 무엇인지 탐구하는 데 몰두했다. 고대 그리스에는 일을 가리키는 구체적인 단어가 없었고, 대신 '여가가 아님'을 뜻하는 '아스콜리아ascholia'가 쓰였다.

안식일은 여가를 위한 것일까? 안식일을 지키는 사람이 오랫동안 고민한 문제는 안식일에 '무엇을 해야 하는가'였다. 유대인의 오랜 지혜를 모아 놓은 《탈무드》를 보면 다음과 같은 해석이 나온다.[48]

🌱 이사야서 58장 13절에 이르기를 "안식일을 즐거운 날로 부르라"고

되어 있다. 이 말은 무슨 뜻일까?

　랍비 아바후는 안식일에 촛불을 켜라는 뜻이라고 말한다.

　랍비 이르미야는 목욕탕에 가라는 뜻이라고 말한다.

　랍비 요차난은 따뜻한 물로 손발을 씻으라는 뜻이라고 말한다.

　랍비 이츠하크는 좋은 침대에서 자라는 뜻이라고 말한다.

　안식일은 각 해석에 따르면 즐거운 활동을 하는 시간이 된다. 안식일에 관한 또 다른 설명에 따르면 안식일이라는 단어를 구성하는 자음SHaBaT은 "안식일의 잠은 기쁨이다SHneinah sha Bbat Tanug"라는 뜻을 지닌다.[49] 유대교 초기부터 잠과 휴식은 안식일 행사의 주요 요소였다. 특히 '즐거움'이 핵심적인 의미를 지닌다는 점에 주목해야 한다. 안식일에 관한 일반적인 이미지는 부정적이다. 많은 사람은 할 수 있는 일보다 할 수 없는 일에 더 방점이 찍혀 있다고 생각한다. 그러나 앞선 관점은 안식일을 긍정적인 측면에서 바라본다. 우리가 할수 있는 일과 우리에게 기쁨을 주는 일을 생각하게 만든다.

　철학자 요제프 피퍼Josef Pieper가 쓴《문화의 토대로서의 여가Leisure as the Basis of Culture》는 휴식을 취하는 일이 지니는 중요성을 이해하는 데 도움을 준다. 그가 제시한 여가 개념은 일과 기쁨을 바라보는 새로운 관점을 담고 있다. 피퍼가 보기에 여가는 단지 일의 반대말이 아니다.

❋ 한 시간이든 3주든, 휴식은 일을 더하기 위해 잠시 일손을 놓는 것이다. 휴식의 정당성은 일에서 나온다. 여가는 완전히 다르다. 여가의 핵심은 나중에 일을 더 잘하기 위한 것이 아니라 사회적 역할만 중요시하는 우리가 온전히 인간성을 유지하도록 하기 위한 것이다.[50]

다시 말해 피퍼는 여가의 목표를 일을 더 많이 하기 위한 준비라고 생각하지 않았다. 그보다 여가는 온전한 자신의 모습으로 세상을 맞기 위한 것이다.

❋ 여가는 현실을 완전히 받아들이고 기꺼이 거기에 빠져들겠다는 태도, 개방적인 정신을 뜻한다. 오직 이를 통해서만 어떤 정신적 노동으로도 이룰 수 없는 뛰어나고 축복받은 통찰을 얻는다.[51]

다만 피퍼는 "오늘날 일이 우리의 삶에서 차지하는 입지를 감안할 때 이는 쉽게 이해하기 어려운 개념"이라고 인정한다.[52]

미국인은 유용성이 시민으로서 가질 수 있는 모든 미덕의 토대라고 배우면서 자란다. 그에 따라 지배적인 가치로 자리 잡은 유용성은 가족의 일과를 빼곡히 채우게 만들었다. 수십 년 전만 해도 아이는 혼자 알아서 놀고 세상을 탐험했다. 심심함도 혼자 알아서 해결해야 했다. 반면 지금은 다들 너무 바빠서 부모는 물론 아이도 혼자 있을 시간이 없다. 모두가 바빠야 하고, 앞서 나아가야 하고, 더 나은 사람이 되는 데 매 순간 온힘을 다해야만 하는 세상이다.

피퍼는 삶에 대한 실용적 관점에서 벗어나 "유용한 일인가?"가 아니라 "좋은 일인가?"라는 질문을 토대로 모든 활동을 바라보도록 권한다.

물론 문제는 서로 다른 두 가지 성격을 구분하는 법을 배우는 것이다. 유용한 일이라고 해서 반드시 좋은 일은 아니기 때문이다. 진정한 여가와 자유를 이해하는 것은 매우 가치 있는 일이다.

··· **삶에 적용하기** ···

나만을 위한 시간에 할 일을 정할 때 스스로 "유용한 일인가?"가 아니라 "좋은 일인가?"라는 질문을 던져라. 만일 좋은 일이라는 결론이 나왔다면 그 이유는 무엇인가?

오로지 나만을 위한 시간 만들기

내 안에서는 일과 여가 사이의 투쟁이 벌어진다. 나는 오아시스 타임을 알기 전까지 종종 이런 생각을 했다.

'하루를 온종일 쉬어도 될까? 일주일이 아니라 한 달에 단 한 번만이라도 그런 시간을 보낼 수 있을까?'

그 시절 나는 잠에서 깼어도 정신을 차릴 때까지 침대에 잠시 머무는 시간, 잠 기운이 서서히 빠져나간 후 하루를 맞이하는 기쁨을 느끼며 침대에서 일어나는 시간, 피퍼가 말한 깊은 여가나 내면의 목소리나 영혼의 나직한 중얼거림을 들을 수 있는 시간, 정적과 감사 그리고 축복의 순간을 소중히 여기는 시간. 그런 시간은 불가능하다고 생각했다.

나는 오아시스 타임을 찾는 과정에서 현대의 안식일을 위한 여러 지침을 발견했다. 그중에서 댄 롤먼이 만든 열 가지 안식일 원칙을 소개한다.

1. 디지털 기기를 피한다.
2. 사랑하는 사람과 교류한다.
3. 건강을 챙긴다.
4. 밖으로 나간다.
5. 상업 활동을 피한다.
6. 촛불을 밝힌다.
7. 와인을 마신다.
8. 빵을 먹는다.

9. 조용한 곳을 찾아낸다.

10. 남을 위해 베푼다.

이 지침들을 따르면서 자신만의 오아시스 타임을 찾을 방법을 찾아보자.

오아시스 타임에 필요한 7가지

오아시스 타임에 해야 할 일들은 다음과 같다.

1. 일주일 동안 숨가쁘게 살아온 일과에서 벗어난다.

2. 효율적인 일이 아니라 좋은 일의 가치를 음미한다.

3. 세상의 경이로움에 감탄하고 신성한 감각을 느낀다.

4. 끝없는 욕구를 자극하기보다 지금 이 순간의 아름다움을 생각한다.

5. 아무 일도 하지 않는다.

6. 쓸모를 따지지 않고 예술과 창조적 활동을 즐긴다.

7. 즐기고, 축복하고, 사람과 어울린다.

나는 안식일을 탐구하면서 오아시스 타임의 핵심 요소들을 찾아냈다. 안식일의 핵심은 시키고 준비하는 것, 시작하고 끝내는 것, 디지털 기기를 멀리하는 것, 속도를 늦추는 것, 성과에 대한 집착을 버리는 것이다.

3장

나만의 오아시스 타임을 만드는
5가지 원칙

그렇다면 오아시스 타임은 전통적인 안식일과 무엇이 다를까? 그냥 쉬는 시간일까? 해변에 가는 시간일까? 정원을 가꾸는 시간일까? 자신을 성찰하고 인생을 되돌아보는 시간일까? 가족이나 친구들과 느긋하게 식사를 즐기는 시간일까?

오아시스 타임은 이 모든 것을 비롯해 더 많은 일을 할 수 있는 시간이다. 오아시스 타임을 만들기 위한 단계를 따라가다 보면 자연스럽게 이 오아시스 타임이 나 자신에게 어떤 의미가 있는지 알게 될 것이다. 요점은 일주일에 하루 혹은 한나절 동안 일에 매달리는 태도, 만족하지 못하는 태도, 계속 상황을 통제하려는 태도를 버리는 것이다. 대신 만족과 평정의 시간으로 접어들어야 한다. 그러면 시간에 쫓겨서 정신없이 살아가는 삶의 한복판에서 자신을 돌보는 또 다른 현실이 열린다.

당신을 위한 숨 쉴 구멍

일만 살피는 안경을 벗으면 시야가 넓어져 눈앞에 펼쳐진 장엄한 세계를 볼 수 있고, 긴장한 신경계를 쉬게 할 수 있다. 처음에는 한두 시간으로 시작하라. 정 힘들면 15분이라도 괜찮다. 다만 한 번에 그쳐서는 안 된다. 다른 것을 조금 포기하더라도 매주 특정한 시간을 마련해서 눈앞에 또 다른 세계가 있다는 사실을 발견하라.

모든 오아시스 타임은 우리의 몸과 마음을 회복시키며, 나름의 방식으로 우리에게 활력을 불어넣는다. 조금만 연습하면 해야 할 일이 있다는 강박관념을 떨칠 수 있다. 그리고 지금 눈앞의 그 순간에 푹 빠져들 수 있게 된다. 곁에 있는 사람과 온전히 소통할 수 있게 되고, 하늘에 흘러가는 구름을 보고 나무들 사이를 지나는 바람을 느끼게 된다.

일을 해야 한다는 부담을 벗어던지고 지금 이 순간을 충실하게 느낀 적이 있는가? 최근 들어 종일 소셜미디어나 이메일을 확인하지 않은 적이 있는가? 24시간 동안 어떤 디지털 화면도 들여다보지 않은 적이 있는가? 대다수 사람은 인터넷에 얽매여 있느라 벗어날 수 있다는 생각 자체를 하지 못한다. 그리고 막상 그런 순간이 와도 불안감에 휴대전화를 찾게 된다. 그러나 벗어날 수 있고, 그렇게 한다고 해도 손해 볼 일은 없다. 오히려 당신의 인생에 숨 쉴 구멍이 되어줄 것이다.

새로운 시도를 할 때는 모범 사례를 참고하면 좋다. 과로와 과소비의 덫에서 벗어나는 데 참고할 수 있는 검증된 모범은 안식일이다. 지금부터 안식일과 관련해 나와 다른 사람이 얻은 경험을 토대로 자신만의 안식일을 찾는 다섯 가지 원칙을 제시하고자 한다. 이 원칙은 규칙이 아니며, 여러 가지를 시험해보고 자신에게 가장 잘 맞는 방법을 찾으면 된다. 오아시스 타임으로 향하는 여정을 시작할 때 이 원칙들을 상기하면서 당신의 페이스를 잘 유지하기 바란다. 시간이 지나면 느긋하게 다른 사람들과 교류하는 기쁨을 누리는 일이 갈수록 쉬워질 것이다.

오아시스 타임의 다섯 가지 원칙

나는 오랜 시간 연구하고, 직접 경험해보고, 수많은 사람과 대화를 나누며 학습한 끝에 오아시스 타임을 확보할 수 있는 다섯 가지 원칙을 마련했다.

1. 나의 시간을 적극적으로 보호하고 계획하라

쉬는 날을 단호하게 지켜라. 준비하고 계획하라. 계획은 진정한 회복을 돕는 데 결정적인 역할을 한다. 사교활동, 야외활동, 식사, 종교적 교류 등 그 시간에 무엇을 할지 미리 계획하라.

2. 시작과 끝을 정하라

오아시스 타임의 시작과 끝을 정하고 최대한 지켜라. 오아시스 타임은 다가올 한 주의 흐름을 좌우하며, 명확하게 그 시간이 정해져 있을 때 가장 효과가 좋다. 정기적으로 오아시스 타임을 갖는 데서 생기는 리듬은 일할 때와 쉴 때를 나누는 경계선을 만들어준다.

3. 디지털 기기를 멀리하고 사람과 마주하라

디지털 기기를 손에서 떼어놓아라. 문자메시지나 소셜미디어의 새 글, 혹은 이메일을 확인하지 않는 생활을 경험하라. 대신 자신이나 다른 사람 혹은 삶을 떠받치는 진정한 의미와 마주하라.

4. 속도를 늦추고 삶을 음미하라

몸의 속도를 늦추면 마음의 속도도 늦춰진다. 현재에 몰입하면서 순간이 지닌 즐거움을 음미하려면 속도를 늦춰야 한다. 그렇게 되면 지금 느끼는 고통조차 똑바로 마주할 수 있는 용기가 생긴다.

5. 성과에 집착하지 말고 휴식, 성찰, 놀이에 집중하라

크든 작든 목표를 추구하는 데 따른 긴장을 떨쳐내라. 그러면 근심과 걱정도 사라진다. 그래야만 잘 쉬고 (혼자든 다른 사람과 함께든) 깊이 성찰하고, 자유롭게 놀 수 있다.

자 이제 이 원칙들을 하나씩 더 자세히 살펴보자.

원칙 1.

나의 시간을 적극적으로 보호하고 계획하라

나는 다른 사람과의 많은 대화와 관찰을 통해 휴일을 잘 지키는 사람은 무엇을 하고 무엇을 하지 않을지 미리 정한다는 사실을 알게 되었다. 그들은 즉흥적으로 결정하지 않고 무엇보다 휴일을 보호하고 계획하는 일을 중요시했다. 나는 그동안 내가 너무 지쳐서 도저히 몸을 움직일 수 없을 때만 일하지 않았다는 사실을 깨달았다. 한 번도 오아시스 타임을 만들겠다고 나선 적이 없었고 항상 일거리가 생겨서 휴식시간을 반납할 여지를 두었다. '정말로 하고 싶은 다른 일이 있으면 어떡하지?', '주말에 일을 해야 하면 어떡해?', '주말에 일을 하고 싶으면 어떡하지?'라고 생각했다. 그래서 진정한 회복에 필요한 휴식시간을 제대로 지킨 적이 없었다. 일하는 시간을 지키는 것만큼 쉬는 시간도 확실하게 지키고 싶다면 어떤 압박이 가해지든 무조건 보호할 방법을 찾아야 한다. 그렇다면 그 방법은 어떻게 찾아야 할까?

쉬어야 하는 '중대한 이유'를 찾아라

반드시 정기적으로 쉬는 시간을 가져야 할 이유들을 정리하라. 지금 당장 해보라. 2분 동안 타이머를 설정하고 오아시스 타임이 필요한 모든 이유를 나열하라. 그 시간을 갖지 못하는 이유는 신경 쓰지 말고 필요한 이유에만 집중하라. 그다음 소홀해진 인간관계, 나빠진 건강, 가라앉은 기분 등 지금과 같은 생활방식에 따른 대가를 나열하라. 마지막으로 친구와 보내는 시간, 숙면, 명상 등 마음의 평온을 찾는 시간을 갖는 데 따른 혜택을 나열하라.

거절하라

초기에 나는 휴일을 지키려고 휴식이라는 목표와 맞지 않는 모든 요청을 거절했다. 그것도 아주 많이. 다른 사람뿐 아니라 나 자신도 그 대상이었다. 수면을 위해 커피를 멀리하고, 휴대전화를 보고 싶은 내 속마음을 거절했다. 이런 방법들이 즉각적으로 혜택을 누릴 수 있다는 점이 큰 도움이 되었다. 거절하고 쉰 덕분에 활력과 집중력이 높아졌고, 에너지로 충만한 시간을 맛볼 수 있었다. 이런 혜택은 거절에 대한 의지를 북돋웠다. 쉬어야 하는 중요한 이유를 계속 상기하면 크고 작은 일들을 거절하는 데 도움이 된다.

또 거절을 위한 연습도 도움이 된다. 친구나 가족에게 당신이 해야 한다고 생각하는 모든 일을 적은 목록을 주고 그들이 "OO 할래?"라고 할 때 단호하게 "아니"라고 대답해보자. 하나씩 전체 항목을 거친 후 역할을 바꿔보자. 그러면 처음에는 반드시 해야 한다고 생각했던 일을 거부하는 연습을 할 수 있다. 이 과정은 빠른 속도로 진행해야 하며, 다소 우스워 보이더라도 재미를 준다. 빠르게 돌아가면서 재미를 느껴보라.

조금씩 시작하라

하루를 온전히 쉬는 것이 너무 부담스럽다면 처음부터 그렇게 하지 않아도 된다. 나는 일주일에 저녁 반나절을 오아시스 타임으로 삼는 것부터 시작했다. 당시에는 안식일 만찬에 참석한 후 집으로 돌아와 일을 했다. 그러다가 저녁 시간에 일하는 것을 중단했고, 하루 전체를 쉬기까지 시간을 아주 천천히 늘렸다. 일주일에 한 번 시간을 정해서 휴대전화를 끄고 친구와 산책을 하거나, 좋아하는 음악을 듣거나, 삶의 중심을 만드는 다른 일을 하는 것부터 시작하라. 그다음 오후나 저녁까지 시간을 늘려보자. 여기까지만 해도 충분한 휴식이 될 수 있다. 그러나 오아시스 타임이 주는 혜택이 아주 크다는 사실을 알고 나면 더 쉬고 싶어질 것이다. 이 욕구는 더 많은 휴식시간을 마련하고 보호하게 만드는 최고의 자극제다.

계획하라

처음에는 새로 얻은 자유시간에 무엇을 해야 할지 고민스러울 수 있다. 쉬는 시간이나 쉬는 날 어떤 활동을 할지 미리 계획을 세워서 이런 상황에 처하지 않도록 하라. 소중한 오아시스 타임을 낭비하지 않도록 분명한 목적을 가져라. 예를 들어 오전에 휴식을 취하거나, 오랫동안 읽고 싶던 책을 펼치거나, 만들어보고 싶던 요리를 정성스럽게 만드는 것 같은 일들 말이다. 처음에는 다른 해야 할 일들이 갑자기 생각난다거나 다른 사람이 당신을 방해하는 것처럼 오아시스 타임을 포기해야 할 이유들이 생길 수 있다. 아직 오아시스 타임의 중요성이 당신의 마음에 깊게 자리하지 않아서다. 그러나 거듭될수록 당신이 오아시스 타임을 포기해야 할 이유보다 해야 할 이유가 더 많이 생각나게 될 것이다.

다시 의지를 다질 계기를 찾아라

주위를 둘러보면 내달리는 삶에 지친 사람이 엄청나게 많다. 그들과 이야기를 나눠라. 오아시스 타임은 많이 생각하고 이야기할수록 더욱 실질적으로 변하고, 함께 오아시스 타임을 추구할 사람을 더욱 많이 발견하게 될 것이다. 여정을 함께할 동료를 찾는 일은 큰 힘이 된다. 앞서 말한 것처럼 매주 휴식과 회복의 시간을 갖지 말아야 할 이유가 나타날 것이다. 그런 일들에 미리 대비하라. 처음에는 어떤 활동을 거부하는 것이 당신의 정체성에 어긋난다고 생각할 수 있다. 그러나 내적 성장이 이뤄지면 정체성에 맞는 일들이 달라진다. 특정한 텔레비전 프로그램을 보는 것이 휴식에 적합하다거나, 반대로 텔레비전을 보면 평온과 기쁨이 사라진다는 사실을 발견하게 될 수 있다. 세심하게 자신을 관찰하고 판단하면 자신만의 안식일을 만드는 일이 적극적으로 노력을 기울일 가치가 있음을 알게 될 것이다. 물리적, 정서적 준비를 갖추면 오아시스 타임을 즐기기가 한결 쉬워진다.

'보호와 준비'는 오아시스 타임을 갖는 데 필요한 원칙들의 원칙, 말하자면 메타 원칙이다. 곧 다른 네 가지 원칙을 따르기 위해서는 오아시스 타임을 보호하고 준비해야 한다. 이는 행복하고 만족스러운 오아시스 타임을 위한 핵심이다.

시작과 끝을 정하라

오아시스 타임의 시작점을 정하면 일을 멈추고 정신을 다독이는 시간을 바쁜 일과에 억지로 끼워 넣지 않아도 된다. 완전하게 충전해줄 휴식시간이 다가온다는 사실을 알기 때문에 한층 힘을 내서 일을 마무리할 수 있다.

물론 언제나 해야 하는 일이 남아 있게 마련이다. 오아시스 타임의 시작점이 다가올 때 일이 끝나지 않았거나, 일을 조금 더 해야 할 것 같을 때가 있다. 나는 지난 금요일에 마지막 순간까지 일을 해야 했다. 그러나 마침내 일을 멈추고, 노트북을 끄고, 하루 후에 다시 일을 이어갈 것이라는 사실을 상기하자 엄청난 해방감이 느껴졌다.

결국에는 분주한 일상에서 벗어나는 데 익숙해질 것이다. 오아시스 타임이 시작되는 순간을 고대하게 될 것이다. 그리고 일의 능률 또한 매우 올라가게 될 것이다. 우선은 시작하는 시간을 정하고 반드시 지켜라. 막상 시작 시간이 되어도 온라인 상태를 끊고, 전화를 받지 않고, 책상이나 빨랫감에서 멀어지기에 적절한 때가 아니라는 생각이 들 수 있다. 거기에 핵심이 있다. 적절한 때라는 생각이 드는 때는 영원히 없으며 결정은 당신의 몫이다. 일하던 도중이라면 중단한 지점을 표시하고 책상 앞에서 일어서보자. 일을 중단하는 의식을 만들고 무조건 실행하자. 특별한 일이 있지 않는 한 이 원칙을 지켜보자.

그리고 일주일을 마무리하고 오아시스 타임을 보낼 때 특별한 의식을 치러보자. 의식은 일의 끝에서 휴식의 시작으로 넘어가는 데 도움을 준다. 일종의 모드 전환 같은 것이다. 달리기를 하든, 샤워를 하든, 음악을 듣든, 노래를 부르든, 옷을 갈아입든, 향을 피우든, 맥주를 마시든 어떤 형태라도 괜찮다. 서두르는 생활을 잠시 멈추고 안식을 시작한다는 의미를 지니는 행위를 하는 것이 중요하다.

오아시스 타임의 끝을 정하는 일도 마찬가지다. 끝은 오아시스 타임을 완성한다. 시간이 제한되어 있음을 알면 회복에 모든 것을 쏟을 수 있다. 이 특정한 시간 동안 자유롭게 인간관계와 자신의 마음속을 탐험할 수 있다.

영화 제작자로서 웨비상을 만든 티파니 슈레인은 오아시스 타임의 끝을 정하는 일이 중요하다고 말한다. 그녀는 '디지털 안식일'을 주창하면서 유명해졌다. 그녀의 가족은 일명 디지털 디톡스를 위한 안식일을 갖는데 이 안식일은 시작 시간과 끝 시간에 대한 규칙이 있다. 안식일이 끝나면 모두가 제대로 보지 못하던 일상의 소중함을 느끼며 다시 디지털 화면을 바라본다.

블로거인 소냐 할러는 1년 동안 안식일을 보내는 실험을 한 후 '안식일 52'라는 블로그에 그 내용을 올렸다. 그녀는 이 경험을 통해 얻은 통찰을 정리하면서 휴식의 끝이 시작만큼 중요하다고 지적했다.

그녀의 말을 들어보자.

> 🌿 우리 걱정꾼들은 시동만 걸어놓은 차를 언제 전속력으로 몰 수 있을지
> 알아야 한다. 사람은 처음부터 끝을 정해둬야만 휴식을 시작할 수 있
> 다.[53]

우리 가족은 오아시스 타임을 끝내면서 앞으로 이어질 6일을 내다본다. 일주일 동안 이루고 싶은 바람과 목표를 이야기한다. 횃불처럼 큰 불빛을 내는 대형 양초에 불을 붙이고 우리에게 다가올 일들을 열린 자세로 맞아야 한다는 사실을 떠올린다. 회복과 교류의 시간을 보낸 우리는 일상의 기쁨을 누리고 도전에 맞설 용기와 활력을 느낀다. 그리고 보통 오아시스 타임을 끝내는 토요일 저녁에 같이 영화를 보며 느긋한 기분을 이어간다.

(원칙 3.)
디지털 기기를 멀리하고 사람과 마주하라

일주일에 한 번이든 매일 정해진 시간이든 정기적으로 디지털 기기에서 멀어져야 한다는 말이 많다. 이는 단순히 좋은 정도 이상이다.

실행하기만 하면 바로 혜택을 누릴 수 있기 때문이다. 화면에서 멀어질 때 비로소 주위에 있는 사람과 더욱 깊고 성실하게 대면할 수 있다. 문자메시지를 보내거나 멀리 있는 사람과 수다를 떨면서 정작 바로 옆에 있는 사람에게는 잠시 기다리라고 말할 일이 없다.

우리는 온라인으로 얻는 자극을 통한 도파민 분출 그리고 디지털 기기와 함께하는 활동에 익숙해진 나머지 디지털 기기에서 멀어진다는 생각만 해도 아찔해지는 지경에 이르렀다. '나머지 세상이 없으면 나는 누구일까?', '온라인을 통하지 않으면 어떻게 사람들과 소통하지?'라고 생각한다. 디지털 기기를 멀리하면 세상과 단절된다고 생각하지 말고 삶에서 가장 중요한 요소와 연결된다고 생각하라. 오아시스 타임은 우리가 바로 눈앞에 있는 사람, 활동, 목표에 온전히 매진하도록 도와준다. 매주 디지털 기기를 멀리하는 시간은 그 경험을 더욱 새롭게 만든다.

화면에서 벗어나 진짜와 교류하라

요즘 세대의 많은 사람이 화면 속에서 유대를 통한 위안을 얻으려 헛되이 애쓴다. 디지털 매체는 사람을 이어주기도 하지만 자신과 타인을 피하게 만드는 수단이 되기도 한다. 2016년에 피츠버그대학교 연구진의 발표에 따르면 디지털 매체를 많이 활용할수록 우울증과 불안증에 시달릴 가능성이 높다.[54] 일부 연구자는 이른바 '비교와 절망' 현상 때문에 불안증이 생긴다고 주장한다. 곧 다른 사람의 온라인 속 모습을 자신과 비교하면서 상대적인 박탈감에 빠지는 것이다. 사람들은 배우자와 다투거나, 직장에서 짜증을 내거나, 아이들에게 고함치는 모습이 아니라 휴가를 즐기는 모습이나 행복한 가족사진만 올린다. 따분한 데이트에 심드렁하거나, 지쳐서 소파에 멍하니 앉아 있거나, 시시한 섹스를 나눈 모습은 생략된다. 그러니 다른 사람의 삶이 훨씬 좋아 보일 수밖에 없다.[55]

반면 현실에서 같이 시간을 보내면 비교가 아니라 교류하게 된다. 오아시스 타임은 다른 사람과 느긋하고, 부드럽고, 충실한 시간을 보낼 수 있는 완벽한 기회다. 친구들과 해변이나 산으로 여행을 가거나 동네 공원으로 나들이를 가면 어떨까? 가족끼리 동네 놀이터에 가서 아이들과 즐거운 시간을 보내면 어떨까? 강아지와 산책하며 공원에서 이웃들과 만나면 어떨까? 오아시스 타임에 즐기는 다양한 사교활동은 삶을 풍요롭게 할 수 있는 깊은 유대를 타인과 나누도록 도와준다.

정신과 의사이자 작가인 에드워드 할로웰은 아이들과 유대감을 나누는 일이 특히 중요하다고 말한다. 그의 지적에 따르면 풍족한 가정에 사는 아이들도 사람이나 자연 등 좋아하는 활동과의 감정적 연결을 경험하지 못할 수 있다. 그들은 마당이나 거리 혹은 숲속에서 노는 것이 아니라 디지털 화면을 들여다보면서 위안을 얻는 법을 배운다. 자신이 세상의 의미 있는 일부라는 깊은 의식을 가진다. 또한 많은 사람에게서 위안과 자기계발의 기회를 얻는다. 반면 그렇지 못한 아동은 충동적으로 행동하고 우울해한다. 요즘은 열네 살 소년도 우울증 진단을 받는다.[56] 아이가 디지털 화면에서 멀어지도록 유도하는 일은 친밀한 인간적 유대를 나누는 데 도움이 된다.

하버드대학교 연구진은 조지 베일런트와 로버트 월딩거의 지도 아래 75년 동안 하버드대학교 출신을 대상으로 삶의 만족도와 사회적 성공의 관계를 연구했다. '하버드 그랜트 스터디 Harvard Grant Study' 로 불리는 이 연구는 다른 사람과의 교류가 얼마나 중요한지 보여준다. 이 역사상 최장기간에 걸쳐 성공과 행복의 관계를 연구한 결과에 따르면 '삶에서 정말로 중요한 유일한 요소는 다른 사람과 맺는 관계'다. 하버드 출신으로서 아무리 대단한 성공을 거뒀다고 해도 행복의 열쇠는 예나 지금이나 사랑과 교류였다. 베일런트 박사는 연구 결과를 다음과 같이 정리한다. "행복은 곧 사랑이다."

우리가 자신과 타인 그리고 영적 힘이나 의미와 교류해야 할 필요성은 생각하는 것보다 훨씬 크다. 그래야만 삶에서 진정한 행복을 맛볼 수 있다. 월딩거 박사는 사회적으로 단절된 사람이 "외롭지 않은 사람보다 덜 행복하고, 중년에 건강이 일찍 나빠지고, 뇌 기능이 일찍 저하된다"라고 지적함으로써 이 사실을 강조한다. 또한 "좋은 관계는 우리를 더 행복하고 건강하게 만든다"라고 정리한다.[57]

좋은 것들을 온 힘을 다해 받아들이기

오아시스 타임을 보내는 동안 우리는 삶에 의미를 부여하는 가치와 목표를 마음과 정신에 심을 수 있다. 오아시스 타임은 삶에 경외심을 키울 좋은 기회이기도 하다. 스탠퍼드대학교의 멜라니 러드와 동료들은 경외감이 시간이 부족하다는 생각을 줄여주고 타인에게 더욱 관대해지도록 만든다는 사실을 발견했다. 또한 캘리포니아대학교 버클리캠퍼스의 연구자들은 경외감이 공감 능력과 행복감을 높여주고 스트레스를 줄여준다는 사실을 발견했다. 그들은 경외감이 우리를 현재의 순간에 몰입하게 만들고 세상을 바라보는 관점을 뒤흔들어서 더욱 열린 자세를 갖도록 하는 강력한 수단이라고 생각한다.

영화 제작자인 제이슨 실바는 정신적 지평을 넓히는 경외감의 혜택을 적극적으로 알린다. 그가 제작한 영상 시리즈인 〈경이로운 영상들〉은 놀라운 이미지들을 통해 시청자들을 끌어들인다. 실바는 "경외감을 느끼지 않으면 기운을 절약할 수 있다. 자동 주행 모드로 계속 달리는 게 더 쉽기 때문이다. 정신을 뒤흔드는 경험은 힘이 들지만 경외감에 압도되는 것은 가치 있다. 이 경험은 삶에 빛을 부여한다"라고 말한다.[58]

감사하는 마음은 더 거대한 존재와 교류하는 또 다른 수단이다. 고맙게 생각하는 일들을 머릿속에 떠올려보라. 신경과학자인 릭 핸슨의 말에 따르면 "우리의 정신은 부정적인 것에는 찍찍이velcro 같고, 긍정적인 것에는 방수 제품 등에 사용하는 소재인 테플론teflon 같다." 따라서 우리 삶에서 좋은 것을 찍찍이처럼 받아들이려면 노력이 필요하다. 핸슨은 이를 적극적으로 권한다. 이는 삶에서 좋은 것을 인지하고 매 순간 우리가 누리는 축복을 느끼는 일을 알아채기 위해 노력하는 것을 말한다. 시원한 바람을 좋다고 즉각적으로 느끼는 사람이 있는가 하면 모른 채 지나가는 사람도 있다. 바람이 좋다는 것을 머릿속에 각인해두면 시원한 바람을 더 쉽게 인식하듯이 우리는 좋은 것을 더 잘 받아들일 수 있는 준비를 해야 한다.

살다 보면 누구나 식상함을 느낄 수 있다. 좋은 것을 더 잘 받아들일 수 있도록 하는 또 다른 방법은 금욕주의자와 유대인들이 쓰던 '부정적 시각화negative visualization'다. 이는 우리가 정말로 소중히 여기는 대상을 갖지 못했다고 상상하는 것이다. 예를 들어 랍비 젤리그 플리스킨은 손을 쓰지 못하게 되었다고 상상해보라고 권한다. 그러면 두 손을 자유롭게 쓸 수 있다는 사실이 고맙게 느껴진다. 지금 바로 해보자. 오아시스 타임은 이 두 가지 방법을 시도하기에 아주 좋은 기회다.[59]

속도를 늦추고 삶을 음미하라

옛날 여행자들은 달리는 말 혹은 돛에 부는 바람의 속도만큼만 이동할 수 있었다. 다시 말해서 자연이라는 한계에 갇혀 있었다. 그러다가 기차와 증기선이 도입되면서 한계를 벗어난 속도를 맛보게 되었다. "이렇게 빨리 달리다니!"라고 감탄하게 된 것이다. 물론 속도는 위험을 동반하기 마련인데, 예를 들어 말 없는 마차의 속도가 빨라지면서 교통사고로 죽는 사람이 늘었다.

우리는 물리적 속도가 초래하는 위험을 분명히 인식하지만 정신적 속도가 초래하는 위험은 잘 모른다. 우리의 정신은 일단 달리기 시작하면 따라잡기 어렵다. 달리는 정신은 놀라운 생각뿐 아니라 심각한 문제도 만들어낸다. 쾌락과 자기를 인식하는 감각을 구분하지 못하는 것이 그중 하나다. 근래에 명상과 마음챙김이 인기를 얻은 이유는 속도를 늦추고 지금 주변에 일어나는 일을 더 잘 인식하도록 하기 때문이다. 이때 우리의 몸뿐 아니라 정신도 같이 속도를 늦춰야 한다.

브리짓 슐트Brigid Schulte는 베스트셀러《타임 푸어Overwhelmed》에서 정해진 일과가 없는 열린 시간과 공간에 대해 깊이 고민한다. 다음은 속도를 늦추는 일에 관한 그녀의 생각이다.

🌿 자유롭게 열린 공간에서 시간의 흐름을 잊고 현재에 빠져들 때 우리는
최고의 경지, 이른바 몰입이나 절정의 경험으로 불리는 상태로 접어든
다. 취미, 독서, 정원 가꾸기에 몰두하거나, 산책을 하거나, 친구나 가
족과 시간을 보내거나, 아무것도 하지 않고 그저 살아 있음을 온전히
느낄 때 그런 일이 일어난다.[60]

속도를 늦추고 시간과 공간을 천천히 음미하는 일은 활력과 맑은
정신을 안겨주고 자신의 경험을 성찰해 필요에 따라 경로를 수정하
게 한다.

서두르면 공감 능력이 줄어든다. 속도를 늦추면 선행을 더 하게 된
다. 프린스턴신학대학교에서 진행한 고전적인 '선한 사마리아인' 실
험에 따르면 신학대학생들조차 시간이 촉박한 상황에서는 도움이
필요한 사람을 그냥 지나쳤다. 실험을 진행한 심리학 교수 존 달리와
대니얼 뱃슨은 67명의 신학대생에게 각각 다른 건물에서 발표를 하
도록 시켰다. 발표 주제 중에는 선한 사마리아인 이야기도 있었다.
대다수 학생은 발표 시간이 촉박하다는 말을 들었다. 그들은 복도에
서 심하게 기침을 하며 주저앉는 사람을 무시하고 지나갔다. 심지어
선한 사마리아인에 대한 발표를 하러 가는 길인데도 쓰러진 사람을
넘어가는 신학대생도 있었다.

연구자들은 "일상의 속도가 빨라지면 도덕은 사치가 된다", "서두

르면 인지 영역이 좁아진다"라고 지적한다. 너무 빨리 움직이면 깊이 자리 잡은 가치관조차 무너뜨릴 수 있다. 반면 속도를 늦추면 다른 사람을 더욱 폭넓게 생각할 기회가 생긴다.[61]

　나는 우리 모두가 속도를 조절하는 나름의 방법을 갖고 있다고 믿는다. 내 경우는 의도적으로 육체적 감각에 주의를 집중한다. 대개 오아시스 타임을 처음 가질 때는 속도를 늦추기가 어려워서 밤이 되면 일하느라 잊고 있었다가 떠오른 일들, 기억하고 싶은 일들 사이를 바삐 오가는 정신을 멈출 수가 없다. 그렇기 때문에 아침에 일어나 아주 천천히 걷는다. 그리고 간단하고 몸에 좋은 아침식사를 만드는 데 주의를 기울인다. 신선한 허브와 채소를 다듬는 동안에는 재료의 색상과 형태, 질감에 집중하면서 자신을 잊는다.

　거의 매주 이런 기적이 일어난다. 몸의 움직임을 늦추면 마음의 움직임도 서서히 느려진다. 나는 집 밖으로 나가서 평소에는 그냥 지나치던 하늘과 수풀의 색을 천천히 관찰한다. 잔디밭에 앉아 햇볕을 쬐고 있으면 피부에 스치는 부드러운 바람과 땅을 딛고 선 발바닥의 압력이 느껴진다. 나는 마음이 자유롭게 흘러가도록 놔둔다. 오래 연습한 끝에 이제는 종일 속도를 늦출 수 있다. 오아시스 타임 동안 나는 편하고 사색을 즐길 수 있을 정도로 천천히 움직인다.

　즐겨라, 음미하라, 만끽하라. 이 일은 쉬워야 하며 실제로도 쉽다.

특히 좋아하는 아이스크림을 즐길 때는 더욱 그렇다. 다만 몇 입 먹다 보면 맛이 점차 희미해지고 마음이 다른 곳으로 흘러가게 된다. 마음챙김 수련은 초점을 현재로 되돌려서 아이스크림이 여전히 맛있다는 사실을 발견하도록 해준다. 유대 전통을 가르치는 스승들은 즐거움을 느끼는 능력을 개발할 수 있다고 말한다. 그들의 가르침에 따르면 행복은 의무다. 행복으로 돌아가는 일은 우리가 기쁨을 위해 만들어진 존재임을 상기하는 행동이기 때문이다.[62]

감각적 즐거움과 유대감을 만드는 능력이 뛰어난 덴마크 사람에게서 우리가 배울 점이 있다. 그들은 일상의 속도를 늦춰서 안락하고 포근한 행복감을 창출하기를 좋아하며, 삶의 보편적인 부분을 아름답게 꾸미는 일을 즐긴다. 그들은 그 느낌을 휘게hygge라고 부른다. 휘게를 말할 때 뜨거운 코코아와 커피, 맛있는 케이크, 난롯불 같은 요소가 강조되기는 하지만 휘게의 핵심은 가까운 사람이 자주 모이면서 만드는 편하고 친근한 분위기를 천천히 즐기는 것이다.

속도를 늦추면서 즐거움에 집중하는 연습을 하라. 매 순간을 음미할수록 즐거움이 커진다.

성과에 집착하지 말고 휴식, 성찰, 놀이에 집중하라

일주일에 하루만큼은 성과에 대한 집착은 물론 삶을 향한 거창한 이상과 계획, 소원도 잠시 잊어라. 미뤄둔 일을 걱정하지 마라. 휴일이 끝날 때 다시 매달리면 된다. 핵심은 정기적으로 쉬면서 성공을 위한 일상적인 노력과 재충전을 위한 오아시스 타임 사이를 오가는 리듬을 찾는 것이다.

우리 문화는 성과를 지나치게 중시한다. 성과를 내지 못하거나, 그런 문화에 젖어 매일 무슨 일이라도 조금씩 해두지 않으면 스스로 게으른 것처럼 느껴질 정도다. 그러나 오아시스 타임은 존재, 휴식, 놀이, 성찰을 위한 시간이다. 일주일에 하루라도 단지 이 세상에 존재한다는 이유만으로 자신이 중요하다는 사실을 돌아보자.

오아시스 타임을 갖는다는 것은 멈춘다는 뜻이다. 종이에 적어둔 과제와 머릿속을 맴도는 과제를 잠시 잊는다는 뜻이다. 그러나 휴식을 시간 낭비라고 여기면 일을 멈추기가 어렵다. 어떻게 해야 머릿속 해야 할 일들 목록을 내려놓을 수 있을까? 우선 연습이 필요하다. 몇 주 동안 머릿속을 맴돌던 일이라면 12시간 내지 24시간 동안은 잊어도 된다는 사실을 받아들여라. 압박감에서 벗어나 현재에 집중하라. 눈앞에 있는 대상 혹은 사람에게 완전히 주의를 돌리도록 적극적으로, 때때로 강제적으로 노력하라. 지금 이 순간 아무 일도 하지 않아도 된다는 사실을 인식하라. 당분간 비상사태는 없다고 스스로를 마인드 세팅하자.

《먹고 기도하고 사랑하라》를 쓴 엘리자베스 길버트는 성과 지상주의를 경계해야 한다고 강력하게 주장한다.

🌿 우리는 지금까지 살았던 어떤 사람보다 더 많이 노력한다. 우리는 야심이 넘치지만 시간에 쪼들리고, 경쟁심이 강하지만 주의력 결핍에 시달린다. 우리는 전속력으로 달리면서도 이 속도가 충분치 않을까 봐 계속 걱정한다. 우리는 옛날 사람보다 오래 살지만 우리의 삶은 더 짧고, 불안하고, 정신없게 느껴진다.

조금 늦추자. 삶에 브레이크를 밟아라. 한 걸음 물러서라. 정말로 그래야 한다. 두 걸음 물러서도 괜찮다. 모든 디지털 기기를 끄고, 모든 야욕을 내려놓고, 잠시 아무 일도 하지 마라. 안다. 우리 모두는 세상을 구해야 한다는 걸. 하지만 내 말을 믿으라. 내일도 여전히 세상을 구해야 할 것이다. 차분해지지 않으면 여러분은 곧 뇌졸중을 일으킬 것이다(아니면 다른 사람이 뇌졸중을 일으키게 만들 거다).[63]

성과를 잊는다는 것은 지금 당장은 아무 일도 하지 않아도 된다고 자신에게 말하는 것이다. 그러기 위해서는 행동을 촉구하는 내면의 신호를 무시할 줄 알아야 한다. 《타이탄의 도구들Tools of Titans》을 쓴 팀 페리스Tim Ferris는 이를 '전략적으로 가속 페달에서 발을 떼는 부담 덜기deloading'라 부른다.[64]

멈추는 것, 늦추는 것, 가치를 창출하는 행동을 잊는 일 모두 가치를 지닌다. 항상 성과를 낼 필요는 없다. 성과를 내야만 행복해지는 것은 아니다. 사실 일에 더 자신을 쏟아붓기 위해서는 우선 더 자신다워져야 한다.

일중독에 대한 한 가지 이론은 성과나 기여가 없으면 자신의 가치를 느끼지 못한다는 것이다. 이럴 때, 랍비 아브라함 요수아 헤셸이 즐겨 인용하는 구절인 "그저 살아 있는 것도 영광이며 그저 존재하는 것도 축복"인 상황과 정반대의 상황을 경험하게 된다. 세상에 기여하고 진전을 이루는 일은 훌륭하다. 그러나 성과가 없어 자신의 가치를 느끼지 못한다면 더 많은 일을 해내기 위해 멈춰야 할 때도 알기 어렵다.

성과를 내거나, 세상에 기여하거나, 주변을 정돈하거나, 더 나은 사람이 되려는 노력을 하지 않을 때 우리는 무엇을 해야 할까? 바로 휴식, 성찰, 놀이다. 이때 우리는 천천히 그리고 고요하게 존재의 기쁨을 음미하고, 친구와 가족의 소중함을 느낀다. 존재의 참을 수 없는 가벼움을 느끼거나 벽에 비치는 빛과 그림자의 놀이를 응시한다. 휴식에 따른 불안을 잊어버린 채 바쁜 일상을 쉬게 한다.

| **휴식** | 아무것도 하지 않아도 아무 일도 일어나지 않는다

내 사촌인 팸은 변호사다. 언제나 일이 많은 그녀는 아무것도 하지 않고 보내는 휴가가 최고라고 말한다. 그녀는 내게 이런 이야기를 들려준다.

"사람은 종종 마서스 비니어드Martha's Vineyard(매사추세츠주 해안 휴양지 – 옮긴이)에서 뭘 하면 좋은지 물어. 우리 가족이 거길 아주 잘 아니까. 그러나 나는 뭘 하면 좋은지 몰라. 사람들은 '그러면 거기서 뭘 해요?'라고 묻지만 나는 항상 '아무것도 안 해요'라고 대답해. 정확히 말하면 아무것도 안 하는 건 아니지. 꼭 뭘 해야 한다고 생각하지 않는 것이 더 정확하겠지. 나하고 딸은 책을 많이 읽어. 그다음 해변으로 산책을 갔다가 이웃들과 수다를 떨어. 가끔은 상점에 가서 저녁거리를 사거나 다른 사람과 함께 어울리기도 해. 같이 생선을 구워 먹고 석양이 지는 걸 구경하지. 아무런 의무도 없어. 가야 할 곳이나 만나야 할 사람도 정해두지 않아. 그냥 일이 생기는 대로 놔두지. 그렇게 시간을 보내고 집에 돌아오면 항상 새로운 활력이 넘쳐."

휴식은 수면만큼 반드시 필요한 것이다. 《휴식, 내 몸이 새로 태어나는 시간The Power of Rest》을 쓴 매튜 에들런드Matthew Edlund 박사는 우리에게 수동적 휴식과 적극적 휴식이 모두 필요하다고 말한다. 수동적 휴식에는 수면, 텔레비전 시청, 소파에서 빈둥거리기 등이 포함된다. 적극적 휴식은 정신적 휴식, 사회적 휴식, 영적 휴식, 신체적 휴식이라는 네 가지 요소를 포함한다. 우리는 음식과 운동에 신경을 많이 쓴다. 그러나 안타깝게도 휴식에는 충분한 관심을 두지 않는다. 휴식을 피하지 말고 제대로 쉬는 법을 배우면 몸과 마음의 건강에 크게 도움이 된다.

나는 가끔 일과 중에 쉬기 위해 앉거나 눕기만 해도 금방 일어나서 일거리를 하나만 더 처리하고 싶은 유혹을 느낀다. 해야 할 다른 일이 떠오르거나, 열심히 일하지 않았다는 느낌이 든다. 이때 나는 다시 느긋한 자세를 취하고 심호흡을 한다. 나중에 언제든지 필요한 단계를 밟을 수 있다는 사실을 상기한다. 그러면 몸이 마치 긴 일과를 마친 후 맛있는 식사를 먹고 싶어 하는 것처럼 저절로 휴식을 취하고 싶다는 생각이 든다. 처음에는 이런 휴식으로 마음이 불편해도 내 몸은 무엇을 해야 할지 안다.

| 성찰 | 홀로 그리고 함께

우리는 성찰을 홀로 하는 것이라고 여긴다. 로댕의 유명한 조각인 〈생각하는 사람〉을 떠올려보라. 그는 손으로 머리를 받친 채 혼자 앉아서 생각에 잠겨 있다. 그러나 여기서는 집단 성찰을 더 깊이 살피고자 한다.

고대 그리스인은 함께 성찰하는 시간을 중시했다. 스콜레scholé는 좋은 삶을 살기 위해 숙고하고 대화하는 과정을 말한다. 그리스인은 삶에서 정말로 중요한 것이 무엇인지 대화하는 데서 큰 즐거움을 얻었다. 생각해보라. 우리는 우리에게 가장 중요한 것이 무엇인지 사람들과 함께 고민하고 직면한 곤경을 함께 대처할 때 가장 강렬한 연대의식을 느낀다.

히브리인도 심도 있는 토론을 최고의 학습 형태로 보았다. 그들은 성경이나 탈무드의 구절을 놓고 논쟁을 벌이는 것이 정신과 마음, 영혼을 씻어주며, 고대 이스라엘에서 핵심적 가치 중 하나인 정의에 대한 인식을 깊게 해준다고 믿었다.

함께 생각하는 기술로는 일종의 의식적 대화법이 있다. 바로 까다로운 주제를 놓고 각자 의견을 밝히면서 토론하는 것이다. 그러면 단지 주장을 제시하는 데서 그치지 않고 모두 더 많이 배울 수 있다. 이런 대화를 통해 삶을 더 잘살게 해주는 온갖 주제를 탐구하고, 우리의 삶에 대한 풍부하고 흥미로운 문제들을 파헤치며, 서로를 새로운 방식으로 알 수 있다.

최근에 우리 부부는 아이들이 같이 노는 동안 다른 부부와 함께 식사를 하며 최고의 저녁시간을 보냈다. 조는 연봉이 높기는 하지만 그만큼 일이 많은 직장을 다니느라 지쳤으며, 아이들과 시간을 더 보내고 싶다고 말했다. 우리는 직장에서 무슨 일이 있었는지, 왜 지금 변화를 원하는지 물었다. 그리고 새 일자리를 찾으라고 조언하면서 아는 사람을 소개하는 것이 아니라 좋은 일이 무엇인지 대화를 나눴다.

우리는 스트레스에 지치지 않았을 때도 아이들과 따로 시간을 보내는 일의 어려움을 이야기했다. 또한 대의를 위해 일하고 싶고, 우리가 사는 오클랜드에서 인종주의나 환경오염과 싸울 시간과 기운이 남기를 바라는 마음도 같이 나누었다. 그날 우리는 답을 얻지 못했지만 부모로서 서로의 마음을 훨씬 깊이 이해하게 되었으며, 뿌듯하고 홀가분한 기분을 느꼈다. 이처럼 그저 자신이 지닌 가치관을 분명하게 밝히고 탐구하는 일도 그 가치관을 강화하는 데 큰 도움이 된다.

| 놀이 | 최고의 결과는 제대로 놀 때 나온다

미국 국립놀이연구소의 스튜어트 브라운 박사에 따르면 놀이는 우리의 행복에 크게 기여한다. 놀이는 혁신, 창의성, 즐거움을 얻는 데 필수적이다. 놀이가 지닌 멋진 면은 성과 추구와 별개로 이뤄질 때 가장 좋다는 것이다. 최고의 기술기업인 구글은 직원에게 놀이시간을 주는 것으로 유명하다. 구글 경영진은 제대로 놀 때 최고의 성과가 나온다는 사실을 알기 때문이다.

우선 놀이를 하면 긴장이 풀어지고 아무 목적 없이 재미만 추구한다. 그러다 재미를 느끼는 순간 대단히 인간적이고 즐거운 기분이 우리 안에서 샘솟는다. 이때 우리는 가려지지 않은 자아, 그러니까 가장 나다운 자아를 만날 수 있다. 이런 놀이에서 뛰어난 창의성이 나온다. 다만 그러려면 역설적으로 결과를 의식하지 말아야 한다. 놀이

연구에 평생을 바친 브라운 박사는 다음과 같이 말한다.

🌱 인간은 모든 동물 중에서 최고의 놀이꾼이다. 우리는 놀도록 설계되었
고 놀면서 성장한다. 놀이는 인간성, 개인성의 가장 순수한 표현이다.
그러므로 놀 때 가장 살아 있는 느낌이 들고, 가장 좋은 기억이 만들어
지는 게 특별한 일은 아니다.[65]

몰입 상태에 이르는 것은 특별한 종류의 놀이다. 미하이 칙센트미
하이가 책에서 처음 제시한 '몰입'은 자아를 의식하지 못할 만큼 어
떤 대상에 집중할 때 이뤄진다. 흔히 이런 상태를 '무아지경'이라 말
하며, 깊이 집중할 때, 진정으로 좋아하는 일을 할 때, 과제와 기술 사
이에 균형이 잘 맞을 때 우리는 무아지경에 빠진다. 이때는 모든 것
이 명확하게 느껴진다. 어렵지만 해낼 수 있는 일을 할 때 즉각적인
피드백이 이뤄지고 시간 감각이 사라진다. 이런 놀이는 너무나 보람
차서 삶을 살 만한 것으로 만든다.[66]

우리의 바쁜 정신이 끊임없이 해야 할 일을 찾기 시작하면 '그저
살아 있는 것도 성스러우며, 그저 존재하는 것도 축복'임을 되새기
면서 그냥 해야 할 일에 관한 생각을 잊어버리도록 해야 한다. 그래
야 제대로 된 오아시스 타임을 보낼 수 있으며 진정한 삶의 가치를
만날 수 있다.

시간의 양보다 리듬을 찾는 것이 중요하다

성과에 대한 집착을 버리는 일은 가장 중요한 원칙일 수도 있다. 일하지 않는 시간의 리듬이 가장 큰 가치를 지닌다는 사실을 이해하는데 도움을 주기 때문이다. 단지 출근해서 '중요한' 일들을 하고 다시일할 수 있도록 휴식을 취하는 것이 핵심이 아니다. 리듬에 따라 사는 것이 중요하다. 리듬은 삶의 일부다. 우리는 숨을 들이마시기만하는 것이 아니라 내쉬기도 한다. 하나가 다른 하나보다 나은 것이아니라 둘 다 중요하다.

정상급 선수들을 전문적으로 상담하는 짐 로러는 "너무 열심히 운동하는 게 문제가 아니라 충분히 회복하지 않는 게 문제다"라고 말한다. 그의 지적에 따르면 힘과 유연성, 지구력을 길러서 정상급 선수가 되려면 반드시 잘 쉬고 회복해야 한다. 그러지 않으면 번아웃이오고 싫증을 느끼게 된다. 회복을 위한 휴식은 잘 뛰기 위한 필수 요소다. 다시 말해서 휴식과 회복은 좋은 삶을 위한 필수 요소이기도하다.

우리에게도 다음의 두 가지 자세 사이에 균형을 맞추는 리듬이 필요하다. 하나는 "세상을 바꿀 거야. 상황을 더 낫게 만들 거야. 나는더 행복해질 거야. 더 많이 가질 거야"라고 말한다. 다른 하나는 "이대로도 괜찮아. 만족해. 지금 멋진 세상을 있는 그대로 받아들일 거야"라고 말한다.

우리는 이 두 자세를 번갈아 할 수 있다. 사실 여러 활동을 하는 분주한 시간과 휴식, 성찰, 놀이로 회복하는 느린 시간 사이에 일정한 맥박을 형성하는 데 오아시스 타임을 갖는 궁극적 목적이 있다. 깊은 휴식과 존재 그 자체를 통한 재충전 후에 우리는 다시 이루고, 배우고, 확장하며, 성취하는 일로 돌아간다. 이처럼 우리가 온 마음을 기울여 이루는 성취는 계속 이어질 수 있다. 이런 리듬에 이르러 각각의 시야를 넓히면 우리의 삶이 있는 그대로 의미 있다는 사실을 확실히 알게 된다.

앞서 제시한 다섯 가지 원칙을 직접 실행하면서 어떻게 작용하는지 보라. 이 원칙들이 이미 존재하는 삶의 영역을 찾아라. 휴식을 취하려고 할 때 어떤 원칙이 도움을 주었는가? 어떤 원칙이 힘들었는가? 속도를 늦추기는 쉽지만 디지털 기기를 멀리하기가 힘든가? 미리 계획하는 데 애를 먹는가? 성과에 대한 집착은 버릴 수 있지만 여전히 더 빨리 달리고 싶은 욕심은 버릴 수 없는가?

어떤 원칙이 잘 통하는지 살피면 오아시스 타임을 실현하는 방법을 찾을 수 있다. 오아시스 타임에 이르는 각 단계는 건강, 행복, 안녕으로 더 가까이 우리를 이끈다. 그 단계들을 같이 밟아나가자.

4장

정말로 지금 같은 삶을
살고 싶은가

여기까지 읽고 오아시스 타임을 갖고 싶은 마음이 생겼지만 할 일이 너무 많아서 안 된다고 생각하는 사람이 있을 것이다. 많은 사람이 비슷한 이유로 오아시스 타임을 누리기를 꺼린다. 이 장에서는 오아시스 타임이 언제나 손에 닿을 듯 닿지 않는 거리에 있는 듯 느껴지고, 오랫동안 거기에 이르지 못했거나 그렇게 될 처지에 놓일까 두려운 사람을 위해 오아시스 타임을 만들 힘을 얻는 세 가지 방법을 제시한다.

첫 번째 방법은 오아시스 타임을 가져야 할 강력하고 설득력 있는 이유를 만드는 것이다. 두 번째 방법은 개인적 위기를 오아시스 타임으로 나아갈 계기로 삼는 것이다. 세 번째 방법은 죽음을 대면하는 의지를 갖고 "정말로 지금 같은 삶을 살고 싶은가?"라고 자문하는 것이다. 이 방법들은 마침내 우리를 오아시스 타임으로 향하게 만드는 자극제가 될 수 있다.

내 친구이자 '워킹맘'인 트레이시는 진작부터 토요일 일부를 오아시스 타임으로 삼고 싶어 했지만 문제는 너무 바쁘다는 것이었다. 아이러니하게도 토요일은 아이들을 실어나르고 집안일을 처리하느라 일주일 중 가장 바쁜 날이 되었다. 시간이 흘러 아이들이 독립한 후에도 정기적으로 오아시스 타임을 갖지 못하는 것은 변함이 없었다. 트레이시는 혼자 생활하면서도 하루 중 일부를 재충전에 할애하기를 주저했다. 비어 있는 시간 동안 외로울까 봐 불안했던 것이다. 그녀는 자신이 이런저런 일로 하루를 채우는 바람에 만족스러운 회복의 시간을 갖지 못한다는 것을 알았다. 마사지를 받거나 긴 산책을 나가는 등 잠시 휴식을 시도해봤지만 꾸준히 오아시스 타임을 보내려면 동기가 필요했다. 트레이시야말로 이 장을 읽어야 할 사람이다. 당신도 그럴지 모른다.

이유는 어디에나 있다

오아시스 타임이 필요한 이유를 알면 의지를 갖고 지킬 수 있다. (3장에서 이 문제를 잠시 다루었는데, 이제 더 깊이 파고들어보자.) 왜 정기적으로 휴식을 취하는 리듬을 만들어야 할까? 오늘날 사람들이 느끼는 과도한 스트레스와 우울증, 아이들이 받는 압박감, 지속 불가능한 생활방식 같은 거창한 문화적 이유를 대려는 것이 아니다. 이런 요인들도 정말로 중요하기는 하지만, 내가 말하려는 것은 개인적 가치관과 경험이다. 왜 오아시스 타임을 만들고 싶은지 물어보면 다음과 같은 개인적 이유를 많이 듣는다.

- 일주일에 하루는 아침에 일어나서 휴대전화나 이메일을 확인하고 싶지 않다.
- 너무 피곤하다. 내가 무슨 일을 하는지도 신경 쓰고 싶지 않다.
- 늘 바쁘게 사느라 가족과 느긋하게 보내는 시간이 부족하다.
- 일을 멈출 수 없다. 항상 해야 할 일이 있다. 이렇게 계속 일만 하다가 쓰러지고 싶지 않다.
- 자연을 접할 기회가 없다. 야외로 나가고 싶어도 항상 일이 생긴다. 조용한 야외에서 시간을 보내고 싶다.
- 집에서 가까운 곳에 친구들이 사는데도 여섯 달이나 얼굴을 보지 못했다.
- 일을 하면서 점점 심각한 실수를 저지른다. 아직 다른 사람에게 들키지는 않

았지만 불안하다.

- 나를 돌아볼 시간이 없다. 단 몇 분조차 시간이 나지 않는다. 속도를 늦추고 내가 어떻게 살고 있는지 생각할 시간이 필요하다. 내면의 나침반이 무엇을 가리키는지 모르겠다. 너무 빨리 달리는 바람에 그 목소리를 듣기 어렵다.

··· 삶에 적용하기 ···

매주 오아시스 타임을 가져야 할 개인적인 이유를 나열하라. 오아시스 타임을 가져야 할 동기를 만드는 것은 무엇인가?

- 자신의 몸과 마음이 어떤 상태인지 알고 있는가?
- 산책을 미룬 적이 얼마나 많은가?
- 오랫동안 미뤄둔 취미 활동은 무엇인가?
- 가족이나 친구를 만나고 서둘러 헤어진 적이 얼마나 많은가?
- 얼마나 지쳐야 휴식을 취할 것인가?

이런 생활방식을 계속하는 데 따른 대가와 오아시스 타임을 갖는 데 따른 혜택을 나열하라.

- 내면의 나침반을 따르면 어떻게 될까?
- 지금 같은 속도로 얼마나 오래 갈 수 있을까?
- 매주 새로운 활력을 느낄 수 있다면 어떻게 될까?

필요를 휴식의 연료로 바꾸어라

사업을 일구거나, 뛰어난 운동선수가 되거나, 외국어를 배우려 할때는 분명하고 강한 목적의식으로 채비를 갖춘다. 오아시스 타임을 만들 때도 마찬가지다.

오아시스 타임을 위한 강력하고 의미 있는 목적은 휴식의 리듬을 확보하는 동기이자 토대가 될 수 있다. 예를 들어 사방에서 가해지는 압박 때문에 포기하고 싶은 마음이 들면 처음 가졌던 목적, 중대한 이유를 상기하라. 오아시스 타임을 건너뛰고 일을 계속하려 할 때면 강한 목적의식을 되살려라. 이처럼 목적의식을 활용하는 일은 오아시스 타임을 계속 지킬 방향과 힘 그리고 확신을 준다.

'목적'은 '욕구'보다 강하다. '너무 피곤해서 텔레비전을 조금 보다가 자러 가고 싶어'는 '너무 피곤해서 이제는 균형 잡힌 생활을 하고 싶어'와 많이 다르다. 중대한 이유를 정해두면 오아시스 타임을 마련하는 데 동기를 부여할 의미 있는 목표가 생긴다.

오아시스 타임을 보낼 목적을 확인하는 또 다른 방법은 당신이 소중하게 여기지만 힘들고 피곤해서 하지 못하는 일들을 파악하는 것이다. 예를 들어 너무 피곤해서 친구들과 함께하지 못할 수 있다. 혹은 밤에 배우자와 깊은 유대감이나 성적 친밀감을 나누지 못할 수 있다. 도자기를 빚거나 스윙 댄스를 추면 기분이 한결 나아질 수 있는데도 피로가 쌓여서, 또는 놀아달라고 보채는 아이들이나 집안일 때문에 못하는 경우가 많다. 이런 일들을 느긋하게 즐기면서 삶을 바꾸겠다는 확고한 의지를 가져라.

당신이 치르는 대가를 항상 생각하라

지금의 생활방식이 상당한 대가를 치러야 한다는 사실을 알면 오아시스 타임을 가져야 할 이유가 분명해진다. 쉼 없는 생활에 따른 비용을 계산하는 일은 왜 쉬어야 하는지 분명하게 말해준다.

피곤은 큰 비용을 초래할뿐더러 최소한의 여유도 즐기지 못하게 만든다. 정신없는 생활에 따른 전반적인 비용은 눈에 보이지 않는 데다가 장기간에 걸쳐 분산되기 때문에 제대로 인식하지 못하는 경우가 많다. 중요한 프로젝트를 기한 내에 마치지 못해서 승진에 실패하거나 유망한 업무를 맡지 못한 적이 있는가? 피곤하거나 바쁘다는 핑계로 친구와의 약속을 너무 자주 취소하는 바람에 관계가 서먹해진 적이 있는가? 힘겨운 일과 때문에 건강이 나빠져 약을 먹고 있는가? 모두가 같은 대가를 치른다고 해서 바쁜 일과가 유익하거나, 삶에 필요한 부분이거나, 기꺼이 감수해야 하는 것은 아니다. 쉼 없는 생활 때문에 치르는 대가를 분명하게 확인하고 거기서 벗어날 길이 있음을 알면 목적의식이 생긴다.

··· 삶에 적용하기 ···

다음 문장을 완성해서 오아시스 타임에 대한 목적을 만들어보자. 말이나 글로 완성하면 된다. 각 항목을 다섯 가지 다른 내용으로 완성하라.

- 쉼 없는 생활 때문에 ○○○를 하지 못한다.
- 매주 휴일을 보내면 ○○○을 할 것이다.
- 서두르지 않으면 ○○○한 기분이 들 것이다.
- 나를 덜 밀어붙이면 ○○○를 할 수 있을 것이다.
- 오아시스 타임을 만들면 ○○○를 더 많이 경험할 것이다.
- 오아시스 타임을 만들면 ○○○를 더 많이 가질 것이다.
- 꾸준하게 회복의 시간을 보낸다면 ○○○을 할 것이다.
- 매주 ○○○을 하면서 사람들과 깊이 사귈 것이다.

무엇이 중요한지 먼저 고민하라

성공을 향해 달려가거나 분주하게 가족과 일, 놀이를 오가거나, 모든 것에 앞서 나가려고 매달리다 보면 그 상황에 매몰되기 십상이다. 우리는 바쁜 일과에 파묻히면 무슨 일을 하고 있는지 잊어버린 채 자신과 공동체, 사회에 진정으로 중요한 것이 무엇인지 생각하지 않는다. 세상을 더 나은 곳으로 만든다는 커다란 목적과 매일 하는 행동을 연결하지 않는다.

많은 사람이 자신보다 적게 가진 사람의 처지를 고려하거나 이웃을 도울 시간이 없다고 생각한다. 한때 공동체를 이끄는 리더가 되겠다고 결심했더라도 지금은 직장에 출근하고 집안을 겨우 살 만한 상태로 만드는 데 급급하다. 그러나 오아시스 타임을 찾으면 가치관이 분명해진다. 시간과 삶의 소중함을 절실히 느끼게 되고, 잘 살아가는 데 기운을 쏟을 수 있게 된다.

인도 철학자인 지두 크리슈나무르티Jiddu Krishnamurti는《관심의 불꽃The Flame of Attention》에서 인식과 초점의 중요성을 설파한다.

> 올바른 행동이 무엇인지 알려면 의식의 내용을 이해해야 한다. 의식이 혼란스럽고, 불확실하고, 압박에 시달리고, 이 구석에서 저 구석으로, 한 상태에서 다른 상태로 떠밀리면 갈수록 혼란과 불확실성, 불안이 가중된다. 이런 혼란 속에서는 행동할 수 없다. (중략) 우리 자신 안에서 질서를 이루는 일이 무엇보다 중요하다. 내적 질서에서 외적 질서가 나온다.[67]

휴식과 성찰이 없으면 금세 혼란스런 삶에 갇히고 만다. 오아시스 타임은 인식을 밝히는 데 도움을 준다. 내적, 외적 휴식은 공동체 및 사회와 우리가 맺은 관계를 한결 분명하게 드러낸다.

피로의 악순환을 회복의 선순환으로 바꿔라

피로의 악순환에 빠져서 몽유병 환자처럼 살아간다는 사실을 깨달은 후 휴식에 대한 목적의식을 갖는 사람이 있다. 어쩌면 당신이 그런 사람인지도 모른다. 다행인 점은 피로의 악순환에 빠지는 양상을 파악하고 정기적인 휴식과 수면을 통해 그 고리를 끊을 수 있다는 것이다.

피로의 악순환은 어떻게 진행될까? 피로는 실수와 부진한 업무로 이어진다. 혹은 인간관계가 나빠지기도 한다. 이 경우 잘못을 바로잡고 인간관계를 회복하는 데 더 오랜 시간이 필요하다. 피곤하면 중요한 문제를 인식하는 시야를 잃어버린다. 사소한 일에 흥분하고 부정적인 태도를 갖게 된다. 이 흥분과 부정적 태도는 잠을 설치게 만들어서 피로를 가중시킨다. 잠이 부족하면 명랑하고 능동적인 자세를 유지하기 어렵다. 피로와 스트레스에 시달리다 보면 음식을 부실하게 먹고 운동을 거른다. 결국 자신을 제대로 돌보지 않게 된다.

사람들은 종종 힘든 시기만 지나면 균형 잡힌 생활로 돌아갈 것이라고 말한다. 그러나 스트레스에 시달리는 것이 일상이 될 만큼 그 기간이 길어지는 경우가 많다. 우리는 제대로 쉴 시간이 없다고 계속 자신을 밀어붙인다. 휴가 때 쉬면 된다고 생각하면서. 그러나 그 결말은 대개 피로와 번아웃으로 끝난다.

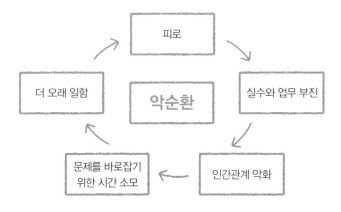

피로의 악순환

피로 → 실수와 업무 부진 → 인간관계 악화 → 문제를 바로잡기 위한 시간 소모 → 더 오래 일함 → 피로

악순환

긍정적인 회복 주기를 통해 이 악순환을 멈출 수 있다. 정기적인 회복은 옳은 선택을 하는 능력을 높여준다. 이는 다시 업무, 인간관계, 관점의 개선으로 이어진다. 일을 잘하려면 창의력과 집중력을 살려야 한다. 정기적으로 휴식을 취하면 인간관계를 개선하고 다정한 사람이 될 수 있다. 마음이 분노와 불안, 완벽주의에 얽매이지 않도록 막을 수 있다. 또한 자신을 잘 보살피면서 좋은 음식을 먹고, 운동을 하고, 친구나 가족과 잘 지내게 된다. 긍정적인 기운은 전염성이 있다.

하루에 네다섯 시간만 자도 되는 사람과 자신을 비교하지 마라. 일반적인 사람은 여덟 시간을 자야 제대로 활동할 수 있다. 물론 이보다 오래 자야 하는 사람도 있고, 적게 자도 되는 사람도 있다. 체력이

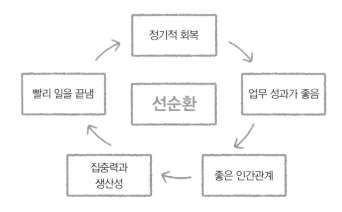

좋아서 적게 자도 되는 사람은 대개 조직의 관리자가 돼서 자신이 특이하다는 생각을 하지 못한 채, 다른 사람이 따르기 어렵고 생활을 힘들게 만드는 기준을 정한다.

마찬가지로 일인 다역을 하면서도 날씬하고 깔끔한 모습을 유지하는 여성들과 자신을 비교하지 마라. 그들이 대단한 일을 해내게 만드는 이면의 동력이 무엇인지는 모르지만 아주 힘든 삶을 살고 있을지도 모른다.

《일손을 놓은 엄마Hands Free Mama》를 쓴 레이첼 메이시 스태포드Rachel Macy Stafford는 일부 여성이 일인 다역을 할 수 있는 이유가 "삶에서 정말로 중요한 것들을 희생하기 때문이다"라고 말한다. 그리고 그 중요한 것들은 자칫하면 다시 가질 수 없다는 사실을 강조한다.

그녀는 이 '일인 다역 증후군'에서 벗어나려고 책까지 썼다.

현대 세계의 '효율' 덫에서 벗어나려면 용기가 필요하다. 그러나 회복을 위한 용기를 내면 몇 배나 큰 혜택을 누릴 수 있다. 앞서 살펴 대로 오아시스 타임을 갖겠다는 목적의식을 다지는 여러 방법이 있 다. 예를 들면 다음과 같다.

- 지금 놓치고 있는 것 혹은 바라는 것에 초점을 맞춘다.
- 세상을 더 나은 곳으로 만들 가치관을 실현할 방법을 정한다.
- 쌓이는 피로를 없애겠다고 결심한다.
- 멈춤이 없는 삶에 따르는 대가를 파악한다.

결심이 흔들릴 때 마음을 잡아줄 만큼 분명하고 강력한 목적이 필 요하다. 오아시스 타임을 반드시 만들어야 하는 이유를 거듭 상기 하자.

발등에 불이 떨어질 때까지 기다릴 것인가?

꼭 위기를 겪어야만 속도를 늦추는 사람이 있다. 아리아나 허핑턴이 그랬다. 그녀의 말을 들어보자.

"2007년 4월 6일 아침, 나는 집에 마련한 사무실 바닥에 쓰러져 있었다. 머리 주위에는 피가 흥건했고 쓰러지면서 머리를 책상 모서리에 부딪히는 바람에 눈이 찢어지고 광대뼈가 부러졌다."

그녀는 무엇이 잘못되었는지 밝히려고 여러 의사를 찾아갔다. 결국 알아낸 사실은 너무 피곤해서 책상에 엎드려 자다 깨어 떨어졌다는 것이었다. 그녀는 이 일을 겪은 뒤 균형 잡힌 생활을 할 수 있는 길을 찾았다. 현재 그녀는 매일 충분히 잠을 자는 일이 얼마나 중요한지 열심히 홍보하고 있다.[68]

지금은 파산한 투자은행 리먼브라더스의 최고재무책임자로서 숱한 비판을 받은 에린 캘런도 일을 멈추지 못했다. 그러다가 회사가 망하면서 새로운 생활방식을 취해야만 했다. 그녀는 이렇게 말한다.

"위기가 없었다면 결코 혼자 힘으로 잘못된 생활방식에서 벗어나지 못했을 것이다. 어쩌면 생애 최악의 경험을 한 덕분에 삶을 감사히 여길 수 있게 되었는지도 모른다. 나는 내게 남은 것들을 소중하게 여기는 법을 배워야 했다."

캘런은 가족과 친구들을 뒷전으로 밀어두고 싶지 않았다. 어쩌다 보니 조금씩 그런 방향으로 흘러갔을 뿐이었다.

"처음부터 일에 모든 것을 걸 생각은 없었다. 시간이 지나면서 그렇게 됐다. 해가 바뀔 때마다 조금씩 일들이 일상 속으로 들어왔다. 처음에는 월요일 아침에 조금 편하자고 일요일에 30분 동안 이메일,

과제 목록, 달력을 정리했다. 그러다가 30분이 몇 시간이 되고 나중에는 종일로 늘어나 일상의 전부를 차지했다."[69]

캘런은 위기 때문에 어쩔 수 없이 삶을 돌아보게 되지 않았다면 계속 같은 길을 걸었을 것이다. 그녀는 다른 기업의 최고위직으로 쉽게 옮겨갈 수 있었지만 위기를 전환점으로 삼아 자신의 가치관에 부합하도록 삶을 바꾸었다.

그녀는 회고록인 《먼 길을 돌아Full Circle》에서 "나는 여러 일을 맡아 직급의 사다리를 올라가면서 다음 자리에만 눈길을 고정했다. 내가 지금 어디에 있는지 살필 겨를이 없었다. 한숨을 돌리며 그런 문제를 생각할 시간조차 갖지 않았기 때문이다"라고 털어놓았다.[70] 이제 그녀는 위기 이후에 이룬 성장을 소중히 받아들이게 되었다. 현재 50세인 그녀는 소방관인 남편, 한 살배기 딸과 함께 행복하게 살고 있다.

여행 작가인 피코 아이어는 내면의 갈등을 통해 삶을 바꾸었다. 어느 날 밤 분주한 일과를 마친 후 택시를 타고 급히 귀가하던 그는 너무 서두르는 바람에 삶을 돌아보지 못했다는 사실을 문득 깨달았다. 그는 〈타임〉지 국제 정세 담당 기자라는 멋진 직업을 갖고 언제나 꿈꾸던 삶을 살고 있었다. 그러나 현실은 결코 만족스럽지 않았다.

그는 "일에 관한 요구에서 벗어나 내면의 목소리를 듣거나 참된 행복을 느끼는지 알아볼 시간이 없었다"라고 밝힌다. 그래서 그는 성공적인 삶을 버리고 일본의 시골로 옮겨간 후 일을 많이 줄였다. 생활방식을 크게 바꾸자 자신이 가장 소중히 여기던 것, 바로 홀로 보내는 시간이 생겼고 여행 작가로도 자리를 잡았다. 그에게 안식일은 힘든 순간에 자신을 지탱해준 시간, 어디에도 가지 않았던 시간이었다.[71]

위기에 처했다고 해서 사람이 항상 자리를 옮기는 것은 아니다. 정신분석가인 스티븐 그로스Stephen Grosz는《때로는 나도 미치고 싶다The Examined Life》에서 흥미로운 이야기를 들려준다. 이 이야기에 등장하는 마리사 파니그로쏘는 9·11 테러 당시 첫 번째 비행기가 세계무역센터 북쪽 타워에 부딪혔을 때 남쪽 타워 98층에 있었다. 마리사와 이야기를 나누던 다른 두 명의 여성은 자리를 떠나지 않았고 다른 사람도 마찬가지였다. 그들은 화재 경보를 무시한 채 그냥 서 있었다. 심지어 회의하러 가는 사람까지 있었다. 마리사는 친구에게 "왜 다들 가만히 서 있는 거야?"라고 물었다. '폭발음을 들었을 뿐 아니라 진동까지 느낀' 마리사는 가까운 비상통로를 따라 건물을 빠져나왔다.

그로스는 "마리사가 기이하다고 생각한 현상은 사실 보편적인 것이다. 연구 결과에 따르면 화재 경보가 울려도 사람들은 즉각 행동하지 않는다. 서로 대화를 나누며 무슨 일이 일어났는지 파악하려 애쓴다. 그냥 서 있는 것이다"라고 설명한다.

그로스는 뒤이어 "우리는 자신이 세상을 보는 관점, 자신의 이야기를 충실히 따른다. 우리는 지난 이야기에서 벗어나기 전에 새로운 이야기가 무엇인지 알고 싶어 한다. 우리는 비상통로가 어디로 향하는지 알지 못하면 거기로 가려 하지 않는다. 특히 비상 상황에서는 더욱 그렇다. 우리가 삶에 대해 자신에게 하는 이야기를 바꾸려면 준비가 필요하다. 그러기 위해서는 용기를 가져야 한다"라고 덧붙인다.[72]

변화의 동기를 얻으려면 단지 위기만 필요한 것이 아니다. 위기가 우리에게 하는 말을 들을 준비가 되어 있어야 한다.

내가 겪은 위기는 너무나 심각해서 귀를 기울일 수밖에 없었다. 나는 쉴 없는 삶을 사느라 기운이 완전히 고갈된 상태였다. 방을 가로질러 가는 동작에도 집중과 의지가 필요했다. 나는 변화가 필요하다는 사실을 알았지만 솔직히 말하면 바뀌고 싶지 않았다. 아프기 전까지 내 삶은 소용돌이 같았다. 성취감이 좋았던 나는 끊임없이 움직였고 지루할 틈이 없었다. 친구들도 많았고, 회동과 오찬은 쉴 없이 이어졌다. 그런 것들을 하나도 포기하고 싶지 않았다. 그러나 스스로가 항상 뒤처져 있다고 생각했고 스트레스에 시달렸다. 결국 아프고 나서야 나는 겨우 바뀌기 시작했다. 마침내 (그리고 서서히) 회복되고 난 후에는 예전으로 돌아갈 수 없다는 사실을 깨달았다. 가장 소중한 건강이 망가졌으며, 다시는 쉬지도 못하며 일하고 싶지 않았다. 마침내 나는 무엇이 나를 밀어붙였는지, 삶에서 무엇을 원했는지 정직하게 파악할 수 있었다. 나는 부모님이 반대한 분야에서 내 방식으로 성공할 수 있다는 사실을 증명하려는 열의에 차 있었다. 그러나 사실은 삶을 천천히 음미하며 영혼을 풍요롭게 만들고 싶었다.

나는 점차 일과 휴식의 리듬을 따르고 오아시스 타임이 지닌 가치를 믿게 되었다. 잠시 일을 손에서 놓는 것이 다시 일에 뛰어들 때 더 큰 가능성을 열어준다는 진실을 체득하게 되었다. 내가 분명하고 강력하게 전하고 싶은 말은, 절박한 지경에 처할 때까지 휴식을 미루지 말라는 것이다. 지금 조치를 취해야 나중에 닥칠 위기를 막을 수 있다. 만약 위기에 처하더라도 그 말에 귀를 기울이라.

삶의 마지막 순간을 생각하고 스스로 질문해보라

환경 뉴스 사이트 〈그리스트Grist〉의 기자로서 블로그와 트위터에 활발하게 글을 올리던 데이비드 로버츠는 일 년 동안 스크린 중독을 고치는 일에 나섰다. 그는 〈아웃사이드Outside〉지에 실은 글에서 디지털 기기에 대한 의존을 줄인 이유를 자세히 설명했으며, 특히 사랑하는 아들 혁과 공 던지기를 한 이야기는 많은 사람의 공감을 얻었다.

(혁과 나는) 자리를 잡았고, 둘 다 한동안 말을 하지 않았다. 햇빛은 풀밭을 물들였고, 라일락 향기가 공기에 묻어 나왔다. 공은 퍽, 하는 소리를 내며 글러브에 들어왔다. 늦은 오후의 햇살 속에 빛나는 아이를 보니 문득 슬픔이 밀려왔다. 너무나 갑작스럽고 가슴 벅찬 슬픔에 눈물이 시야를 가렸다. 이 순간이 우리를 무심하게 지나갈 것이라는 사실을 분명하게 느꼈다. 그런 생각을 하는 동안에도 시간은 흘러갔다. 삶은 현재에서 과거로 너무나 빨리 흘러간다. 그래서 때로 삶을 제대로 보지 못하고, 죽기 전까지 아무것도 마음에 담지 못할 것처럼 느껴진다. 죽음은 우리 모두에게 찾아온다. 내게도, 혁에게도.

그때 슬픔만큼 빠르게 기쁨과 안도감이 밀려왔다. 이 순간을 놓치지 않았기 때문이다. 아무리 신기루 같은 순간이라도 나는 온전히 그 속에 있었다. 바람이 시원하게 살갗을 간지럽혔다. 나는 여기에 있었고, 혁은 막 공을 던지려 했다.[73]

나는 얼마 전에 장례식에 참석했다. 할 일이 있었지만 잠시 얼굴은 비출 수 있었다. 장례식장에 가는 동안에는 한 시간만 있으려고 생각했지만, 막상 가보니 서둘러서는 안 되는 경건한 장소에 들어섰다는 것이 느껴졌다. 나는 자리에 앉아 한 번도 만난 적 없는 여성에 대해 사람들이 들려주는 이야기를 들었다. 그 자리에 함께할 수 있어서 영광스럽다는 생각이 들었고, 두어 시간 후 집으로 돌아오는 길에는 마음이 되살아난 느낌을 받았다. 덕분에 남편과 아들에게 더 다정하게 대할 수 있었다. 내가 떠나온 순간들이 고맙게 느껴졌다. 우리는 죽음을 접하고서야 비로소 삶의 평범한 순간들을 소중히 여긴다. 사소한 것들에 얼마나 매달렸는지 깨닫고 빽빽한 과제 목록을 옆으로 제쳐둔다. 그리고 사랑하는 사람과 함께하기 위해 계획을 세운다. 죽음은 남은 삶을 즐기게 하고 가장 의미 있는 일들을 추구하는 데 쓰고 싶게 만든다.

일주일에 하루쯤 시간을 즐기는 법을 배우면 어떨까? 순간을 음미하고 의미 있는 일들을 하기 위해 일주일에 하루를 비워둔다면 삶은 더욱 만족스러워질 것이다. 매주 만족스러운 일을 할 시간이 마련되어 있기 때문이다. 일을 계속하고 과제 목록을 작성해도 된다. 다만 일주일에 하루는 잊어야 한다.

유진 오켈리Eugene O'Kelly는 세계적인 회계법인인 KPMG의 대표로 일하다가 54세에 뇌종양 말기 판정을 받았다. 모든 것을 바친 덕분에 최고의 경지에 올라서 까다로운 상황을 처리하는 데 능숙해진 시기에 닥친 일이었다. 그는 저서 《인생이 내게 준 선물Chasing Daylight》에서 죽음이 임박한 상황을 최대한 활용하는 법을 상세히 들려준다. 오켈리는 90일이라는 시간이 주어져서 운이 좋았다고 거듭 말한다. 그만큼 삶을 최대한 적극적으로 즐겨야 한다는 사실이 분명해졌기 때문이다. 그것도 바로 지금 말이다. 그는 가장 중요한 일들을 해야만 했다. 그는 '나중에' 할 수 있을 것이라는 생각에 사랑하는 아내에게 제대로 마음을 표현하지 못한 것을 후회했다.

🌱 회사에서 계속 시간에 대한 압박을 받다 보니 특정한 사람, 곧 좋은 사람이지만 '내 삶의 외곽fifth circle'에 속하는 사람과 만나는 습관이 생겼다. 꼭 한 달에 네 번씩 그런 사람과 아침을 먹어야만 했을까? 어쩌면 지난 10년 동안 주중에 아내와 두 번 이상 점심을 같이 먹을 수 있지 않았을까?[74]

  그는 '언제나 바라던 변화를 이루고 싶다면 시간이 바닥날 때까지 기다리지 말라'는 메시지를 보내며 우리가 죽을 날을 생각해보라며 이렇게 당부한다.

🌱 언젠가 마지막 나날을 위한 계획을 세워야겠다고 생각한다면 그 시간을 앞당겨라. 다른 사람이 나처럼 갑작스레 삶을 돌아볼 수 있는 축복을 받지 못한 것이 안타깝다. 그들은 너무나 바쁘게 매달리던 일을 멈추고, 한 걸음 물러서서 어떤 삶을 살아가는지 살필 동기나 계기를 갖지 못했다. '왜 이 일에 매달리지?'라는 간단한 질문을 던지기가 왜 그렇게 무서웠을까?[75]

마침내 그는 이전에는 알지 못했던 삶의 완벽한 순간들을 알아차렸다.

🌿 지금 완벽한 순간들을 얼마나 많이 누리는지 생각하면 놀랍기만 하다. 이전에는 숨 가쁜 생활에 얽매인 나머지 삶에 내재된 숭고함을 느낀 적이 없었다. 완벽한 순간에 접어드는 핵심은 수용임을 다시금 깨닫는다. 완벽한 순간의 최종 결과이자 목표는 삶이 계속 주는 맛들을 최대한 즐기는 것이다. 그 모든 것에 이르는 길은 수용이다.[76]

> ··· **삶에 적용하기** ···
>
> 죽음을 앞둔 마지막 몇 주 혹은 몇 달을 어떻게 보낼지 잠시 상상해보라. 유진 오켈리처럼 살 날이 얼마 남지 않았다면 무엇을 하고 싶은가? 무엇을 할 것 같은가? 누구와 시간을 보내고 싶은가? 누구와 시간을 보내고 싶지 않은가? 삶의 외곽에 속하는 사람은 누구인가? 주위를 둘러보라. 지금이 마지막 시간일지도 모른다. 함께 있어야 할 사람은 누구인가? 당신에게 얼마나 소중한 존재인지 말해야 할 사람은 누구인가? 이런 깨달음은 생활 패턴을 바꾸는 데 어떤 도움을 줄 수 있을까?

나는 2008년 12월에 일련의 완벽한 순간을 만났다. 내 생애 최고의 한 달이었다. 이상하게 들릴지 모르지만 그때가 너무 좋았던 이유는 내가 얼마나 오래 살 수 있을지 몰랐기 때문이다. 암 진단과 질병의 고통이 이어졌지만 한 달 동안 어느 때보다 매우 강렬하게 살아 있다는 것을 느꼈다. 매일 아침 아직 살아 있다는 사실에 감사하며 잠자리에서 일어나자 매일 믿을 수 없는 행운이 계속됐다. 여전히 멋진 세상에 살아 있었고, 사랑하는 가족과 함께 있었기 때문이다. 어떤 날에는 아침에 일어나 넘치는 사랑에 북받쳐서 운 적도 있다. 가족과 뉴욕으로 여행을 갔을 때는 거리를 장식한 불빛에 매료되었다. 록펠러센터 스케이트장은 묘한 매력을 지니고 있었다. 살아 있다는 게 너무나 행복했다. 내 삶에서 바꾸고 싶은 것이 무엇인지 분명하게 알 수 있었다. 살 날이 얼마 남지 않았기 때문에 삶을 바꾸려면 바로 행동에 나서야 했다.

그러다가 예후가 좋게 나와서 암과의 싸움이 시작되었다. 화학 치료는 아주 힘들었고 여덟 시간 넘게 유방 절제 수술도 받았다. 화학 치료와 수술은 다시 내 기운을 빼놓았다. 느리게 회복하는 1년 동안 만성적인 피로와 욕지기에 시달렸다. 그래도 예후가 나아졌다. 다행히 나는 여전히 이 세상에 있다.

나는 이제 암 환자가 아니며, 건강이 좋아진 만큼 죽음은 멀게만 느껴진다. 여전히 얼마나 오래 살지는 모른다. 그러나 온갖 시련을 겪었는데도 다시 삶을 당연하게 여기는 경우가 너무 많다. 어떻게 해야 이전처럼 깊고 순수한 감사를 느끼며 살 수 있을까? 내가 죽을 것임을 알던 그 생생한 순간들을 기억하기 위해 노력해야 한다.

호주의 완화 치료 간호사인 브로니 웨어는 내가 고민하는 문제에 대한 답을 갖고 있다. 그녀는 생의 마지막에 사람이 명료한 인식을 얻는 현상을 설명한다. 죽음을 앞둔 환자들은 어떤 일을 후회하는지, 혹은 다르게 했기를 바라는지 묻는 질문에 비슷한 답변을 했다. 그들이 가장 후회하는 일은 다른 사람이 바라는 삶이 아니라 자신에게 맞는 삶을 살 용기를 내지 못한 것이었다. 또한 이루지 못한 많은 꿈을

··· 삶에 적용하기 ···

종이를 꺼내서 다음 질문에 대한 답을 적어보라.

- -

- 아무 대가를 치르지 않고 시간을 마음대로 보낼 수 있다면 무엇을 하겠는가?
- 어떤 경험을 하고 싶은가?
- 누구와 함께하고 싶은가?
- 시간이 넉넉하고 아무 의무도 없다면 무엇을 하겠는가?
- 그 일을 하면 어떤 기분이 들까?

- -

생을 마감하는 순간, 하지 못한 일들을 후회하지 말도록 하자.

남겨둔 채 죽는 것이었다. 그들은 일에만 너무 매달리지 말고 친구들과 깊이 교류했다면 좋았겠다고 생각했다. 소중한 삶이 얼마 남지 않은 때가 되어서야 행복을 얻기 위해 다른 선택을 할 수 있었다는 사실을 깨달은 것이다. 그들은 "변화에 대한 두려움은 삶에 만족하는 것처럼 자신과 다른 사람을 속이게 만들었다. 속으로는 다시 마음껏 웃고 실없이 살고 싶었으면서도 말이다"라고 고백한다.[77]

극복해야 할 편견은 따로 있다

우리는 믿는 대로 행동한다. 대개 부모와 문화로부터 물려받아서, 스스로 깨닫지 않은 믿음은 원치 않는 곳으로 우리를 이끌 수 있다. 자신의 믿음을 살피기 전에는 진정한 변화를 이룰 수 없다.

우리가 극복해야 하는 일반적인 믿음으로는 '쉬면 녹슨다', '죽고 나서 쉬면 된다', '한가하면 나쁜 짓을 한다' 같은 것이 있다. 미국 문화는 나약한 사람이나 쉰다는 편견으로 가득하다. 이와 비슷한 잘못된 믿음은 '많이 일할수록 많이 이룰 수 있다'는 것이다. 언뜻 당연하게 들리지만, 실은 많이 일해도 적게 이루는 경우도 있다. 하는 일이 중요치 않거나, 사소하거나, 올바른 경로를 벗어나면 모든 수고가 물거품이 된다. 많이 일하는데도 문제와 실수, 비생산적 갈등만 생기면 좋은 결과가 아니라 더 많은 일을 만들 뿐이다. 끊임없이 움직여야 성공한다는 강력한 믿음은 쉴 없는 활동으로 우리를 내몬다. 그러나 정신없는 활동은 확고하고 전략적인 활동을 옆으로 밀어버린다. 바쁜 생활은 오히려 진정한 성공을 가로막는다.

행동을 촉구하는 전형적인 책에서 가져온 다음 구절은 숨겨진 믿음을 잘 예시한다. 브라이언 트레이시Brian Tracy는 미국의 정상급 컨설턴트로서 속도를 늦추는 데 대한 우리의 두려움을 완벽하게 드러낸다. 그는《자기 수양의 21가지 교훈No Excuses!》에서 이렇게 말한다.

🌱   분노나 걱정을 잠재우는 유일한 해결책은 목표를 향해 달려가는 것이다. 대상이나 이유를 막론하고 부정적인 감정을 드러내거나 부정적인 생각을 품을 시간이 없을 만큼 중요한 일에 바쁘게 매달리는 것이다.[78]

당신의 경험에 비추어볼 때 이 말이 맞는가? 내가 보기에는 아니다. 때로 분노나 걱정은 어떤 사람에게 맞서거나, 문제에 대처하거나, 전망 내지 상황을 바꿔야 할 필요성을 말해준다. 일을 더 한다고 해서 분노나 걱정이 사라지지는 않는다. 오히려 분노나 걱정이 생기기도 한다. 트레이시는 걱정에 대처하는 다른 좋은 방법들을 고려하지 않는다.

자신이 인지한 것을 머릿속에서 재구성하는 일은 불안한 생각을 관찰하고 의식적으로 바꾸는 데 효과적인 수단이다. 상담가의 도움을 받아서 작은 변화를 시도하는 일도 도움이 된다. 유일한 방법은 아니지만 마음챙김 명상은 평정심이 생기도록 뇌를 바꾼다. 동기부여 부문의 또 다른 천재인 데일 카네기Dale Carnegie는《자기관리론How to Stop Worrying and Start Living》에서 아무 계획 없는 시간에 대한 두려움을 단적으로 드러낸다.

🌿 조지 버나드 쇼가 옳았다. "비참해지는 비결은 자기가 행복한지 아닌지 신경 쓸 여유를 갖는 것"이라는 그의 말은 핵심을 찌른다. 그러니 신경 쓰지 마라! 손에 침 뱉고 바쁘게 일하라. 그러면 피가 돌고 두뇌가 회전할 것이다. 이처럼 몸에서 발산되는 활기는 곧 마음에서 걱정을 몰아낼 것이다. 바쁘게 일하라. 계속 일하라. 이는 이 세상에서 가장 값싸지만 효과 좋은 약이다.[79]

많은 사람처럼 이런 믿음을 가지고 있다면 이제는 자신이 하는 일을 잘 살펴서 진정한 보람을 주는지 아니면 그저 바쁘기만 한지 평가해보아야 한다.

생산성을 높이고 싶다는 욕구는 쉽게 통제를 벗어난다. 가치 있는 일을 하고 싶은 마음은 쉬어야 할 필요성을 무시한다. 찾아보면 항상 할 일이 있다. 피곤한데도 일을 멈춰야 한다는 생각이 잘 들지 않는다.

생산성에 도움이 되지 않지만 우리 문화에 깊이 내재된 강력한 메시지들을 다음과 같이 더 낫게 바꿀 수 있다.

- 나는 더 열심히 일하는 것이 아니라 더 잘, 더 현명하게 일한다.
- 나는 중요한 목표를 향해 집중력 있게 일한다.
- 나는 몸과 정신에 휴식과 회복이 필요하다는 사실을 받아들인다.
- 나는 걱정과 힘든 감정을 잘 이해한다.
- 정기적인 휴식은 내가 최선의 인생을 살게 해준다.

브리짓 슐트는 항상 압박감에 시달리며 살지 않아도 된다는 사실을 깨달았을 때 비로소 자신이 갖고 있던 믿음을 재평가했다. 그녀의 말을 들어보자.

나는 삶에 대해 옳다고 생각했던 모든 가정에 의문을 제기했다. 왜 일을 충분히 했다는 느낌이 들지 않았을까? 왜 아이들과 충분히 시간을 보내지 못했다고 걱정했을까? 집안을 그토록 깨끗하게 청소해야 했을까? 왜 할 일을 다 마칠 때까지는 쉴 자격이 없다고 느꼈을까?[80]

바쁜 것과 성취하는 것은 분명히 다르다. 불안한 마음에 정신없이 일에 매달리는 사람과 의미 있는 일을 꾸준하게 하는 사람이 다른 것처럼 말이다.

변화가 힘든 당신에게

오아시스 타임을 아무리 간절히 바란다고 해도 시간이 지나면 하고
자 하는 마음이 약해질 수 있다. 중대한 이유를 파악하고, 위기가 하
는 말에 귀를 기울이고, 죽음의 의미를 성찰하는 일은 오아시스 타임
을 향해 크게 나아가는 데 도움이 된다. 그러나 인생을 바꾸기는 여
전히 어렵다. 우리는 변화를 좋아하지 않는다. 현재의 행동이 바람직
하지 않아도 미지의 영역으로 가기보다 지금 그대로 머물려고 한다.
　그러니 마음의 준비가 필요하다. 오아시스 타임으로 가는 길에서

시행착오는 흔하고 당연하다. 그렇다고 해서 당신이 변화를 원치 않거나 변할 수 없는 것은 아니다. 아마 당신은 그 길에서 벗어날 핑계를 찾을 것이다. 그러나 새로운 방향으로 나아갈 때마다 새로운 삶을 위한 새로운 길이 열린다. 처음에는 그 길이 흐릿하더라도 계속 노력하면 쉽게 진전을 이룰 수 있다.

당신이 자신만의 오아시스를 찾는 여정에 올랐다는 사실을 상기하라. 이 여정은 시간이 걸린다. 벅찬 여정처럼 보이지만 할 수 있다는 사실을 되새겨라. 의지를 다져라. 오아시스 타임을 경험할 때마다 자유를 향한 의지가 강해질 것이다.

2부

연습

쉼이 있는 삶은
어떻게 만들어지는가

우리는 휴식이 쓸데없는 낭비가 아니라는 사실을 알아야 한다.
휴식은 곧 회복이다. 짧은 시간의 휴식에서도 회복하는 힘은
상상 이상으로 크므로 단 5분이라도 휴식하며 피로를 풀어야 한다.

— 데일 카네기

5장

숨을 고르기 전에
생각해야 할 것들

오아시스를 상상하는 일부터 시작하자

당신은 이글대는 태양 아래 피로와 갈증에 시달리며 사막을 건너는
여행자다. 휴식도 취하지 않은 채 멈추지 않고 빠르게 이동하느라 당
신의 몸은 뜨겁고 얼굴에는 땀이 흥건하다. 지쳐 있을 때쯤 저 멀리
에서 무성한 야자수로 둘러싸인 오아시스가 보인다. 혹시 모를 위험
혹은 놓칠지 모를 기회를 살피느라 사막을 훑어보던 당신의 지친 눈
에는 더없이 아름다운 풍경이다. 곧 재충전할 수 있다는 생각에 기운
이 나고 벌써 시원한 물맛이 느껴지는 듯하다. 당신은 오아시스를 향

해 걸어간다. 오아시스가 줄 휴식과 행복을 생각하니 슬며시 웃음이 나기 시작한다.

오아시스에 도착한 당신은 마음껏 물을 들이켜고 아름다운 꽃과 허브의 향기를 들이마신다. 한 시간가량 머물 수 있다면 어떨까? 오아시스에서 짧게 머문 뒤 새로운 활력을 얻어 길을 나선다. 당신은 짧지만 달콤한 휴식을 취했다.

한나절이나 그 이상 더 오래 머물 수 있다면 어떨까? 그늘에서 느긋하게 시간을 보내거나 낮잠을 잘 수 있을 것이다. 아름다운 경치를 즐기며 다른 여행자들과 이 사막에 대한 소식과 정보를 나눌 수 있을 것이다. 휴식, 식사, 재충전을 마친 당신은 다시 길을 나선다. 당신은 충분한 휴식을 취했다.

밤을 보내며 종일 머무른다면 어떨까? 지친 몸으로 저녁에 도착한 당신은 여행자들을 위한 숙소에서 목욕을 한다. 땀에 젖은 옷을 벗고 깨끗한 옷으로 갈아입는다. 당신은 무사히 여기까지 왔다는 데 안도하며 지금까지의 여정을 흐뭇하게 바라본다. 그날 저녁, 다른 여행자들과 만찬을 즐기며 와인과 노래로 앞으로의 여행을 축복한다. 그리고 길고 평화로운 잠을 잔다.

새벽에 길을 떠날 필요가 없으므로 서둘러 준비하지 않아도 된다. 그래서 아침은 여유롭다. 그저 이야기와 추억, 꿈, 그리고 미뤄둔 대화를 나누며 사막에서 평화로운 시간을 보낸다. 점심에도 잘 차린 음식을 먹고 오후에 긴 휴식을 취한다. 저녁 무렵 활력이 완전히 재충전된다. 당신은 활기차고 낙관적인 모습으로 다시 여정에 임한다. 새롭게 시작하는 여정은 더없이 즐겁다. 당신은 하루를 쉬면서 안식일을 가졌다.

1부에서 살핀 다섯 가지 원칙은 오아시스 타임을 위한 좋은 출발점이다. 그렇다면 이제 어떻게 당신이 누려야 할 휴일을 설계하고 실행해야 할까? 처음은 쉬면서 무엇을 할지부터 계획해야 한다. 특별하지 않아도 된다. 침대에 누워 책을 읽거나 영화를 볼 수 있다. 혹은 아이나 강아지, 연인과 시간을 보낼 수도 있다. 아니면 공원에 갈 수도 있다. 참 쉽지 않은가?

물론 그렇게 간단한 문제가 아니다. 여가를 즐기려면 약간의 기술이 필요하다. 오아시스 타임을 제대로 계획하려면 어디서부터 시작해야 할까?

아이오와주 디모인에 사는 변호사인 사라는 이 질문을 받고 당황했다. 그녀의 주말은 사람을 만나고, 아이들을 여러 특별 활동에 참가시키고, 볼일을 보고, 이런저런 잡지 기사를 읽고, 냉장고를 청소하거나 집안을 정리하는 등 온갖 잡다한 일로 채워졌다. 정작 자신의 재충전을 위한 시간은 없었다. 내가 지적하자 그녀는 이렇게 말했다.

"나도 매주 재충전의 시간을 갖고 싶어요. 다음 주와 그다음 주 주말에 출장을 가지만 집에 돌아오면 시작해볼 생각이에요. 어떻게 해야 휴식을 우선순위로 삼을 수 있을까요? 무슨 일부터 시작해야 하나요?"

그녀는 금요일 저녁에 쉬는 것부터 시작하라는 조언에 흥미를 느꼈지만 그 시간에 무엇을 해야 할지 몰랐다. 처음에는 아이들을 친구 집에서 놀게 하고 자신은 일찍 자는 게 좋겠다고 생각했다. 문제는 그렇게 해도 만족스러울지 확신하지 못한다는 것이었다.

당신도 비슷한 느낌을 받은 적이 있는가? 목표가 생겼는데 어떻게 거기에 도달해야 할지 모르는 느낌 말이다. 어떻게 일하는 것을 멈춰야 할까? 멈춘 후에는 무엇을 해야 할까? 어떻게 자기만의 오아시스 타임을 만들어야 할까? 그리고 어떻게 해야 지속할 수 있을까?

다음은 오아시스 타임을 진지하게 바라보고 삶 속으로 가져오는 데 도움을 주는 여섯 가지 단계다.

1. 충족되지 않은 욕구를 살핀다.
2. 지지대를 만든다.
3. 내면의 힘을 기른다.
4. 아이디어를 낸다.
5. 실험한다.
6. 습관으로 만든다.

필요한 것과 원하는 것을 구분하라

많은 사람이 '자신에게 진정으로 무엇이 필요한지 살펴야 한다'는 말에는 공감하지만 실제로는 그 일을 하는 걸 게을리한다.

모든 일이 그렇지만 이때도 시간과 연습이 필요하다. 지금까지 우리는 성공을 위해서 마음속 욕구를 참도록 배웠기 때문에 무엇을 해야 스스로가 만족할 수 있는지 잘 모른다. 실제로 나는 기분이 안 좋으면 내게 부족한 것과 필요한 것이 무엇인지 살피는 대신 냉장고를 뒤진다. 만약 주의 깊게 살펴서 내가 얼마나 피곤하고 외로운 상태인지 알았다면 더 나은 행동을 했을 것이다.

대중매체에서는 우리가 바라는 것이 물질적인 것이라고 암시하며 내 몸과 집을 더 좋게 만들어야 행복해질 것처럼 말한다. 과연 그럴까? 이 욕구는 진정한 욕구가 아니다. 마음속에서 필요로 하는 것과 원하는 것을 파악하는 연습을 하라. 특별히 강하게 만족하거나 행복했던 때를 기억하는가? 무엇이 우리를 그렇게 뿌듯하게 만들어주는지 파악할 수 있는가?

만족감을 주는 작고 특별한 일에 더욱 주의를 기울여라. 산책이 좋은가? 긴 목욕이 즐거운가? 단편 소설을 읽는 것이 즐거운가? 삶에서 가장 반짝이는 부분이지만 너무 바빠서 일과에 넣지 못한 일은 무엇인가? 그중에는 따스한 날에 밖에 앉아 있거나 예쁜 꽃을 바라보는 것처럼 간단한 일도 있을 수 있다.

내면의 소리에 귀를 기울이라

처음 안식일을 알게 되었을 때 나는 내가 원하는 게 뭔지도 몰랐다. 그래서 다른 사람의 집에서 열리는 안식일 만찬에 참석하기도 꺼렸으며 참석지 못하는 온갖 이유를 떠올렸다. 모르는 사람들과 함께하는 것이 힘들다거나, 의식이 어떻게 진행되는지 모른다거나, 사람들과 무슨 이야기를 해야 할지 모른다는 식이었다. 그러나 한 친구는 여러 번 거절했는데도 계속 나를 초대했다. 결국 줄기차게 거부하다가 마지못해 갔지만 나는 그 자리를 즐기게 되었다. 안식일 만찬은 내가 그때까지 몰랐던 필요를 충족했다. 그것은 영적 모임에서 얻는 인간적 분위기와 소속감이었다.

대학원생인 캐스퍼 테르카일이 파악한 욕구는 나와 정반대였다. 평일에 사람들과 교류하고 사회운동에 참여하는 그에게는 주말에 고독과 고요가 절실히 필요했다. 처음에는 혼자 있는 시간이 그토록 많이 필요하다는 사실에 그 자신도 놀랐다. 그러나 계속 그런 시간을 보낼수록 아주 큰 활력을 얻을 수 있었다. 그는 하버드 신학대학원에 다닐 때 랍비 아브라함 요수아 헤셸의 《안식일The Sabbath》를 읽고 독자적으로 안식일을 갖게 되었다. 그는 이렇게 말했다.

"나는 일과를 가득 채워서 아주 바쁘게 살아요. 만나는 사람도 많죠. 혼자서 긴장을 풀고 휴식을 취할 시간이 필요해요. 명상을 해봤지만 그걸로는 부족했어요. 그러다가 하루 동안 휴대전화를 꺼보라는 말을 들었어요. 원래 휴대전화 알람 기능을 썼는데 따로 자명종을 사고 휴대전화를 다른 곳에 뒀어요. 하루 내내 혼자 있으면서 낮잠을 자거나 산책을 가요. 읽고 싶었지만 미뤄둔 책도 많이 읽어요. 매주 그렇게 합니다."

테르카일은 내면에 귀를 기울임으로써 개인적인 안식일을 갖게 되었다. 마음속에서 들리는 소리에 응답해 적어도 한 번은 해보자고 나선 것이 시작이었다. 당신도 내면에 귀를 기울이라. 그 목소리가 당신에게 필요한 일을 말하면 거기에 응하라.

당신만의 지지대를 찾아라

지지대는 오아시스 타임을 보내는 데 대단히 중요하며, 뜻밖의 장소에서 얻을 수 있다. 사라 슐리_{Sara Schley}는 《일곱 번째 날의 비밀_{Secrets} of the Seventh Day》에서 자신의 이야기를 들려준다.

🌿 안식일에 관한 생각이 크게 바뀌게 된 계기는 어느 토요일 밤에 동네 콘서트에서 인정 많은 이웃 아주머니를 만난 것이었다. 그녀는 나를 보더니 "안녕하세요, 새로 이사 오신 분이죠? 다음 주 금요일 밤에 우리 집에 와서 같이 안식일 만찬을 하는 게 어때요?"라고 말했다.

나는 초대를 받은 게 기뻐서 "좋아요"라고 대답했다. 그리고 "내가 유대인인 걸 어떻게 알았어요?"라고 물었다.

그녀는 "몰랐어요. 그냥 모든 사람을 초대해요!"라고 대답했다.[81]

이후 이웃 아주머니는 슐리가 지역 공동체의 리더가 되어 마주치는 모든 사람을 안식일 만찬에 초대하게 되기까지 그녀를 뒷받침했다. 슐리는 수많은 사람이 자신만의 오아시스 타임을 갖도록 도왔다. 이웃 아주머니에게서 받은 지원은 다른 사람을 지원하는 원동력이 되었다. 누구에게서 지원받을 수 있을지 살펴보라. 뜻밖의 사람이 응원해줄지도 모른다.

함께할 동료를 찾아라

새로운 일을 시도할 때 동반자가 있으면 더욱 의지를 다지게 된다.

동반자는 당신이 어떤 노력을 기울이는지 들어줄 뿐 아니라 질문을 던지고, 진행되는 상황을 이해하도록 도와주며, 다른 아이디어를 제안한다. 또한 자신의 욕구를 인식하지 못할 때 대신 파악하고 충족하도록 도와줄 수 있다. 모임을 만들려면 이미 휴식과 회복의 시간을 갖는 사람부터 찾아라. 아군은 안식일에 맞서는 강력한 저항을 이기는 데 큰 도움이 된다. 친구나 가족과 함께하라. 너무 바쁘다며 거절하지 않고 좋은 아이디어라며 반길 만한 사람과 의논하라. 그런 사람이 의외로 가까운 곳에 있을 수 있다. 일에 치여 사는 데 따른 문제를 함께 논의하는 데 흥미를 가져야 한다.

함께할 사람을 찾을 때 다음의 일곱 가지 지원 방법(7C)을 기준으로 삼으면 좋다.

- 조언Coaching
- 협력Collaborating
- 위로Comforting
- 기념Celebrating
- 응원Cheerleading
- 도전Challenging
- 고무Encouraging

이 기준은 당신에게 필요한 지원을 해줄 사람을 고려할 때 도움이 된다.

'조언해줄 사람'은 오아시스 타임을 제대로 누리는 친구가 될 수 있을 것이다. '기념'의 경우 언제나 재미를 추구하는 친구를 고려할 수 있다. 예를 들어 사려 깊은 친구인 패트리샤는 나와 삶에 대한 성찰이 담긴 진지한 대화를 나누고, 이웃인 수잔은 날 좋은 오후에 긴 산책을 하러 가자고 나를 부추긴다.

당신에게 힘이 될 사람을 선택하고 반드시 보답하라. "좋은 생각이야. 어떻게 할지 같이 생각해보자!"라고 말할 사람을 찾아라. "매주 하루씩 쉬는 건 상상도 못 해. 난 일주일에 6일이 아니라 8일이 필요해"라고 말할 사람은 피하라. 조롱이나 방해에 주의하라. 당신을 보호하는 시간을 보내겠다는 의지를 꺾지 못하도록 하라.

모임 참여도 고려할 수 있다. 딘 오니시 박사의 말에 따르면 그의 부모가 심장병을 잘 극복할 수 있었던 핵심적인 요인은 지원 모임에 활발하게 참여한 것이다. 모임에서의 공감대 형성은 뜻밖의 돌파구와 지속적인 애정을 제공한다. 심장병을 극복하는 일은 오아시스 타임을 마련하는 것만큼 힘들다. 모임 참여는 당신의 세상을 다른 곳으로 옮겨줄 지지대가 되어줄지도 모른다.[82]

주위를 둘러보면 당신의 여정을 함께할 친구나 지인들이 의외로 많다는 데 놀라게 될 것이다. 인생 설계 전문가이자 스탠퍼드대학교 교수인 빌 버넷과 데이브 에번스 역시 "설계자들은 근본적인 협력의 가치를 믿는다. 진정한 천재성은 협력 과정에서 생기기 때문이다. 우리는 다른 사람과 협력하고 교류하면서 삶을 설계한다. '우리'는 언제나 '나'보다 강하기 때문이다. 이는 단순한 진리다"라고 말한다.[83]

익숙한 영역에서 벗어나라

오아시스 타임에는 이미 아는 사람만 만나지 마라. 새로운 관계가 당신에게 신선한 자극을 줄 수 있다. 당신이 하는 일을 주변 사람들에게 계속 알리고 초대하라. 물론 거절당할 수도 있지만 기꺼이 참여하려는 사람도 있을 것이다.

모임을 만들어보라. 마크 하이먼, 메멧 오즈, 대니얼 에이먼은 캘리포니아에 있는 새들백 교회에서 체중 감량을 돕는 '대니얼 플랜Daniel Plan'이라는 모임을 만들었다. 그들은 모임의 일원이 되는 것이 어떤 다이어트 방법보다 중요하다는 사실을 깨달았다. 회원들은 '함께하면 더 낫다'는 모토에 따라 서로 얼마나 나아갔는지 살피면서 도움을 주었다. 모임을 만든 첫 해에 1만 5,000명이 참여하여 총 11만 3,400킬로그램의 체중을 줄였다. 당신도 친구나 지인과 모임을 만들고 오아시스 타임을 공유할 수 있다. 혹은 이 책을 읽고 같이 연습에 나설 수도 있다.

사람뿐 아니라 책도 도움을 준다. 영감을 주는 책을 항상 곁에 놓아두고 읽어라. 오아시스 타임과 관련된 책을 전자책 기기에 받아두어라. 티파니 슈레인은 말한다.

🌱 생활이 훨씬 안정되고 균형 잡힌 느낌이 든다. 더 나은 엄마, 아내, 사람이 된 것 같다. 항상 발견, 미루기, 생산성에 이끌리다가 결국에는 과부하에 시달렸지만 이제는 흥미로운 정보나 기사, 이야기의 폭격에서 벗어날 수 있도록 밸브가 잠기는 기분이다.[84]

오아시스 타임을 갖는다는 생각에 몰입하면 훨씬 쉽게 동료 여행자를 만날 수 있다.

휴식의 리듬 만들기

오아시스 타임을 가진다고 생각하면 어떤 난관이 떠오르는가? 아이들이 참가하는 특별 활동이 너무 많은가? 정말로 운동을 해야 하는가? 처리해야 할 개인적 이메일이 쌓였는가? 집안 청소를 해야 하는가? 쉴 시간에 차라리 일을 미리 해두는 게 낫다고 생각하는가? 단언컨대 오아시스 타임을 미룰 핑계는 늘 있다. '해야 할 일을 모두 마무리하면 쉴 수 있다'라는 생각을 '다음에 할 일은 충분히 쉬는 것'이라는 생각으로 바꾸면 온갖 핑곗거리가 금세 사라진다.

그러면 어떻게 생각을 바꿔야 할까? 일을 할 때 내는 힘을 일을 멈출 때도 써라. 꼭 무언가를 해야 한다는 압박에서 벗어나라.

끈기는 버티고 참는 능력을 말한다. 상황이 어려울 때 계속 나아가게 해주며, 특히 끈기가 강한 사람뿐 아니라 우리 모두 끈기가 있다. 이미 갖고 있는 적극적 태도와 끈기를 강화해 오아시스 타임을 만드는 일에 활용하면 필요한 휴식의 리듬을 생활 속으로 끌어들일 수 있다.

확신하라

이 일에 성공하려면 매주 휴식을 취하면 삶을 더 잘 관리할 수 있다는 강한 믿음을 가져야 한다. 휴식은 반문화적이다. 그러나 당신은 세태에 맞서서 스스로 진화할 수 있는 힘을 갖고 있다. 당신의 습관, 마음가짐, 행동을 바꿀 수 있다고 믿어라.

자기 효능감은 삶에서 중대한 변화를 이룬 사람에게서 흔히 발견되는 요소로 목표를 이루는 자신의 능력에 대한 믿음을 가리킨다. 그래서 혁신적인 이상을 실현한 기업가들과 관련해 자주 언급된다. 그러나 당신도 개인적 삶에서 같은 일을 하고 있다.

할 수 있다는 자세를 활용해 일을 멈출 때 도움을 받아라. 매사추세츠대학교 경영학과 부교수인 벤야민 리히텐슈타인처럼 말이다.

그는 자신의 경험을 이렇게 회고한다.

> 안식일을 간절히 원했지만 매번 촛불을 밝히려 할 때마다 세상이 몰려와 계속 나를 몰아댔다. 항상 처리해야 할 일이 있었다. 금요일 저녁에 일손을 놓기가 불가능하게 느껴졌다. 쉼 없는 일과의 손아귀에서 조용한 시간을 낚아채야만 했다. 휴식을 취하려고 할 때면 성과를 내야 한다는 확고한 의지가 사자처럼 나를 향해 울부짖었고 결국에는 완전히 다른 목표를 달성하기 위해 이 사자를 불러내야 한다는 사실을 깨달았다. 그래서 다른 방해 요소를 차단하는 집중력을 살려서 매주 휴식과 성찰의 시간을 갖는다는 목표를 이루는 데 활용했다.[85]

성공 경험을 떠올려라

당신이 나아가는 방향이 옳다고 믿어라. 가파른 산길을 오른 적이 있는가? 손으로 잡을 만한 곳을 찾아서 버틴 적이 있는가? 그다음 발을 올릴 수 있는 곳을 찾아서 조금씩 나아간 적이 있는가? 그렇게 올라가는 동안 꼭대기가 보일 때도 있고 안 보일 때도 있다. 그래도 당신은 계속 나아간다.

당신이 살면서 이룬 뿌듯한 성취를 생각해보라. 당신은 자신의 능력을 믿었기에 목표에 초점을 맞추고 단호하게 나아갔다. 여러 난관을 극복하기 위해 지금껏 기울인 노력을 떠올려보라. 오아시스 타임

을 갖는다는 목표를 위해 그런 노력을 기울인다면 반드시 성공할 수
있다.

끈질기게 버텨라

윌리엄 파워스는 〈뉴욕타임스〉 베스트셀러인《속도에서 깊이로》
에서 가족과 함께 보내는 시간을 늘릴 방법을 고민한 이야기를 전한
다. 그와 그의 아내는 오랜 시간 동안 일했고, 주말에도 서로의 얼굴
대신 각자의 컴퓨터를 보면서 시간을 보내는 경우가 많았다. 그들은
디지털 세계가 주는 혜택을 잘 알았다. 그러나 부모 입장에서는 그에
따른 부작용을 걱정할 수밖에 없었다. 마침 '디지털 안식일'이라는
개념을 접한 그들은 가정에서 이를 시도해보기로 했다.

그들은 한 달 동안 주말 내내 디지털 안식일을 지키기로 결정했다.
첫 주말은 혼란스럽고 힘들었지만 그래도 원칙을 지켰다. 스스로 원
해서 한 일이었기 때문이다. 주위에서 누구도 그렇게 하는 사람이 없
었고, 어떤 친구들은 올바른 결정인지 의문을 제기하기도 했다. 가족
사이에도 싸움이 오갔다. 파워스는 그 어려움을 이렇게 묘사한다.
"당시 열 살이던 우리 아들은 상황을 이해하지 못했다. 그에게 인터
넷이 끊긴 집은 외계 행성과 같았다." 가족끼리 영화 보기 위해 상영
시간을 확인하려 해도 인터넷을 쓸 수 없었다. 달리 정보를 구하는
방법을 모르는 그의 아들은 바닥에 누워 훌쩍댔다. 그러다가 신문에

도 상영 시간표가 실린다는 걸 알고 깜짝 놀랐다.

첫 달은 힘들었지만 그 이후 파워스 가족은 일요일 정오 무렵이 되면 정말 기분이 좋아진다는 사실을 깨달았다. 파워스의 말에 따르면 "우리 가족은 서로를 갈라놓은 문제에서 해방되었다. 몇 달 만에 우리는 함께하는 주말을 고대했다." 다시 3개월이 지나자 오히려 디지털 기기를 쓰지 않고 가족끼리 보내는 주말이 정상처럼 느껴졌다. 파워스는 "이제 우리는 그런 주말이 없으면 살지 못한다"고 말한다.[86]

어려운 고비를 넘겨야 쉬워진다는 점을 명심하라. 표면적인 불편을 이겨내고 오아시스 타임을 지키려면 끈기가 필요하다. 파워스 가족은 어려운 상황을 맞이하게 되면 실험을 시작한 이유를 거듭 떠올렸다. 이전에는 서로 돌아앉은 채 너무 오랜 시간을 보냈다. 가족으로서 더 깊이 교류하고 싶었던 그들은 흔들림 없이 결정을 고수했기 때문에 힘든 초기를 견딜 수 있었다.

오아시스 타임을 만드는 일에 용기와 결단까지 요구하는 것이 호들갑처럼 느껴지는가? 그렇지 않다. 멈추지 않는 세상에서 죽기 전에 일을 멈추려면 엄청난 확신이 필요하다. 어차피 가망이 없는 상태라 벅찬 일상에서 오아시스 타임을 짜내기가 불가능해 보여도 포기하지 마라. 나는 매주 오아시스 타임을 마련하기까지 1년 넘게 걸렸다. 매주 쉬는 일은 행동에 대한 강렬한 의지를 거스르는 힘든 변화였다. 그래도 이제는 윌리엄 파워스처럼 결코 포기하지 않을 것이다.

일하지 않는 시간을 내 것으로 만드는 법

활력을 재충전하고 삶을 바라보는 시야를 넓히기 위해 어떤 일을 할 수 있을까? 한 번도 완료한 적이 없는 과제 목록에 일을 더하라는 말

··· 삶에 적용하기 ···

오아시스 타임에 무엇을 할 수 있을지 떠올려보라.

- 천천히 차를 마신다.
- 공원을 산책한다.
- 농구를 한다.
- 영화를 보러 간다.
- 자전거를 탄다.
- 고양이와 놀거나 개를 산책시킨다.
- 늦잠을 잔다.
- 노래를 부른다.
- 좋아하는 책을 다시 읽는다.
- 종이공예를 한다.
- 토마토를 심는다.
- 요리를 한다.
- 아무것도 하지 않는다.

이 아니다. 대신 *끈기*와 유연성 그리고 용기를 되살려서 1단계에서 파악한 욕구를 충족하는 방법을 궁리하라. 어떻게 하면 휴대전화를 손에 들고 문자메시지와 인스타그램, 이메일을 확인하며 뛰어다닐 때는 몰랐던 세상의 다른 면을 접할 수 있을까?

활동만큼 감정이 중요하다. 오아시스 타임에 어떤 감정을 느끼고 싶은지 궁리하라.

- 느긋해진다.
- 멍해진다.
- 영감을 얻는다.
- 마음을 연다.
- 넋을 잃는다.
- 놀라워한다.
- 만족한다.

무엇을 하고 어떤 상태가 될지 궁리할 때 창의성을 발휘하라. 자유롭게 생각을 떠올려라. 편집하지 말고 즐겨라. 자유로운 구상에 방해가 되는 비판, 부담, 조롱이나 놀림, 평가를 삼가라.

기쁨과 의미를 주는 것을 찾아보라

사회복지 전문가로서 취약점과 강점에 대한 연구로 유명한 브레네 브라운 박사와 그녀의 남편 스티브 브라운은 생활방식에 중대한 변화를 일으킨 다음 질문을 자신에게 던졌다. "우리 가족이 행복할 때는 어떤 모습인가?" 다음은 브레네 브라운Brené Brown이 《불완전함의 선물The Gifts of Imperfection》에서 나열한 기쁨과 의미를 위한 요소다.

- 잠
- 운동
- 좋은 음식
- 요리
- 쉬는 시간
- 주말 여행
- 예배
- 아이들과 함께 있기
- 재정적 안정감
- 의미 있는 일
- 소소한 일을 할 시간
- 가족이나 친구와 함께하는 시간
- 그냥 사람과 어울리는 시간[87]

브레네와 스티브는 '기쁨과 의미' 목록을 종종 주말에 무엇을 할지 선택하는 데 참고가 되었던 '희망' 목록과 비교했다.

"희망 목록에 있는 모든 항목은 방이 더 많은 집, 어딘가로 떠나는 여행, 연봉 목표, 직업적 활동 등 성취나 획득에 대한 것이었다. 그래서 모두 우리가 돈을 더 벌고 쓰도록 요구했다."

아이러니하게도 이런 것들을 얻으려는 노력이 '기쁨과 의미'를 누리지 못하게 만들었다. '희망'을 이루려고 너무 열심히 노력할수록 기쁨과 의미를 위해 쓸 시간이 없었다. 반대로 '기쁨과 의미' 목록을 생활 속으로 받아들이는 데 집중하자 그토록 바라던 희망을 이룰 수 있었다.

브레네는 변화를 일으키는 일이 어려웠다고 인정한다. 그녀는 "'기쁨과 의미' 목록을 받아들이기는 쉽지 않았다. 그 편이 전적으로 옳다는 생각이 드는 날도 있었고, 손님용 방과 주방을 꾸미거나, 인기 있는 잡지에 글을 실을 수 있으면 얼마나 좋을까 싶은 생각이 드는 날도 있었다"라고 고백한다.[88]

그래도 그녀는 기쁨과 의미를 추구하겠다는 마음을 버리지 않았다. 가족에게 너무나 큰 혜택을 주었기 때문이다. 오아시스 타임을 활기차게 만들고 자신의 필요를 충족하는 아이디어를 떠올리면 당신도 더 많은 기쁨과 의미를 누릴 수 있다.

누구도 완벽할 수는 없다

오아시스 타임을 위한 계획을 세울 때 아주 세부적인 부분까지 완벽하게 실행할 수 있을 것이라고 기대하지 마라. 완벽주의는 좋지 않을 뿐 아니라 '모든 실행의 적'이기도 하다. 디자인 사상가들은 '신속한 시제품화'를 선호한다. 이는 기본적으로 새로운 아이디어를 최대한 시도해보면서 무엇이 통하는지 배우는 것을 말한다. 주말에는 완벽주의를 버리고 새로운 경험을 일단 시도해보라. 새 옷을 입고 친구와 조용히 저녁을 먹거나 평소와는 다른 길로 개와 산책을 가보는 식으로 말이다.

새로운 경험을 한 후에는 기분이 어땠는지, 오아시스 타임을 보낸 것 같은지, 충분하다는 느낌이 들었는지, 너무 바쁘게 느껴졌는지 살펴보라. 효과가 있었다면 같은 일을 한 주 혹은 몇 주 더 하든지 다른 일을 추가하라. 아니면 휴식시간이 충분치 않았을 수도 있다. 다음 주 토요일이나 일요일에는 다른 일을 시도해보라. 예를 들어 친구들에게 푸짐한 점심을 대접할 준비가 되지 않았다면 다음 주에는 세 시간 동안 쉰 다음 숲속을 산책할 수 있다.

합의점을 찾아라

나와 남편은 함께 보내는 오아시스 타임을 바라보는 시각이 매우 날났다. 나는 25시간에 걸친 전통 유대식 안식일을 엄격하게 지키고 싶었지만 남편은 아니었다. 그가 생각하는 좋은 토요일은 침대에서 신문을 읽고, 느지막이 아침을 먹고, 느긋하게 집안일을 하고, 친구를 만나고, 테니스를 치는 것이었다.

처음에 우리는 가족으로서 함께할 수 있는 일을 찾는 법을 몰랐다. 그러다가 오랫동안 많은 대화를 나눈 끝에 약간의 창의성과 상상력을 발휘할 수 있었다. 사실 일부는 가망 없는 결론으로 끝난 그 대화 속에서 이 책이 탄생했다. 우리의 실험이 처음에 생각한 것과 아주 다른 오아시스 타임으로 우리를 이끌었기 때문이다.

중간지대로 향하는 우리의 여정에 도움을 준 한 가지 요소는 다양한 활동과 경험을 위해 시간을 분배할 수 있다는 깨달음이었다. 금요일 저녁과 토요일은 매주 돌아오기 때문에 매번 제대로 된 시간을 보내지 않아도 된다. 차근차근 원하는 일들을 시도할 수 있었다. 우리는 산이나 바다로 여행을 떠났고, 온갖 모임에 참석했고, 예배당에 갔고, 수많은 책을 읽었다. 그동안 서로 좋아하는 일과 회복에 도움이 되는 일을 하는 방법을 찾아냈다. 서로의 취향을 받아들이고, 활력을 되살리는 오아시스 타임을 함께하는 방법을 배웠다.

아들이 생긴 후에는 매주 부부가 같이 쉴 시간이 필요했다. 그래서 아이가 오후에도 잠만 자는 나이가 지나자마자 보모를 고용했고 놀이방으로 아들을 보냈다. 지금은 오아시스 타임을 가진 지 한참 되었

지만 다른 활동, 다른 대화 주제, 다른 놀이에 대한 실험을 계속하고
있다.

융통성을 발휘하라

의미 있는 시간을 만들려면 당신의 선택이 정신에 미치는 영향을
살펴야 한다. 엄격한 규칙이 오아시스 타임을 갖는 데 도움이 된다
면 그것도 좋다. 규칙은 어떤 면에서는 일을 수월하게 만들어준다.
그러나 틀에 얽매이고 싶지 않다면 분별력을 발휘하는 것도 좋은 방
법이다.

곧 오아시스 타임에 하는 일들이 어떤 영향을 미치는지 살펴라. 내
친구 에이미는 어느 토요일에 차고를 정리해서 물건을 많이 기부해
야겠다고 마음먹었다. 안 쓰는 물건을 처분하고 차고에 여유 공간도
만들 요량이었다. 사실 그 시간은 오아시스 타임이 아니었다. 차고를
정리하는 것도 일이기 때문이다. 이후 그녀는 주말 중 하루는 집안일
을 하는 데 쓰고, 나머지 하루는 오아시스 타임으로 삼을 수 있다는
사실을 깨달았다. 이전에는 휴식시간을 지킨다는 생각 없이 아무 때
고 되는 대로 계획을 세웠지만 지금은 정해진 날에 진정한 오아시스
타임을 갖는다.

또 다른 친구 아일릿은 금요일 밤에 흰 식탁보를 깔고 전통 음악을
들으며 구운 닭 요리를 먹는 유대식 안식일 의식을 의무적으로 치렀

다. 사실 그녀는 피자를 먹으며 영화를 보고 싶었다. 그러나 피자를 먹는 것은 그녀가 보고 배운 전통에 어긋났기 때문에 금요일 밤에는 특별한 일을 하지 않게 되었다. 그녀가 피자를 먹어도 된다고 판단했다면 어떨까? 맛있는 피자를 자랑스레 식구들에게 먹일 수도 있었다. 함께 극장에 가서 재미있는 영화를 볼 수도 있었다. 이런 실험은 전통을 새롭게 생각할 기회가 되었을 것이다. 그녀에게 도움이 되는 요소를 취하고 나머지는 남겨두는 계기가 되었을 것이다.

군이 복잡한 절차를 거치지 않아도 자신만의 오아시스 타임을 만들 수 있다. 그것은 일반적인 문제에 정해진 해법을 적용하는 일이 아니다. 그보다는 자신에게 맞는 작은 단계들을 파악하고 밟아나가는 일이다. 말하자면 씨앗을 심고, 돌보고, 과실을 수확하는 것과 같다. 막다른 골목으로 들어갔다가 돌아나와도 괜찮다. 잘 풀린 일만큼 잘 풀리지 않은 일에서도 많은 것을 배울 수 있다.

실패는 없다는 믿음을 갖는 것이 중요하다. '시도해봤더니 안 되네. 그냥 포기할래'라고 생각하지 말고 이런 식으로 생각하라. '쉬는 건 좋은데 휴대전화를 손에서 떼어놓기가 힘들었어. 그러나 문자메시지를 확인하는 건 즐겁지 않아. 뒷마당에서 가족과 노는 건 아주 만족스러웠어. 아이들과 있을 때는 휴대전화를 멀리하는 것이 좋겠어'처럼 말이다.

온화한 태도와 탐구심, 호기심을 유지하라. '완전히 실패했어. 디지털 해독은 절대 다시 못 할 것 같아. 이미 중독됐어'라는 생각이 들어도 낙담하지 말고 다시 시도하라.

결국에는 분명한 깨달음을 얻게 될 것이다. 매리앤 맥키번 데이나MaryAnn McKibben-Dana 는 《교외에서의 안식일Sabbath in the Suburbs》에서 오아시스 타임을 위한 실험에서 얻은 교훈에 대해 이렇게 말한다.

성공을 축하하라. 다시 할 수 있도록 어떤 경험이 좋았는지 인식하라. 우리는 한 달에 걸쳐 성공과 실패를 겪은 후 어떤 일이 기쁨을 주는지 알게 되었다. 우리는 음악을 듣는 것, 아이들과 서로 껴안는 것, 같이 노래하는 것, 블록 장난감을 가지고 노는 것, 빵과 요리를 만드는 것, 자전거를 타는 것, 함께하는 것, 신선한 공기를 마시는 것을 좋아한다.[89]

당신에게 기쁨을 주는 일이 무엇인지 계속 확인하라. 사람과 어울리고 '반응하는 것'을 비롯해 '활력을 불어넣는 일'의 목록을 만들어라. 그러면 향후 그 목록을 참고하고 보강할 수 있다. 이런 실험은 오아시스 타임을 어떻게 보내면 좋은지 조금씩 알려준다. 그다음에는 분명한 의도를 갖고 습관으로 만들 수 있다.

오아시스 타임 연습하기

습관으로 만든다는 것은 여건과 상관없이 오아시스 타임을 갖는다는 뜻이다. 이번 주에 쉬지 못했다면 다음 주에 쉬어야 한다. 한 달 동안 쉬지 못했다면 5주 차부터 쉬어야 한다. 그렇게 조금씩 이 훌륭한 습관은 삶의 일부가 된다.

서서히 근력을 길러라

다른 새로운 일상적 활동을 받아들인 경험을 토대로 오아시스 타임을 갖는 습관을 만들 수 있다. 요가를 배우면서 행동, 생각, 감정에 큰 변화를 겪는 사람이 많다. 요가는 오래 수련할수록 생활 속으로 깊이 스며든다. 이 과정은 서서히 진행된다. 동작, 호흡, 정신 수련에 익숙해지려면 시간이 걸린다. 그러나 결국에는 자연스럽게 몸에 밴다. 오아시스 타임도 마찬가지다. 오아시스 타임을 갖는 일 역시 하나의 수련이며, 그 과정에서 조금씩 힘을 기르게 된다. 요가 수업 첫날에 물구나무를 서지 않듯이 처음부터 하루를 통째로 쉬지 말고 조금씩 시간을 늘려라.

맞는 것은 취하고 맞지 않는 것은 깎아내라

시간이 흘러 오아시스 타임을 갖는 습관이 굳어지면서 내 완벽주의는 점차 완화되었다. 나는 완벽주의에서 벗어나 한 번은 실수를 허용하는 관점, '한 번의 실수는 배움의 기회다'라는 관점을 갖게 되었다. 이는 의미 있는 진전이었다. 사실 같은 실수를 서너 번 반복할 수도 있지만 오랫동안 일을 올바르게 하려 애썼다. 안식일도 올바르게 보내기 위해 몇 차례 개선했다. 그러나 이제 나는 올바르게 보내는 안식일은 없다는 사실을 안다. 그보다 우리는 안식일을 통해 멈추지 않는 성공지향 사회에서 흔히 접할 수 없는 해방감을 경험한다. 실수의 여지를 허용하면 실패할 일이 없다. 완벽하지 않아도 된다. 오아시스 타임을 보낸 후 오히려 기분이 더 나빠지는 경우가 있어도 지속적인 습관을 만들기 위한 여정의 일부라고 여기며 넘겨라.

내 친구 에이미는 오아시스 타임을 갖는 습관을 만든 과정을 이렇게 회고한다.

"옛날부터 미켈란젤로의 작업 방식을 좋아했어. 그는 작품이 아닌 나머지 부분을 모두 깎아내는 방식으로 조각을 만들었지. 나도 오아시스 타임을 만들 때 거기에 속하지 않는 활동들을 깎아내려고 애썼어. 실험은 토요일에 했어. 한 주는 시계를 차지 않고, 다른 주는 차를 몰지 않고, 또 다른 주는 돈을 쓰지 않는 식이었지. 내가 보기에 오아시스 타임과 맞지 않는 것을 없애고 맞을 만한 것을 살렸어."

에이미처럼 우리도 자신에게 맞지 않은 것을 깎아내고 맞을 만한 것을 살릴 수 있다.

나는 처음에 뭘 해야 할지 몰랐다. 그래도 오아시스 타임을 위한 행동을 취할 때마다 올바른 방향으로 간다는 느낌이 들었다. 그 과정은 아이들이 하는 숨겨둔 물건 찾기 놀이와 비슷했다. 새로운 일을 시도하면 목표에 조금 가까워졌고, 다른 사람이 하는 일을 따라 하면 조금 더 가까워졌다. 그러다가 다른 일을 시도하면 조금 멀어지기도 했다. 이렇게 다른 사람에게서 배우고 직접 실험하면서 내 삶에서 소중한 습관을 만들고 있다는 느낌이 들었다.

다행히 내 곁에는 안식일을 올바로 보내기보다 제대로 쉬는 것이 중요하다고 생각하는 인솔자들이 있었다. 그들은 뭘 해야 할지 아는 것처럼 보였지만 나는 전혀 그렇지 않았다.

그래도 내가 무지하고 부족하다는 생각을 무릅쓰고 계속 나아갔다. 나는 오아시스 타임이 주는 혜택이 필요했고, 다른 방식으로는 얻을 길이 없었기 때문이다. 명상 수련은 많이 했지만 삶 속에서 기쁨을 회복하려면 내게 맞는 휴식이 더 필요했다. 몇 번의 시도가 실패로 돌아가도 개의치 않았다. 필요한 기술을 계속 연마하겠다고 마음먹었고, 그중에서도 오아시스 타임을 지키고 계획하는 법을 익히는 것이 중요했다.

6장

어떻게 쉬고
어떻게 끝낼 것인가

오아시스 타임을 계획하고 실천하기

내 친구 폴라는 진정한 휴식이 필요하던 5월 초의 어느 일요일 아침, 보스턴 외곽에 있는 자전거 길에서 자전거를 타기로 결정했다. 나무들이 늘어서 있는 아름다운 길이었다. 자전거를 타거나, 강아지를 데리고 산책을 하거나, 화창한 봄날을 즐기는 가족들도 있었다.

그러나 폴라는 제대로 준비하지 못한 탓에 그 소중한 순간을 즐기지 못했다. 휴식시간으로 전환하는 과정이 없었고, 일손을 놓는다는 구체적인 선언도 없었다. 직장에서 부딪힌 힘든 상황에 대한 생각을 떨치지 못했다. 그녀는 지원들이 과로에 시달린다는 사실을 윗선에 당당하게 말하지 못하는 상사에게 화가 나 있었다.

폴라는 상사와 겪는 갈등을 너무 깊이 생각하느라 5월의 온화한 날씨를 즐기지 못했다. 오히려 자전거를 타면서도 직장 문제를 해결하지 못하는 무기력함과 스트레스를 그대로 느꼈다. 그녀에게는 일을 잊고 휴식시간을 자신만의 오아시스로 만들 수단이 없었다.

오아시스 타임은 짧은 휴가와 비슷하다. 그런데도 많은 사람은 적절한 준비를 하지 않다가 제대로 쉬지 못했다며 짜증을 낸다. 계획을 세우는 일이 또 다른 과제처럼 느껴질 수도 있다. 그러나 오아시스 타임을 준비하는 데 투자한 시간은 좋은 경험을 통해 열 배의 보상으로 돌아온다. 따라서 반드시 계획이 필요하다.

반드시 계획을 세워라

당신은 계획을 세울 줄 안다. 항상 하던 일이니까. 오아시스 타임을 위한 계획을 세우는 일은 아주 중요하다. 설령 아무것도 안 할 계획이라고 해도 말이다. 계획과 전환 의식이 없으면 익숙한 속도, 지향, 습관으로 돌아가게 된다. 강한 힘을 불러들여야 일상적 패턴에서 벗어날 수 있다. 세부 내용은 개인마다 다르겠지만 계획 자체가 중요하다. 계획과 준비가 없으면 과제, 일, 소셜미디어, 빠른 속도로 돌아가게 된다. 성공적인 오아시스 타임을 보내려면 반드시 계획을 세워야 한다.

계획을 세울 때 고려할 사항

계획과 준비는 내가 가장 좋아하지 않는 일들이다. 나는 삶 속으로 달려가는 것, 상황의 한복판으로 바로 뛰어드는 걸 즐기지만 작은 계획이 큰 차이를 낳는다는 사실을 자꾸 잊는다. 그러다가 시간이 지나서야 준비가 성공의 열쇠라는 사실을 아프게 깨닫는다. 매일 몇 분씩 오아시스 타임을 보낼 계획을 세워라. 그래야 오아시스 타임을 맞았을 때 어떤 활동을 하고, 무엇을 먹고, 어떻게 쉴지 알 수 있다. 계획이 없으면 우왕좌왕하다가 허무하게 하루를 보내게 된다.

오아시스 타임을 잘 보내려면 다음과 같은 준비가 필요하다.

- 시작과 끝을 준비한다.
- 휴대전화를 내려놓는다.
- 사람과 어울린다.
- 속도를 늦추고 삶을 음미한다.
- 성과에 대한 집착을 버린다.
- 휴식하고, 성찰하고, 논다.

한 번에 소화하기에는 벅찰 것이다. 앞으로 나오는 내용은 계획을 세울 때 지침으로 삼기 바란다.

어떻게 시작하고 끝낼 것인가

오아시스 타임을 보호하려면 시작하고 끝내는 시간을 분명하게 정하라. 둘 다 중요하다. 예를 들어 다음 주 일요일에 아침 10시부터 밤 12시까지 쉬기로 정할 수 있다. 혹은 아침에 일어났을 때 두 시간 동안 휴대전화를 보지 않거나, 이번 주 일요일 오후 1시부터 5시까지 야외에서 시간을 보내기로 정할 수 있다. 시작과 끝을 분명히 정하면 시간을 헛되이 보내지 않고 과제 목록에 있는 일들을 신경 쓰느라 생기는 불안도 줄어든다. 오아시스 타임이 정확히 언제 끝나고 일을 다시 시작할 수 있는지 알기 때문이다.

다섯 살과 여덟 살짜리 두 아들을 키우며 한 기업의 인사부장으로 일하는 수잔은 몇 달 동안 받으려고 생각만 하던 요가 강좌를 중심으로 오아시스 타임을 갖기로 결정했다. 그녀는 종종 그랬듯이 마지막 순간에 포기하지 않도록 친구와 계획까지 세웠다. 그 계획에 따르면 그녀의 오아시스 타임은 요가 강좌를 들으러 집을 나설 때 시작되어 친구와 차를 마신 후 귀가할 때 끝날 예정이었다.

그녀는 휴대전화를 집에 놔두고, 남편에게 아이들을 맡기고, 일에 관한 생각을 멈춘 다음 요가 학원으로 향했다. 시간이 넉넉했기에 천천히 차를 몰며 여유를 만끽할 수 있었다. 요가 학원에 들어설 때는 다른 목표를 생각지 않았다. 몸매를 가꾼다거나, 성과를 낸다거나, 최고가 된다는 목표를 세우지 않았고, 자신이 어느 정도 실력인지 보려고 다른 사람을 살피지도 않았다. 그저 거기에 있고 싶을 뿐이었다. 그녀는 당시를 이렇게 회상한다.

"놀랍게도 주말 전체가 바뀌었어요. 문득 모든 일을 정신없이 해치우느라 머리만 굴리며 살았다는 생각이 들었어요. 아주 오랫동안 몸을 움직일 일이 없었죠. 강좌를 마치고 나니 내 몸의 감각을 다시 느낄 수 있었어요. 몸과 마음이 하나가 되는 게 느껴졌어요. 살아 있는 기분이 들었어요."

토요일 오전에 요가 학원에 다녀오는 데 총 네 시간이 걸렸지만 얼마든지 감당할 수 있는 일이었다. 그녀는 계속하기로 결심했고, 지금도 꾸준히 학원에 다니고 있다.

수잔은 요가복을 입고 요가 매트를 펴면서 자신에게 오아시스 타임이 되었음을 알린다. 이렇게 시작된 오아시스 타임은 가족이 있는 집으로 돌아올 때 끝난다. 그러나 그 효과는 계속 남는다. 요가로 되찾은 정신적 활력을 느끼며 가족과 시간을 보내기 때문이다. 그녀의 오아시스 타임은 주말 전체를 바꿔놓았다. 그녀는 마지못해 끌려다니는 게 아니라 가족과 온전히 함께할 수 있어서 진정으로 행복하다. 이제 그녀는 휴식시간이 끝난 후 바로 집안일에 뛰어들지 않는다. 대신 가족과 느긋하게 어울리면서 오아시스 타임을 이어간다.

시작과 끝을 알리는 의식을 정하라

특정한 행사를 치르는 작은 의식은 다른 종류의 시간을 구분하는 데 도움이 된다. 이 의식에는 후각, 미각, 시각, 청각을 비롯한 감각뿐만 아니라 신체적 움직임도 동원한다. 불, 물, 공기, 흙 같은 4원소도 종종 활용한다. 하루를 쉬든 한 시간을 쉬든, 일을 중단하고 휴식으로 접어드는 의식을 통해 오아시스 타임을 시작하라. 어떤 사람들은 확실하게 일손을 놓는 실질적인 단계에서 시작해야 한다.

가장 중요한 것은 일을 해야 한다는 강박에서 벗어나는 것이다. 그러려면 다음과 같은 조치가 필요하다.

- 머릿속 이미지를 그려 집중하거나, 노래를 부르거나, 마음을 안정시키는 사람을 떠올리면서 주의를 돌려라.
- 지금부터는 성과를 신경 쓸 필요가 없음을 상기하라. 근무시간은 끝났다.
- 향수를 뿌리거나 향을 피워라.
- 간단한 시각화 작업을 하라. 해야 하는 일들을 떠올린 후 하나의 상자나 서랍 혹은 캐비닛에 넣는 상상을 하라. 그리고 자물쇠로 잠그고 오아시스 타임

이 끝난 후 찾을 수 있는 안전한 곳에 열쇠를 두어라. 그러면 마음가짐을 바꿀 준비가 된 것이다.

신체적 준비도 오아시스 타임으로 들어가는 확실한 신호가 된다.

- 몸이 어떻게 반응하는지 살펴라. 긴장한 부위가 있는가? 턱 근육을 풀어라. 바닥에 닿는 발의 감각을 느껴라. 편하게 앉아라.
- 얼굴과 목에 있는 지압점을 눌러라. 코 바로 아래, 콧구멍 가장자리, 콧등을 부드럽게 눌러라. 심호흡을 하라.
- 2분 동안 조용히 걸어라.
- 야외에 앉아서 햇빛과 바람을 느껴라. 하늘을 올려다보고 새들이 지저귀는 소리를 들어라.
- 스스로에게 감사하는 세 가지 일을 파악하라.
- 다른 사람 때문에 스트레스를 받았거나 화가 났다면 자리를 피하거나, 빨리 걸으며 산책을 하거나, 베개를 치거나, 뛰어라.
- 같이 있는 사람의 눈을 바라보라. 그 사람에게 감사히 여기는 세 가지 일을 떠올려라.

또한 촛불을 켜거나, 소리를 내거나, 향을 피우거나, 특별한 음악을 틀거나, 샤워를 하거나, 옷을 갈아입거나, 다른 방으로 갈 수도 있다. 어떤 일을 한다는 것이 중요하다. 무슨 일을 할지는 당신에게 달려 있다. 매주 같은 의식을 치르면 몸과 마음에 속도를 늦추고 차분해지라는 신호를 주게 된다. 정기적인 의식을 통해 저절로 오아시스 타임을 위한 준비 모드로 들어가게 된다. 우리 집에 촛불이 켜지면 내 호흡이 느려진다. 불과 몇 분 전에 급히 일을 했더라도 문득 나 자신이 느긋해지는 것을 느낀다.

회복, 휴식, 성찰의 시간을 끝내고 행동, 성취, 경쟁의 시간으로 돌아간다는 것을 알리는 의식도 마련해야 한다. 끝낸다고 할 때는 반드시 끝내라. 정해진 시간이 끝난 후에도 계속 오아시스 타임을 이어가면 다음에 시작할 때 자신을 믿지 못하게 된다. 다음은 오아시스 타임을 끝낼 때 치를 수 있는 의식들이다.

- 기운을 북돋우는 노래를 튼다.
- 춤을 춘다.
- 노래를 부른다.
- 초를 켜거나 끈다.
- 휴대전화를 꺼내거나 컴퓨터를 켠다.
- 다음 주에 달성할 중요한 목표를 크게 말한다.

다른 사람과 함께 오아시스 타임을 끝낼 때는 서로 기대하는 일을 말할 수 있다. 앞으로 할 일을 정해 행동과 성취의 시간으로 돌아올 계획을 세워라. 우리 가족은 토요일 밤에 대형 양초를 켜면서 오아시스 타임을 끝낸다. 이 양초는 좋은 한 주를 보내기 위한 희망과 용기를 상징하는 밝은 빛을 발한다. 또한 우리 가족은 같이 노래를 부르거나 춤을 추면서 새로운 한 주를 맞는다.

··· **삶에 적용하기** ···

시작 시간과 끝 시간 그리고 신호를 정하라. 다음 질문에 관한 답을 적고 그대로 지켜라.

- 오아시스 타임을 언제 시작하고 끝낼 것인가?
- 어떻게 시작할 것인가? 어떤 신호로 '시작'을 알릴 것인가?
- 어떻게 끝낼 것인가? 어떤 신호로 '끝'을 알릴 것인가?
- 자리를 비웠다는 메시지를 준비해야 하는가? 쉰다는 사실을 알려야 할 사람이 있는가?

휴대전화를 내려놓는 연습

지금은 상상하기 어렵지만 2000년대 초반만 해도 오늘날처럼 휴대전화를 자기 몸의 일부인 듯 쓰는 사람이 아무도 없었다. 그러나 지금 우리는 휴대전화가 없으면 제대로 생활하지 못한다. 우리는 너무 많은 자극 속에 산다. 일주일에 하루 정도는 휴대전화를 내려놓아야 한다.

우선 휴대전화로 하는 여러 일을 할 수 있는 다른 방법을 찾아라. 대개 휴대전화로 시간을 확인한다면 시계를 차거나 근처에 시계를 두어라. 태블릿 기기로 책을 읽을 때 잠깐 인터넷을 하고 싶은 욕구를 이길 수 없다면 아예 태블릿 기기를 치울 수 있도록 미리 책이나 잡지 혹은 신문을 준비하라. 휴대전화로 음악을 듣는다면 대안을 찾아라. 옛날에 듣던 음반을 꺼내거나 오아시스 타임 내내 조용히 음악을 틀어둘 재생 목록을 만들어라. 친구와 만날 때도 미리 정확한 시간과 장소를 약속하라. 휴대전화로 문자메시지를 보내고 싶은 유혹에 빠질 일이 없다.

다음 질문을 통해 휴대전화로 하는 일이 무엇인지 미리 생각하고 대안을 확보하면 휴대전화가 없어도 불편하지 않다.

- 어떻게 시간을 확인할 것인가?
- 어떻게 길을 찾을 것인가?
- 어떻게 정보를 찾을 것인가? 관심 있는 활동이 진행되는 것을 어떻게 파악할 것인가?

- 만나기로 한 친구와 어떻게 연락할 것인가?

   내 오랜 친구 디어드리는 휴대전화를 내려놓을 방법이 없다고 말한다. 집에 혼자 있을 때 휴대전화라도 붙잡고 있지 않으면 세상과 동떨어진 느낌이 든다는 것이다. 그래도 행사에 참여하는 일은 좋아했기에 '휴대전화 금지' 파티에 가서 몇 시간 동안 재미있게 놀았다. 이 파티에 참석하려면 파티 주최자에게 휴대전화를 맡겨야 했다. 그녀는 "그날 저녁에 지난 몇 년 동안 바에 가서 사람들과 나눈 대화보다 많은 대화를 했어. 자연스럽게 이야기를 나누게 되더라고"라고 말했다.

- 휴대전화를 내려놓거나 숨겨라. 급한 일이 생겨도 휴대전화를 찾지 마라. 휴대전화가 없어도 불편하지 않도록 방법을 미리 마련하라.
- 노트북을 닫아라. 필요하다면 천으로 덮어라. 천천히 노트북에서 멀어져라. 기록할 일이 있으면 볼펜이나 연필로 하라.
- 회사에서 일하든 집에서 일하든 사무 공간의 문을 닫아라. 침실이나 거실에서 일한다면 컴퓨터를 꺼라.

   쉴 때는 휴대전화를 쓰지 않는다는 사실을 다른 사람에게 알려라. 안식일 선언을 만든 댄 롤먼은 가족과 친구에게 휴대전화로 연락이 되지 않을 깃임을 알리라고 말한다. 그러지 않으면 불필요한 오해를 살 수 있다.

인간관계를 위한 연습

우리는 다른 사람과 깊은 교류를 나누고 싶어 한다. 깊은 교류는 우리의 삶을 지속시킨다. 아이러니하게도 우리가 서로 연락하는 데 숱하게 활용하는 이메일, 문자메시지, 소셜미디어는 오히려 방해가 된다.

누구와 시간을 보내고 싶은지 생각하라. 명단을 만드는 것도 좋다. 지금은 자주 만나지 않는 사람도 포함하라. 그들과 어떻게 연락할 것인가? 직접 만날 수 있는가? 오랜만에 전화를 거는 것은 어떨까?

사람들은 편하고 느긋한 모임을 자주 갖지 못한다. 당신이 주도해서 사람을 한데 모으는 자리를 마련하라. 다른 사람을 초대하는 일이 부담스러울 수 있다. '안 된다고 말하면 어떡하지?' '무엇 때문에 모이는지 이해하지 못하면 어떡하지?'라는 불안이 생길 수 있다. 그러나 맛있는 식사를 하고, 대화를 나누고, 같이 노래를 부르거나 산책을 하며 깊은 즐거움을 얻기 위해 모험을 해볼 수 있다.

가까운 사람부터 초대하면서 부담감을 줄여라. 가깝지 않지만 잘 맞는 느낌이 드는 사람에게 과감하게 접근하라. 쉽게 실행할 수 있는 계획을 세우고 다른 사람과 함께하는 시간을 즐기는 데 초점을 맞추면 모두가 좋아하는 차분하고 느긋한 자리를 만들 수 있다.

내 친구 마샤는 매주 금요일에 다양한 배경을 지닌 친구들을 불러서 같이 저녁을 먹는다. 가족이 좋아하는 사람이라면 모두 초대한다. 이 자리에서 휴대전화나 디지털 기기를 사용하는 일은 금지된다. 어른들은 휴대전화를 문가에 있는 바구니에 넣어야 하고, 아이들도 휴대전화와 태블릿을 쓰지 못하며, 이어폰으로 음악을 듣지 못한다. 아이들은 처음에 불만을 터트렸지만 나중에는 "생각보다 재미있었다"고 털어놓았다. 사실 마샤에게는 가족끼리 영화를 보는 게 더 편했다. 그러나 금요일 저녁은 특별한 시간이었다. 마샤는 "이건 우리를 위한 시간이야. 우리는 촛불을 켜고 안식일 빵을 먹으며 한 주를 마무리해. 금요일 저녁은 함께 모여서 휴식을 취하는 시간이야"라고 말한다.

초대한 사람에게 누가 같이 모이는지 알려라. 그래야 어떤 자리가 될지 예상할 수 있다. 나는 사람을 미리 초대하는 걸 깜박하는 바람에 낭패를 본 적이 있다. 초대할 사람이 일찌감치 다른 계획을 세워놓은 경우가 많기 때문이다. 반면 내가 미리 계획을 세우면 친구들은 대개 같이할 시간을 내어준다. 이렇게 계속 자리를 같이하다 보면 꾸준히 참석할 수 있는 친구들이 생긴다.

랍비 제시카 미넨은 20대 중반일 때 여러 가족이 매달 함께하는 안식일 만찬에 초대받은 적이 있다. 처음에는 하루만 참석하려던 이 자리는 곧 매달 각자 음식을 준비해 모이는 행사로 자리 잡았다. 참석자들은 시간이 지나면서 더욱 가까워졌다. 지금은 아이들이 성장했지만 여전히 같이 모이고 싶어 한다.

많은 경우 휴대전화를 내려놓고 다른 사람과 교류하는 일은 오아시스 타임이 주는 핵심적인 기쁨이 되었다. 이 기쁨은 휴대전화에서 벗어나는 해방감과 참석자들이 나누는 유대감에서 나온다. 이런 결과를 얻으려면 전략적 접근이 필요하다.

삶의 속도를 늦추는 연습

일상의 속도를 늦추려면 몸과 마음에 주의를 기울여야 한다. 디지털 기기를 내려놓고 속도를 늦추는 데 도움이 되는 활동을 생각해보라. 눕거나, 음악을 듣거나, 천천히 사색하며 걷거나, 맛을 음미하며 음식을 먹는 건 어떨까? 당신만의 특별한 방법을 찾아보라.

당신이 좋아하는 편한 옷을 꺼내라. 읽으려고 마음먹은 책을 꺼내라. 천천히 스트레칭을 할 준비를 하라. 아늑한 느낌을 주는 부드러운 양말을 신어도 좋다. 오아시스 타임에 앉을 의자나 소파의 구석자리를 정하라. 날씨가 좋다면 바깥에서 자리를 찾아라. 마음을 고요하게 해줄 음악을 듣거나 노래를 불러라. 아무것도 하지 않고 느긋하게 지내는 시간을 받아들여라. 때로는 친구와 같이 빈둥대는 것도 만족스럽다. 해변이나 공원 혹은 카페에서 천천히 시간을 보내라.

마음을 챙기며 사는 데 도움이 되는 훌륭한 지침들이 아주 많다. 여기서는 우리가 바쁜 일상 때문에 잊고 지내던 사람과 만나는 자리를 통해 마음을 치유하는 방법, 바로 사람을 모아서 느긋하게 즐기는 식사에 대해 이야기해보겠다.

식사 초대

지금부터 오아시스 타임의 핵심 요소로서 다른 사람을 식사에 초대하기 위해 준비해야 할 일을 이야기하겠다. '나는 근사한 저녁식사를 준비할 시간이 없어. 그럴 시간이 어디 있어?'라는 생각이 들 수 있다. 그러나 같이 밥을 먹으며 얻는 지적, 사회적, 영적, 정서적 이점을 알고 나면 오히려 준비하는 데 들어가는 노력이 사소하게 보일 것이다.

준비 단계

사실 나는 사람을 저녁식사에 초대해놓고도 준비하는 데 애를 먹는다. 한창 바쁜 평일에 미리 생각을 해야 하기 때문이다. 내가 금요일 만찬에 항상 내놓는 세 가지 요리가 있다. 구운 채소를 곁들인 구운 닭, 샐러드를 곁들인 볼로네즈 파스타, 그리고 튀긴 채소를 곁들인 구운 연어다. 상상력을 좀 더 발휘하고 싶지만 새로운 요리를 계획하고, 재료를 준비하고, 만들 시간이나 정신적 여유가 없다. 다음은 수요일의 나의 일상이다.

✾ 오늘은 바쁜 하루다. '업무 모드'일 때는 과제 목록을 해치우는 일만 생각한다. 금요일 저녁식사에 관한 생각은 하고 싶지 않다. 아무래도 요리를 할 시간이 없을 것 같다.

속으로 불평을 하면서도 메뉴를 생각한다. 생각난 김에 오늘 저녁 아들이 스케이트를 타러 나간 동안 볼로네즈 소스를 만들 재료를 사면 되겠다. 아들과 남편이 채소를 다듬는 일을 도와주면 내일 저녁부터 아침까지 천천히 찌면 된다. 그러면 촛불을 켜기 전에 할 일은 면을 삶고 샐러드를 준비하는 것뿐이다.

어떤 요리를 할지 미리 정해서 달력에 표시하라. 준비는 느긋한 휴식을 취하는 데 큰 도움이 된다.

만들기 쉽고 특별한 음식을 마련하라

좋은 음식은 다양한 형태와 크기를 지닌다. 우리 가족의 금요일 만찬을 준비하는 데는 한 시간이 걸린다. 주로 구운 닭 요리를 많이 차린다. 조리 방법은 우선 강황, 소금, 후추를 섞은 올리브오일을 닭고기에 바르고 세이지, 오레가노, 타임, 로즈메리 같은 신선한 허브를 뿌린 다음 오븐에서 구우면 된다. 여기에 올리브오일과 소금으로 양념해 구운 콜리플라워와 버섯, 고구마를 곁들인다. 이 요리는 하도 많이 해서 쉽게 만들 수 있지만 여전히 특별하고 맛있다.

《일상의 치유Everyday Healing》를 쓴 재닛 힐리스 재프Janette Hillis-Jaffe 는 채소 중심으로 식단을 꾸려간다. 그녀는 안식일 점심에 맛있는 샐러드와 자신의 특기인 스시를 차린다. 그녀의 아이들도 엄마가 차려주는 점심을 좋아한다. 그녀는 주방에 모인 친구들과 이야기를 나누다가 처음 스시를 만드는 법을 배웠다. 그리고 재료들을 한데 넣고 휘휘 저어서 끝내주는 올리브 타프나드 소스를 뚝딱 만들어낸다. 이처럼 맛있고 특별한 요리도 쉽게 만들 수 있다.

같이 음식을 준비하라

가족이 함께 음식을 만드는 일은 몸에 좋고, 간단하고, 맛있는 식사를 하는 데 큰 도움을 준다. 요리를 준비하고 재료를 다듬다 보면 자연스레 대화를 나누게 된다. 내가 혼자 식사를 차릴 때는 음식을 포장해 오는 경우가 많았다. 그래도 괜찮지만 내가 바라던 일은 아니었다. 우리 가족은 변화가 필요하다는 데 공감하면서 다른 방법을 시도해보기로 했다.

그렇게 변화가 시작되었다. 알고 보니, 당시 여덟 살이던 아들은 채소 자르는 일을 좋아할 뿐 아니라 아주 잘했다. 야구하듯 셀러리를 던진 다음 칼을 휘둘러서 자르는 경우도 있었지만 말이다. 그래도 어쨌든 셀러리를 모두 잘라서 조각들을 모아 채소튀김에 넣었다(의욕이 넘치다 보니 다수는 바닥에 떨어져서 씻어야 하기는 했다). 그다음에는 열심히 빨간 고추를 잘랐다. 그동안 나는 양파, 브로콜리, 고구마를 잘랐다. 남편은 설거지 담당이었다.

같이 식사를 준비하는 또 다른 방법은 모임에 오는 사람이 각자 요리를 싸 오는 것이다. 손님들에게 특별한 식사 자리를 만들려 하니 그에 맞는 요리를 가져오라고 부탁하라. 한 번은 모두가 식당에서 음식을 포장해 온 적도 있었다. 그래도 예쁜 접시에 담아내니 제법 특별한 느낌이 들었다.

함께 뒷정리를 하라

손님을 맞는다고 해서 설거지까지 모두 할 필요는 없다. 요즘은 그렇게 하지 않는다. 같이 밥을 먹었다면 모두 피곤할 때 뒷정리를 같이 해야 한다는 공감대를 형성할 수 있다.

손님들에게 도움을 요청하는 좋은 방법이 있다. 예를 들어 모두가 자리에 앉았을 때 따뜻한 인사말을 전하며 "식사가 끝난 후 뒷정리를 도와주시면 좋겠습니다"라고 말할 수 있다. 인원이 많은 경우 친구에게 뒷정리를 도와주자고 말하도록 요청하라. 손님들이 나서지 않으면 직접 부탁하라. 이때 남은 음식을 보관용기에 넣어달라거나, 접시를 헹궈서 식기세척기에 넣어달라거나, 식탁에 있는 그릇들을 주방으로 옮겨달라는 식으로 구체적으로 요청하는 편이 좋다.

머뭇거리는 손님에게 같이하자고 요청하기가 어려울 수 있다. 그러나 손님들이 집으로 돌아간 후 한 시간 동안 혼자 뒷정리를 하는 것보다 정중하게 부탁하는 것이 훨씬 낫다.

손님이 되었을 때 바람직한 행동

다음은 자신이 손님이 되었을 때 도움이 될 수 있는 조언들이다.

- 되도록 시간을 지켜 참석하고, 늦는다면 미리 알려라.
- 맛있는 음식이나 음료 혹은 선물을 들고 가라. 아무리 바빠도 빈손으로 가지 마라.
- 도착했을 때 느긋하게 편한 분위기를 느껴라. 걱정거리는 잠시 잊어라. 오아시스 타임은 평온과 재충전을 위한 것이다.
- 식탁을 차리고 정리하는 일을 열심히 도와라. 설거지까지 돕는다면 잊을 수 없는 손님이 될 것이다.
- 모든 참석자에게 관심을 보여라. 초대자 부부에게 아이가 있으면 인사를 하고 대화를 나눠라.

- 일에 관한 이야기는 최대한 피하고, 경청을 비롯한 좋은 대화법을 활용하라.

- 초대자가 특별한 대화나 노래를 하자고 제안하면 기꺼이 참여하라. 어색하더라도 경험의 폭을 넓힐 기회가 될 수 있다.

- 떠날 때 감사 인사를 하고 따로 문자메시지나 이메일 혹은 편지로 고마운 말을 전하라. 작은 표현도 초대자를 아주 뿌듯하게 만든다. 《불을 피우는 법How to Build a Fire》을 쓴 에린 브리드Erin Bried는 "초대자에게 두 번 감사하라"고 말한다. 이는 다시 초대받는 좋은 방법이다.[90]

손님맞이 청소에 대한 몇 가지 조언

손님을 맞기 위해 집안 청소를 하는 건 좋다. 그러나 집이 지저분하다고 손님 초대를 피해서는 안 된다. 무엇보다 완벽을 기하려는 생각을 버려라. 필요하다면 집안을 청소할 구실로 손님을 초대할 수도 있다. 그러면 손님에게도 좋고, 당신에게도 좋다. 제대로 청소를 할 수 없다면 20분 정도 시간을 들여서 여기저기 널브러진 잡동사니를 치워라. 나는 손님들이 도착하기 전에 잡동사니를 욕조에 넣고 샤워 커튼을 쳤다.

강박적으로 집안을 깔끔하게 유지하지 않더라도, 청소는 마음과 정신에 놀라운 도움을 준다. 주위에 넘치는 물건을 정리하면 자신의 존재를 더욱 생생하게 느낄 수 있다. '잡동사니clutter'라는 단어의 어원은 '엉킴clot'이다. 잡동사니는 공간을 엉키게 만든다. 티베트 승려인 쵸감 트룽파Chögyam Trungpa는 이렇게 말한다.

🌿   주변 환경을 신성하게 바라보는 태도는 마법을 일으킨다. 마루가 없고
     창이 하나뿐인 오두막에 살아도 그 공간을 신성하게 여기고 마음과 정
     신을 기울여 돌보면 궁전이 된다.[91]

   누구나 쓰레기장이 아니라 궁전에 살고 싶어 한다. 이런 측면에서
마음이 담긴 초대 준비는 일종의 명상으로서 소중한 영적 수련이 될
수 있다.

··· 삶에 적용하기 ···

나는 청소를 싫어하는 사람을 이해하지만, 주변을 정리하는 법을 익히
면 삶에 여유가 생긴다. 다음은 청소에 관한 몇 가지 조언이다.

- 첫째, 청소의 의미를 파악하라. 청소는 정신을 안정시키고, 손님을
  위한 공간을 만들고, 갑갑한 느낌을 없애고, 스트레스를 줄여준다.
  주변을 정리하는 일은 깔끔하고 여유로운 공간에 대한 필요성을
  충족한다.
- 둘째, 목표를 단순하게 정하라. 방에 쓸데없는 물건을 치운다거나,
  의자와 소파를 정리한다거나, 식탁과 주방 상판을 청소한다는 식
  으로 말이다.

- 셋째, 청소가 가치 있는 일임을 인식하라. 청소는 자신과 다른 사람을 존중하는 마음을 드러내고, 가진 물건을 아끼고, 깨끗한 곳에서 쉴 수 있도록 해준다.
- 넷째, 버리는 법을 배워라. 정리를 하면 할수록 그렇게 많은 물건이 필요하지 않다는 사실을 알게 된다. 물건을 보관할 공간이 부족하다면 처분하라. 짐을 줄일수록 마음은 더 넉넉해진다는 사실을 깨달을 수 있다.

조금 더 느긋해져도 괜찮다

어떻게 해야 성과에 대한 집착을 버릴 수 있을까? 어떻게 해야 더 많이 가지고, 일하고, 증명하고 싶게 만드는 피곤한 욕구에서 거리를 둘 수 있을까? 성공의 의미를 재구성하는 일에서 시작하라.

사람들은 무언가를 경제 주체로서 생산하는 정도에 따라 자신의 가치를 매기는 경향이 있다. 그러나 오아시스 타임 동안에는 기계가 아니라 삶을 살아가는 인간으로서 자신을 재설정할 기회가 생긴다. 모든 것이 부족하다는 조바심이 착각임을 알게 된다. 우리가 그 자체로 충분한 존재이며, 우리가 가진 것이 충분하다는 믿음을 갖게 된다. 적어도 일주일에 하루는 말이다.

생각을 바꾸는 한 가지 방법은, 자신을 일하는 존재가 아니라 영혼을 가진 존재로 바라보는 것이다. 우리의 존재는 존재 이상의 의미를 지닌다. 안타깝게도 성과가 우리에게 가치를 부여한다는 잘못된 믿음을 지닌 사람이 너무 많다.

당신이 이룰 수 있는 일과 무관하게 당신의 가치를 말해주는 열 가지 측면을 글로 적어보라. 아무런 성과를 내지 않아도 당신이 여전히 삶을 살아가며 사랑받을 가치를 지니는 이유는 무엇인가?

오아시스 타임의 처음 혹은 중간에 일에 관한 생각이 떠오를 수 있다. 이때 "그만!"이라고 크게 자신에게 말하라. 그다음 아름다운 대상이나 휴식 혹은 기도로 주의를 돌려라. 성과에 대한 집착을 버리려면 기대를 낮추고 일이 흘러가는 대로 따라가야 한다. 결과를 통제하려는 마음을 버리려면 '일이 어떻게 되어야 마땅하다'는 생각을 접어야 한다.

지금 이 순간을 통제하지 않고 있는 그대로 받아들이는 것이 불안한가? 느긋하게 시간의 흐름을 따라가는 것이 오히려 긴장을 초래하는가? 당연한 반응이다. 긴장감에 주의를 집중하라. 모든 것을 내려놓고 쉬는 기분이 어떤지 글로 적어라. 자기 자비를 통해 마음을 챙기며 호흡하라. 몸은 긴장을 푸는 법을 안다. 당신은 몸이 긴장을 풀도록 놔두기만 하면 된다.

나는 오아시스 타임을 갖기 위해 마음을 가라앉히는 데 자주 애를 먹는다. 금요일 밤에 친구와 잠시 느긋한 시간을 가져도 토요일 아침이 되면 머릿속에서 해야 할 일에 관한 생각이 계속 맴돈다. 일할 마음이 없는데도 말이다. 그럴 때면 머릿속을 맴도는 내용을 기록하거나, 일에 관한 생각을 제쳐두어도 된다는 사실을 되새긴다. 그러고 나면 가끔은 놀랍게도 다시 쉼에 빠지기도 한다.

··· **삶에 적용하기** ···

성과에 대한 집착을 버리기 위한 몇 가지 방법을 소개한다.

- 자신이 단순히 일만 하는 존재가 아니라 영혼을 지닌 존재임을 상기한다.
- 성과와 무관하게 자신이 삶을 살아가며 사랑받을 가치가 있는 열 가지 이유를 적는다. 이 목록은 일하지 않더라도 자신이 어떤 가치를 지니는지 말해준다.
- 자기 자비를 통해 마음을 챙긴다.
- 기록하라. 기록은 그저 존재하지 않고 성과를 내려 애쓰는 데 따른 어려움이 무엇인지 드러내는 좋은 수단이다.

휴식, 성찰, 놀이를 위한 준비

성과에 대한 집착을 줄이면 현재에 집중할 수 있다. 이때 무엇을 할
것인지 미리 생각해두는 것이 좋다. 휴식, 성찰, 놀이를 위한 계획이
필요하다. 하나씩 살펴보자.

휴식 목록을 만들어라

당신에게는 어떤 일이 휴식인가? 앞서 적극적 휴식과 수동적 휴식
에 대해 설명했다. 어떤 휴식이 활력을 불어넣는지 생각해보라. 우리
몸은 뛰어난 재충전 능력을 지녔다. 휴식에는 노력할 필요 없이 즐기
는 데 집중할 수 있다는 장점이 있다. 독서나 영화 감상 등 휴식에 적
합한 일의 목록을 만들어라. 정원 가꾸기나 뜨개질, 혹은 공원 벤치
에 앉아 있기도 포함될 수 있다.

휴식을 취하기에 좋은 장소를 찾아라. 창가에 있는 의자를 깨끗이
해두거나 돗자리를 들고 가까운 공원으로 가라. 침대에서 낮잠을 즐
겨라.

함께 성찰하라

의미 있는 대화는 함께 시간을 보내며 삶에 대한 이해를 넓히는 강
력하고 만족스러운 수단이다. 좋은 대화는 세계의 의미를 이해하는

데 도움을 주고, 현명한 행동으로 이어진다. 좋은 대화를 하려면 자아의 모든 부분을 동원해야 한다. 새로운 주제를 탐구하고, 또 마음에서 말하고 영혼의 소리에 귀 기울여라.

흥미로운 주제는 얼마든지 있다. 미리 주제를 선정하고 약간의 배경 정보를 제공하면 대화에 큰 도움이 된다. 책이나 신문에서 특정한 대목을 고를 수도 있다. 사색하는 사람을 오랫동안 사로잡은 문제들을 탐구할 수도 있다. 예를 들면 다음과 같다.

- 우정이란 무엇인가? 어떻게 서로에게 좋은 친구가 될 수 있을까?
- 부모에게서 배운 교훈 중에서 자녀에게 전하고 싶은 것은 무엇인가?
- 힘들게 살아가는 사람을 어떻게 도와야 할까?
- 자유란 무엇인가? 우리 사회의 집단들은 어떻게 자유를 경험할까?

혹은 당신이 근래에 알게 된 사실을 말하고 의견을 물을 수도 있다. 손님에게 같이 탐구할 흥미로운 주제나 의문을 제시해보라고 요청하는 것도 좋다. 브랜다이스대학교에서 대화와 학습을 연구하는 오릿 켄트 박사는 이런 대화가 깊은 교류를 나누는 데 대단히 중요하다고 말한다.

🌿   사색적인 대화를 나눌 때 우리는 다른 사람과 맺은 관계를 파악하고

이해하려 노력하게 된다. 서로에게 주파수를 맞추는 것이다. 더 많이 묻고, 다른 질문들을 던지고, 더욱 개방적인 자세로 자신의 관점을 밝히고, 다른 관점을 기꺼이 고려하고, 굳이 답을 제시하려 들지 않는다. 이 모든 접근법은 더욱 충만한 대화로 이어진다.[92]

손님들과 함께 대화법을 연마하라. 다른 방식으로 대화를 해보자고 제안하라. 기본적인 대화법으로는 다음과 같은 것이 있다.

- 주의를 기울이고 경청한다.
- 천천히 이야기한다.
- 순서대로 이야기한다.
- 눈을 바라본다.
- 다른 의견을 존중한다.
- 다른 사람의 생각을 의견의 토대로 삼는다.

가족에 관한 이야기를 하는 것도 좋다. 힘든 이야기라도 가족의 이야기를 아는 아이는 전혀 모르는 아이보다 강인하다. 실제로 가족이 처했던 어려움과 그 어려움을 극복한 이야기를 아이에게 들려주는 것이 중요하다는 연구 결과가 있다.[93]

미국의 철학자이자 사회운동가인 제리 맨더 Jerry Mander 는《텔레비전을 버려라 In the Absence of the Sacred》에서 이야기가 지닌 힘에 대해 캐나다 원주민인 신디 길데이가 말한 내용을 전한다.

🌿 나는 어린 시절에 같은 이야기를 몇 번이고 들었다. 그래도 한 번 더 이야기를 해달라고 졸랐다. 모든 어머니와 할머니는 아이들에게 이야기를 들려주는 일을 좋아했다. 같은 이야기라도 하는 사람마다 조금씩 내용이 달랐지만 우리는 그 이야기들이 너무 좋아서 수백 번이라도 듣고 싶었다.[94]

가족의 이야기는 아이를 대화에 끌어들이는 계기가 될 수 있다. 아이는 디지털 기기를 손에서 놓도록 설득하기만 하면 어른이 논하는 흥미로운 주제를 즐겨 듣는다. 또한 대화에 참여하는 과정을 통해 많은 것을 배울 수 있다. 무엇보다 대화에 참여하는 어엿한 일원으로서 자기 생각을 밝힐 기회를 주는 것이 중요하다.

자녀 양육 전문가인 로니트 지브 크레거 박사는 이렇게 말한다.

"아이가 대화에 참여할 때는 말하기보다 듣는 것이 더 중요하다. 아이는 가족의 이야기뿐 아니라 전통에 관한 이야기도 좋아한다."

모든 전통은 지혜와 이야기로 가득한 보물상자를 갖고 있다.[95] 모임에서 할 이야기를 미리 생각해두는 게 좋다. 시간을 갖고 추억을 떠올리거나 집안 어른들과 대화하면서 이야깃거리를 얻어라.

일 이야기를 피하는 것은 평화로운 분위기를 조성하는 데 대단히 중요하다. 이 경우 억지로라도 다른 이야기를 하게 된다. 남편과 나는 오아시스 타임에 누가 일 이야기를 꺼내면 오아시스 타임임을 상기시킨다. 일 이야기는 되도록 피하라고 손님에게 미리 알리면 좋다.

한번은 금요일 저녁에 지인들을 식사에 초대한 적이 있다. 우리는 자기소개가 끝난 후 서로를 더 잘 알기 위해 자연스럽게 일상에 관한 이야기를 했다. 그때 한 사람이 이런 말을 했다.

"여러분이 제가 차릴 새 회사의 이름을 정하는 걸 도와주면 좋겠어요. 제가 생각하는 이름은 이러이러한데 어떻게 생각하세요? 같이 아이디어를 떠올려볼까요?"

우리는 그 제안이 마땅치 않았다. 그러나 그렇게 말할 수는 없어서 가만히 있었다. 분위기는 갈수록 어색하고 불편해졌다. 마침내 그 사람은 저녁식사를 할 때 지키는 규칙이 있는지 물었다. 우리는 사실 일 이야기를 하지 않는다고 밝혔다. 그 사람은 괜찮은 규칙이라며 "왜 진작 말해주지 않으셨어요?"라고 말했다. 그래서 이제는 손님에게 저녁식사를 할 때 일 이야기를 피해달라고 미리 요청한다.

셰리 터클Sherry Turkle은 《대화를 잃어버린 사람들Reclaiming Conversation》에서 우리가 얼굴을 맞대고 나누는 대화의 즐거움과 어려움을 통해 성장하고 배운다고 말한다.[96] 이런 대화는 오아시스 타임의 핵심이 될 수 있다.

주위를 신경 쓰지 말고 놀이를 만끽하라

우리에게는 빈둥대는 시간이 필요하다. 다른 사람의 시선을 의식하지 않고 자유를 만끽해야 한다. 놀이가 그런 역할을 한다. 목표를 세우지 않고 자유롭게 활동할 때 기분이 한결 나아진다. 다른 사람이 어떻게 생각할지 신경 쓰지 말고 춤을 춰라. 그저 즐기기 위해 노래를 불러라. 실내 혹은 야외에서 게임을 즐겨라.

놀이를 하려면 미리 생각해야 한다. 물론, 이 말은 모순처럼 들린다. 대개 놀이는 즉흥적이어야 한다고 생각하기 때문이다. 그러나 사실은 그렇지 않다. 미리 어떤 놀이를 할지 생각하거나, 작은 댄스파티를 열거나, 악기를 꺼내거나, 베개로 요새를 만들어라. 어떻게 기분을 내야 할지 모르겠다면 아이나 반려동물의 도움을 받아라.

중요한 것은 준비하는 습관이다

지금까지 오아시스 타임을 미리 준비하는 여러 방법을 소개했다. 요점은 매주 다음 네 가지 원칙을 위해 어떤 준비를 해야 할지 생각하는 습관을 들이는 것이다.

시작과 끝을 정하라

오아시스 타임을 얼마나 가질 것인가? 어떻게 시작할 것인가? 어떻게 끝낼 것인가?

디지털 기기를 멀리하고 사람과 마주하라

디지털 기기를 손에서 놓기 위해 어떤 계획을 세워야 할까? 여행을 갈까? 친구를 만날까? 책을 읽을까? 음악을 들을까? 누구와 언제 어떻게 만날까?

속도를 늦추고 삶을 음미하라

아무것도 하지 않는 시간을 위해 충분히 계획했는가? 사거나 만들 수 있는 가장 간단한 음식은 무엇인가? 손님을 초대할까? 한다면 어떻게 해야 할까?

성과에 집착하지 말고 휴식, 성찰, 놀이에 집중하라

어떻게 해야 진정한 휴식을 취할 수 있을까? 어떻게 해야 느긋한 마음을 계속 유지할 수 있을까? 어떤 일이 휴식 같은 느낌을 줄까? 정말로 재미있거나 영혼을 충족하는 활동은 무엇이며, 어떻게 해야 그 활동을 할 수 있을까?

니는 준비하는 습관을 들이기 위해 휴대전화에 잊지 말아야 하는 지침을 저장하고, 멋진 휴일을 보낼 계획을 세우도록 알림 설정을 해 둔다. 온라인 달력이나 일정 관리 수첩에 준비시간을 기록해둘 수도 있다.

혹은 아름다운 산이나 호수 사진, 먹음직한 사과나 예쁜 꽃 사진, 좋아하는 사람의 사진을 담은 자석과 함께 오아시스 타임 준비에 도움이 되는 메모를 냉장고에 붙여두라. 준비하는 습관이 들면 이를 매번 기록하지 않아도 된다. 그때 비로소 진정한 오아시스 타임을 보낸다고 말할 수 있다. 이 부분은 다음 장에서 살펴보자.

오아시스 타임을 누리며
산다는 것

오아시스 타임을 만들 때 다른 사람의 사례를 참고하면 도움이 된다. 그러려면 삶의 일부가 된 자유시간과 놀이시간 그리고 신성한 시간에 대한 다양한 이미지가 필요하다. 따라서 여기에 대한 모범 사례를 찾아라. 모범은 학습에 좋은 참고가 된다. 어떻게 할 수 있는지 보여주면서도 특정한 방식대로 하도록 강제하지는 않는다. 모범을 흉내내거나, 무시하거나, 통째로 받아들이거나, 일부 요소만 적용할 수 있다. 선택은 당신의 몫이다.

　지금부터 내가 수집한 이야기들을 소개하겠다. 또한 우리 가족이 보내는 오아시스 타임에 대한 이야기도 더 들려줄 것이다. 나와 대화를 나눈 사람은 모두 특별한 이야기를 들려주었다. 그들은 각자 진정한 마음의 휴식을 얻고 삶에 대한 열의를 회복하는 길을 찾았다. 당신도 그럴 수 있다.

나에게 집중하는 연습

여성의 우정에 관한 미국 최고의 전문가인 샤스타 넬슨과 강연가이자 기업 자문인 그녀의 남편 그렉 넬슨은 일주일 내내 바빠도(혹은 바쁘기 때문에) 일주일 중 하루는 오아시스 타임으로 자신들을 보호한다. 이런 선택을 하지 않는다면 7일 내내 일할 것이 분명하다. 그들은 금요일 밤부터 토요일 낮까지는 야외활동, 사교활동, 사회봉사, 종교활동, 요리처럼 재충전에 도움이 되는 활동을 한다. 두 사람은 모두 예수 재림 교회의 전통 속에서 자랐지만 엄격한 규칙을 버리고 대신 핵심만 취하는 쪽을 택했다. 다음은 샤스타가 내게 설명한 내용이다.

🌱 우리는 규칙이 아니라 가치를 따릅니다. 일주일 내내 접하는 일, 청소, 볼일, 텔레비전, 이메일 혹은 사회적 정체성과 명성을 구축하기 위한 모든 것에서 벗어나 활력을 재충전하죠. 우습게도 처음에는 쉬는 게

불안했어요. 그러나 결국에는 너무나 멋진 자유와 휴식이 자리를 잡았어요!

　그 하루 동안은 나 자신이 있는 그대로 충분하고, 지금 가진 것으로도 충분해요. 물건을 더 살 필요도, 일을 더 할 필요도, 더 나은 존재가 될 필요도 없어요.

　나는 성과를 내려는 의욕이 강해요. 그래서 성과를 내지 않아도 내가 사랑받을 수 있는 소중한 존재라는 사실을 확인하는 시간은 커다란 선물과 같아요. 안식일에는 세상이 내게 중요하다고 말하는 일들을 내려놓고 내가 중요하다고 생각하는 일들을 하려고 노력해요.

　나는 안식일이 좋아요. 휴식일을 갖는 게 좋고, 금요일에 촛불을 켜는 게 좋아요. 너무나 평화롭잖아요. 그런 일을 하지 않는 건 어리석어요. 핵심은 지난 일주일이 얼마나 힘들었든 간에 감사와 교류를 위한 자세를 갖는 거예요. 금요일 밤은 가족과 친구를 위한 시간이에요. 그 시간에 우리 집에 오는 사람은 누구든 평온함을 느끼며 음식과 웃음을 즐기길 바라요.

　토요일 아침에는 좋아하는 카페에 가서 커피를 마시고, 맛있는 크루아상을 먹으며 일상생활이나 그동안 배운 것들에 관해 이야기해요. 삶에서 중요한 것들을 깊이 파고들 수 있는 의미 있는 대화죠. 토요일 오후에는 산책을 하거나 등산을 가고, 친구들과 밥을 먹어요. 식탁에서 오래 느긋한 시간을 갖는 게 좋아요. 몇 시간 동안 앉아서 웃고 떠들며 보낼 때도 있어요.

　내게는 사랑하는 삶이 중요해요. 누군가 "쉴 시간이 없어요"라고 말하면 나는 "그런 생각을 한다는 것 자체가 쉬어야 한다는 신호예요"라고 말해요.

　내게 안식일은 나 자신에 대한 사랑, 다른 사람에 대한 사랑, 이 세상에 대한 사랑, 하나님에 대한 사랑을 재확인하는 시간이에요.

　우리 삶의 많은 부분은 두려움에 이끌려요. 그래서 가장 높은 가치로 돌아가는 시간이 내게는 너무나 소중해요.[97]

오직 나를 위한 토요일

내 사촌 언니 로니 펄먼은 은퇴한 치료사이자 사회운동가로서 지금 텔아비브에 산다. 할머니인 그녀는 토요일이 되면 혼자 있거나 친구들하고만 시간을 보낸다. 그녀는 은퇴했지만 일주일 내내 손주들을 돕거나, 병원에서 자원봉사를 하거나, 평화운동을 한다. 체코슬로바키아 태생인 그녀는 맨몸으로 모국을 탈출해야 했다. 다음은 그녀가 들려준 이야기다.

　신이 없는 텔아비브에도(!) 안식일이 찾아오는 금요일 늦은 오후가 되면 실내악을 들으며 시간을 보내. 내게 종교는 영혼을 돌보기 위한 것이지. 옛날에는 예루살렘에 살았는데 안식일을 앞둔 금요일의 공기와 고요함 그리고 특별히 부드러운 황금색 빛은 내게 유대적 분위기가 어린 영적 순간으로 다가왔어.

토요일에는 종일 침대에 누워 있기도 해. 지금은 은퇴한 할머니지만 손주들을 보고, 정치 모임에 참석하고, 친구들을 만나고, 운동하거나 산책하며 나 자신을 돌보느라 일주일 내내 바빠. 그러나 토요일 아침에는 눈을 떠도 다시 돌아누워서 늦잠을 자거나 몽상을 해. 가만히 누워서 내가 받은 축복을 헤아리기도 하지.

나는 모국을 탈출할 수 있었던 게 다행이라고 생각해. 아무것도 없이 순간적인 충동으로 떠났지. 그래도 여기 이스라엘에 정착해서 좋은 삶을 살았어.

토요일은 내게 특별한 호사를 베풀어. 좋은 커피를 끓이고 소설을 탐독하지. 친구와 맛있는 점심을 먹기도 해. 요리도 즐겨 해. 오후에는 서쪽으로 난 현관에 앉아서 햇볕을 쬐지. 등산을 좋아해서 일찍 일어나 동호회 회원들과 등산을 가는 날도 있어. 등산은 내가 대자연을 경배하는 방법이야. 저녁이 되면 충분한 휴식 덕분에 다른 세상에 온 듯한 기분이 들어. 긴 목욕을 마치고 영혼까지 재충전하면 바쁜 삶으로 돌아갈 준비가 끝나.

알다시피 나는 유대교나 종교를 정치적, 국수주의적, 인종주의적 관섬에서 해석하는 걸 정말 반대해. 우리는 세상을 훨씬 나은 곳으로 만들 수 있다고 생각해. 우리 손주들은 참된 평화가 무엇인지 알면 좋겠어. 그래서 계속 평화운동에 나서는 거야.[98]

주중에도 쉬어야 한다

대단히 유능한 환경운동가이자 사회운동가인 오딘 재크먼은 주중에 오아시스 타임을 갖는다. 오딘은 다른 환경운동가 및 사회운동가를 돕는 어려운 일을 한다. 집에서 일하는 그는 자주 출장을 가며, 비행기를 타고 가는 경우도 잦다. 다음은 오딘의 말이다.

> 내 삶은 아주 벅차요. 그래서 주중에 휴식을 취하지 않으면 일을 제대로 하지 못합니다. 나는 지속 가능성 문제에 정말로 관심이 많아요. 특히 나 자신을 지속 가능한 상태로 관리하는 것이 중요하다는 사실을 깨달았기에 매주 쉬는 시간을 정해둡니다.
>
> 나는 우리가 살아가는 방식을 바꿔야 한다고 생각합니다. 모두 소비를 줄여야 해요. 나도 마찬가지죠. 변화는 자연의 속도로 느리게 일어난다는 안젤레스 에리엔의 관점을 항상 떠올립니다. 내가 가장 좋아하는 말은 "자아의 변화 속에 세상의 변화가 있다"는 크리슈나무르티의

말이에요.

나는 세상에 긍정적인 변화가 일어나기를 바랍니다. 그러기 위해 언제나 해야 할 더 많은 일이 있어요. 진정한 휴식을 취하지 않으면 항상 중압감과 압박감에 시달릴 겁니다.

고객과 문제가 생기면 그대로 두고 휴식을 취합니다. 우리 사회의 문화는 문제에 즉시 대응하고, 고통을 즉시 완화하고, 결론에 즉시 도달하도록 재촉합니다. 그러나 상황이 나쁘면 잠시 멈춰서 그냥 놔두는 편이 도움이 될 때도 있습니다.

나침반을 계속 주시하지 않으면 원치 않는 곳에 이를 수 있어요. 휴식은 나침반을 계속 주시하도록 해주죠. 우리는 오랫동안 목적지를 잃지 않고 경로를 유지해야 해요. 나는 정기적인 휴식을 연습으로 보기 때문에 완벽하지 않아도 자책하지 않습니다. 핵심은 완벽함이 아니라 관점이에요.

사실 일하지 않으면 무언가를 놓칠지 모른다는 두려움이 있어요. 그래서 속도를 늦추고 재충전을 할 여지를 둔다는 원칙을 엄격하게 지키려 합니다. "내가 바라는 방식대로 세상을 살아가고 있는가?" 같은 질문을 내게 던져요. 우리는 문제를 들여다볼 시간이 필요해요. 휴식을 취하지 않으면 이런 문제를 성찰할 수 없어요. 그 성찰이 내 삶에 의미를 부여하고 나를 지속시키죠.[99]

내가 좋아하는 것에 몰입하는 시간

보스턴에서 건축가로 일하는 내 친구 브리짓은 자신을 지속시키는 활동인 그림 그리기를 중심으로 오아시스 타임을 구성한다. 그녀는 대개 토요일이나 일요일에 오아시스 타임을 보내며, 재충전에 도움이 되는 일련의 정해진 일과를 세우고 그에 따른다. 그녀의 말을 들어보자.

나는 어렸을 때 항상 그림을 그렸어. 요즘에는 그림 그리기를 일종의 원칙으로 삼았어. 이제 그림은 내 삶에 필요한 요소, 내 삶을 행복하게 만드는 요소야. 그림이 없는 삶은 의미가 없어. 그림 그리기를 중간에 멈추면 몸이 아파. 그래서 그림을 완성할 수 있도록 미리 시간을 정해야 했지. 그림 그리는 시간을 억지로 끼워 넣는 방식은 통하지 않아. 그림 그리기는 다른 모든 활동에 도움을 줘. 쉬는 날 눈을 뜨면 그림 그리는 시간을 고대하게 돼. 다른 데 주의를 돌리지 않으려고 조심하지. 아침에는 집안을 청소하거나 정리하지 않아. 신선하고 열린 마음을 유지해야 하니까. 컴퓨터도 쓰지 않아. 문자메시지나 통화도 하지 않지. 그림을 그릴 때는 전용 앞치마를 입어. 화가가 된 듯한 느낌이 들거든. 그다음 그림을 그리는 특별한 곳으로 가. 바로 제일 위층에 있는 방이야. 그 방은 주방이나 거실, 침실과 다른 곳이야.

그림을 그리는 날은 온갖 감정을 느껴. 처음에는 기대감이 넘치지. 그다음에는 "내가 지금 뭘 하는 거지?"라는 생각이 들다가 마음이 차분해지면서 완전히 몰입하는 시간이 와. 과거에는 조울증 비슷한 상태를 겪었어. 처음에는 아주 기분이 좋다가 또 아주 나빠졌지. 이제는 그런 변화가 생긴다는 걸 아니까 흔들리지 않아. 일종의 몰입 상태에 빠지지. 그림을 그리고 나면 만족감이 들어. 어떤 대상을 창조했다는 게 너무 좋아. 기운이 나고 본연의 모습이 된 듯한 느낌을 받아. 나 자신에게로 돌아온 것 같은 기분이지. 그러면 정말 행복해져.[100]

스스로를 칭찬해주기

제프리는 20대 후반으로 버클리대학원에 다닌다. 퀘이커 교도인 그는 천주교 신자인 여성과 결혼했다. 두 사람은 서로의 종교적 전통을 결합시켰다. 제프리는 자영업도 하고 있어서 생활이 어수선한 느낌이 들었다. 정신없이 바쁘거나 볼일로 일과가 넘칠 때도 많았다. 대학원생이라 읽어야 할 책도 많다. 그러다 가끔은 여유가 생긴다. 바쁘든 안 바쁘든 그는 매주 안식일을 갖는다. 그는 가족이 힘든 시기를 보낼 때 안식일의 가치를 깨달았다. 그의 말을 들어보자.

내 동생이 집에서 멀리 떨어진 대학을 다닐 때 맹장이 터진 적이 있어요. 게다가 병원에서 세균에 감염되었죠. 약을 잘못 처방하는 바람에 거의 죽을 뻔했어요. 멀리 있는 동생을 돌볼 수 있는 사람은 나와 엄마뿐이었어요. 동생의 상태가 너무 안 좋아서 가족과 친구들이 밤낮으로 전화를 해서 "상태가 어때? 내가 도와줄 일은 없어?"라고 물었어요. 정말 피곤했죠. 너무 힘들었지만 어떻게 해야 할지 몰랐어요.

그 무렵 가깝게 지내는 한 멘토가 랍비 헤셜의 책을 읽고 안식일이라는 개념에 이끌렸어요. 그는 하루 동안 휴대전화를 꺼보라고 권하더군요. 처음에는 "누군가에게 내가 필요하면 어떡해요?"라고 물었죠.

여기서 지적하고 싶은 점은 휴대전화를 내려놓지 못하는 이유가 자신이 모든 것을 떠받친다고 생각하기 때문이라는 겁니다. 사실은 그렇지 않아요. 나는 우주의 중심이 아니고, 모두를 구원할 수 없어요. 노력하지 않으면 좋은 일이 생기지 않는다는 생각을 적어도 하루는 멈춰야해요. 나는 멘토 덕분에 그런 생각을 멈추는 법을 배웠죠. 그리고 하나님과 적절한 관계를 맺는 법을 배웠어요. 하나님은 하나님이고 나는 하나님이 아니라는 걸 알았죠.

처음 안식일을 지냈을 때는 독신이었지만 룸메이트와 평화롭게 지낼 수 있었어요. 그도 안식일을 가졌어요. 우리는 같이 휴대전화를 내려놓고 동네에 있는 조류 보호구역을 산책했어요. 그리고 맛있는 일요일 점심을 먹었죠. 그다음에는 밖으로 나가 게임을 하면서 재미있게 놀았어요. 우리 자신을 잘 대접하고 맛있는 맥주와 음식을 먹을 이유가 있었죠. 쇼핑이나 일은 하지 않았어요. 안식일은 훌륭한 저항 수단이에요. 계속 일해야 한다는 압박감에 맞서서 생기를 되찾는 수단이죠.

결혼 후에는 아내가 안식일에 관심을 갖게 할 방법을 궁리했어요. 아침식사로 달걀과 소시지를 요리해 먹고 분위기 좋은 커피숍으로 갔죠. 아내가 커피를 좋아하거든요. 거기서 지난 일주일을 즐겁게 되돌아봤어요. 그렇게 아내와 함께하는 안식일은 처음 시도할 때부터 너무 좋았어요. 아내도 안식일이 얼마나 참되고 좋은지 이해했어요.

하나님은 엿새 동안 세상을 창조하신 후 보시기에 "참 좋았다!"라고 하셨어요. 나도 지난 일주일 동안 한 일을 돌아보며 "아주 잘했어"라고 생각해요. 그런 생각은 정말 유익해요. 만족이 주는 느낌이 얼마나 좋은지 몰라요.[101]

맛있는 음식을 먹으며 좋아하는 사람과 함께하기

나는 여러 사람과 오아시스 타임을 주제로 이야기를 나누면서 음식과 공동체에 대한 멋진 이야기를 많이 들었다. 그중에서 몇몇 가족이 매주 하는 행사, 그리고 음식을 통한 통찰과 교류를 중심으로 몇 가지를 소개한다.

브런치 함께하기

내 친구 벳시에게 토요일 아침은 힘든 한 주를 마치고 푹 잔 뒤 친구나 가족과 모이는 시간이다. 그녀가 느지막이 일어나 신문을 읽는 동안 그녀의 남편은 기도와 명상을 한다. 11시 무렵 그녀는 과일 스프레드와 빵을 꺼낸다. 친구들은 이 시간이 되면 그녀의 집에 찾아와 뉴스에 관한 이야기를 나누고, 서로의 안부를 묻고, 함께 즐길 수 있다는 사실을 안다. 어디 있는지 알려고 전화를 하거나 문자메시지를 보내지 않는다. 토요일에는 벳시의 집에 다들 모이기 때문이다. 편한 분위기에서 사람들은 쉽게 친밀해지며 아이들도 서로 친구가 된다. 이런 자리가 몇 년 이어지는 동안 친구들의 얼굴에는 어느새 주름이 졌다. 그들은 맛있는 빵과 커피를 나누며 삶을 공유한다.

도시락 나눠 먹기

코미디언 사라 실버맨의 언니로 예루살렘에서 랍비로 활동하며 《제비 뽑기Casting Lots》를 쓴 수잔 실버맨Susan Silverman은 토요일마다 친구나 지인 혹은 아직 만난 적이 없는 사람들을 초대해 가족과 함께 뷔페식 점심을 먹는다. 대개 15명에서 25명이 참석하지만 그래도 문제없다. 그녀는 대형 식탁에 가족과 함께 만들었거나, 동네 시장에서 사 왔거나, 손님들이 가져온 음식을 한가득 내놓는다.

수잔은 남편 요시 아브라모비치와 함께 매주 이런 자리를 마련한다. 수잔은 식사 전에 손님들에게 자신을 소개하고 원한다면 하고 싶은 말도 하도록 요청한다. 뷔페식으로 한 이유는 초대한 손님이 너무 많아서 누가 오는지 잊어버리는 경우가 잦았기 때문이다. 대개 손님들이 음식을 가져오기 때문에 몇 인분이나 준비해야 할지 걱정하지 않아도 된다. 다섯 명의 아이를 키우며 사회운동까지 하는 바쁜 생활에서도 그녀는 절대 토요일 모임을 포기하지 않는다.

디저트에 관대해지기

앞에서 소개한 내 친구 사라 슐리는 가족과 오아시스 타임을 보낼 때 디저트에 대해 관대한 태도를 취한다.

어느 금요일 밤에 친구들이 초콜릿케이크, 호박파이, 사과 슈트루델strudel, 쿠키를 가져온 적이 있다. 저녁에 빵과 버터만 먹은 그녀의 아들 샘은 접시 가득 디저트를 담았다. 사라는 그때 생긴 일을 이렇게 전한다.

엄마가 흘긋 나를 보며 "저걸 다 먹게 그냥 둬?"라고 물었어. 나는 "우리 집에서는 그렇게 해"라고 대답했어. 그리고 성경 구절을 빌려 "엿새 동안은 엄격하게 아이를 가르치되 일곱째 날은 안식일이니 쉬게 하라"라고 말했어. 나는 일주일에 하루는 아이들을 자유롭게 풀어줘. 아이들은 더없는 자유를 느끼고, 어른들도 마찬가지야. 해야 할 일에 관

한 생각을 던져버리는 일도 자유를 주지. 내가 쉬는 동안 세상을 떠받
치는 일은 그리스 신화 속 거인 아틀라스가 맡아야 하지 않겠어?[102]

사라의 아이들은 금요일 밤의 의식을 좋아한다. 꾸준히 치르는 의
식은 깊은 안도감을 준다. 일주일 동안 무슨 일이 있었든 간에 금요
일 밤에는 가족이 함께 촛불을 켜고 만찬을 즐긴다. 그들의 오아시스
타임은 해가 질 때 공식적으로 시작된다. 그들은 신나는 음악을 틀어
놓고 춤을 추며 노래를 부른다. 이 모든 의식의 목적은 더 깊은 의미
의 회복과 치유가 가능하도록 마음을 여는 것이다.

우리 가족의 오아시스 타임 설계 과정

나와 남편은 다른 점이 많다. 나는 전통적인 유대식 안식일의 기본
방식과 가르침에 이끌리지만 남편은 사람들과 어울리거나 테니스
를 치는 걸 더 좋아한다. 앞서 말한 대로 우리는 서로의 차이를 허용
하면서 같이 방법을 찾을 때 더 잘 지낸다.

안식일의 전통적인 리듬은 우리 가족의 금요일 밤과 토요일을 좌
우한다. 다만 우리는 그 리듬을 활용해 우리만의 고유한 오아시스 타
임을 만든다. 거기에는 항상 맛있는 음식과 좋은 친구들, 그리고 경

제적 측면에서 완전히 벗어나는 시간이 함께한다. 실제로 우리는 오아시스 타임 동안 되도록 돈을 쓰지 않는다.

오아시스 타임이 다가온다

내게 오아시스 타임은 고요 직전의 폭풍과 함께 시작된다. 금요일 오후가 되면 언제나 해야 할 일이 너무 많이 남는다. 쉬지 않는 내 정신은 마지막으로 해야 할 일을 이렇게 읊어댄다.

"오늘은 일을 충분히 하지 못했어. 가장 중요한 일조차 끝내지 않았잖아. 마지막으로 할 수 있는 일이 뭐지? 이 부분을 마쳐야 해. 잠깐, 전화도 해야 하잖아."

어떤 일에 열심히 매달리다가 마침내 속도를 내는 경우도 많다. 그럴 때면 오아시스 타임을 위해 멈추고 싶은 생각이 들지 않는다. 일을 멈추는 것은 상상조차 할 수 없다. '오늘은 조금만 더 하자. 계속 일하자. 할 일이 너무 많아'라고 생각하게 된다.

그러나 오후가 지나가면 나는 일감을 치우고 주위를 정리한다. 때때로 '계속 신경 쓰이면 다시 하자'라고 생각하기도 한다. 하지만 실제로 다시 일하는 경우는 없다. 일손을 완전히 놓기 때문이다. 나는 일요일 아침에 확인할 수 있도록 남은 일의 목록을 작성한 후 옆으로 치워둔다. 그다음 미리 준비한 닭을 고구마, 콜리플라워와 함께 오븐에 넣어두고 집안을 정리한다. 이때 운동화를 신고 신나는 음악을 틀어둔 채 최대한 빨리 움직이면서 일주일 동안 쌓인 잡동사니를 치운다. 20분에서 30분 동안 청소를 하고 나면 온몸이 땀에 젖는다.

청소가 끝나면 온 가족이 디지털 기기를 내려놓는다. 아리는 컴퓨터 앞을 떠나 좋은 옷으로 갈아입는다. 우리 부부는 휴대전화를 서랍에 넣고 가끔 위치 정보를 확인하거나 문자메시지로 연락을 할 때 외에는 꺼내지 않는다. 나는 샤워를 하고 깔끔한 옷을 입는다. 데이비드도 축제 분위기가 나는 옷을 입는다. 우리는 몇 가지 다른 물건들을 옆으로 치워놓고 음식이 다 되었는지 확인한다. 그러면 마침내, 그리고 언제나 적절한 시간에 오아시스 타임을 맞을 준비가 끝난다.

호주머니 비우기

나는 안식일 전에 호주머니를 비우는 유대식 전통을 좋아한다. 일주일 동안 모은 물건을 치우는 것이다.

나는 호주머니가 아니라 백팩과 서류 가방에 물건을 모은다. 그래서 내 경우에 맞게 전통적인 가르침을 해석한다. 우리는 일주일 내내 들고 다니던 모든 것을 치울 수 있다. 아직 답장을 보내지 않은 이메일, 아직 하지 않은 통화, 핸드백과 서류 가방에 숨어 있는 영수증, 끝내지 못한 말다툼, 불만, 아픔, 모욕 같은 것을 말이다. 나는 열쇠와 작은 노트들을 치울 뿐 아니라 화난 목소리를 낮추고, 두려움을 털어내고, 실망감을 다독이기 위해 최선을 다한다. 이렇게 호주머니를 비우면 복잡한 일상의 부담에서 벗어나 현재에 몰입할 수 있다. 비로소 쉼의 시간을 맞을 준비가 된다.

| **시작** | 일상의 부담에서 벗어날 준비

우리는 식탁에 함께 모여서 일상의 부담에서 벗어난 것을 축하하면서 오아시스 타임을 시작한다. 이제 25시간 동안은 아무런 의무도 없다. 우리는 심호흡을 하고 사랑하는 사람이 함께하는 자리에 집중한다. 그다음 촛불을 켠다. 그리고 손으로 불빛을 '부채질'해 몸과 영혼을 적신다.

그다음 눈을 감고 기도문을 읊는다. 다시 눈을 뜨면 우리는 오아시스 타임 속에 있다. 성마른 정신과 넉넉한 영혼 사이에 공간을 만든 것이다. 우리는 서로 포옹과 키스를 나누며 이 넉넉한 느낌을 맞이한다. 우리는 마음을 가라앉힐 수 있는 시간에 감사하는 뜻으로 천사들을 맞이하는 노래를 부른다. 때로는 탬버린이나 딸랑이 혹은 다른 악기를 들고 식탁으로 같이 행진하기도 한다. 아직은 오아시스 타임으로 진입하는 단계이므로 최대한 정신을 일깨우고 태도를 바꾸는 계기가 필요하다. 사다리를 오르거나 다리를 건널 때처럼 이런 의식은 다른 세계로 조금씩 옮겨가는 데 도움을 준다.

| 금요일 저녁 | 몸과 마음의 긴장을 푸는 시간

나는 식탁에 가족이 함께 모이는 것을 좋아한다. 우리는 옷을 차려입고 맛있는 식사도 준비한다. 그 상태에서 긴장을 풀고 오아시스 타임으로 접어드는 과정이 시작된다. 금요일 밤이 되면 한 주의 피로가 쌓인다. 때로는 정신없이 달리기를 멈추는 데만 온 힘을 기울여야 한다. 아직 끝내지 못해서 계속 신경이 쓰이는 일을 잊기 위해 확고한 자세를 취해야 한다. 무슨 일이라도 하려는 노력을 멈추고 한숨을 돌릴 시간이다. 우리는 종종 손님을 초대해 함께 시간을 보낸다. 어떤 날에는 그저 느긋한 분위기를 즐기기도 한다.

성과에 대한 집착 버리기

우리 부부는 오래전에 코스타리카에 있는 자연보호지역을 방문한 적이 있다. 저녁을 먹고 현관에 앉아 있던 우리는 둥지로 돌아가는 독수리 떼를 보았다. 독수리들은 맞은편에 있는 높은 나무의 가지에 줄지어 앉았다. 각자 자기 자리를 찾더니 날개를 퍼덕이며 자리를 잡았다. 그때 한 마리가 새로운 자리를 찾아 높은 곳으로 날아올랐다. 그에 따라 독수리들은 날개를 퍼덕이고 야단법석을 떨며 다시 자리를 잡았다. 잠시 고요가 깃드는 듯하더니 곧 다른 새가 새로운 자리로 옮겨갔다. 또 자리바꿈이 일어났다. 우리는 넋을 잃은 채 그 광경을 바라보았다.

약 한 시간 동안 이런 과정을 거친 후 독수리들은 평온한 상태를 맞았다. 그 광경에 홀린 우리의 마음은 어느새 차분해졌다. 우리는 평화로운 마음으로 잠자리에 들어서 숙면을 취했다. 생각해보니 독수리들은 우리와 다르지 않았다. 기껏 자리를 잡았다가 다시 날개를 퍼덕이며 자리를 옮기는 모습은 영락없는 우리의 모습이었다. 나는 오아시스 타임으로 접어들려고 애쓸 때마다 그 독수리들을 생각한다.

순간의 즐거움을 음미하기

어느 금요일 밤 나는 밤참으로 맛있는 홍당무를 먹었다. 모처럼 먹는 밤참이라 온전히 그 순간을 즐기고 싶었다. 그러나 내 눈길은 계속 주의를 집중하며 먹는 일에 관한 책으로 향했다.

나는 다시 홍당무를 한입 물었다. 맛있었다. 책에는 어떻게 맛을 음미하라고 되어 있었는지 궁금해하며 보았다.

"순간의 즐거움에 집중하라. 속도를 늦춰라. 음식을 바라보라. 글을 읽으며 먹으면 즐거움이 약해진다."

그러나 정신없이 서두르는 내 마음은 멈추지를 못했다. 글을 읽는 동시에 밤참도 먹고 싶었다.

그래도 한번 시도해보고 싶었다. 나는 책을 치우고 심호흡을 했다. 마침내 빠르게 움직이던 생각의 속도가 주변과 나 자신을 천천히 들여다볼 수 있을 만큼 느려졌다. 속도를 늦추니 몸의 긴장이 풀어졌다.

나는 자기 전에 즐기는 맛있는 밤참에 서서히 집중했다. 너무나 맛있었다. 나는 올리브오일과 소금을 뿌리고 조용히 홍당무를 먹었다.

| **토요일 아침** | 지금 이 순간을 바라보는 시간

오아시스 타임에 디지털 기기를 쓰지 않는다는 원칙은 새로운 즐거움과 교류의 기회를 열어준다. 음미하고, 즐기고, 감상하는 모든 일은 더 큰 행복으로 이어진다. 오아시스 타임은 순간을 즐기고, 만족스런 자신의 모습으로 돌아가고, 경이로운 느낌을 얻는 시간이다.

감사하는 마음으로 일어나기

나는 종종 침대 시트의 따스함을 즐기며 하루를 시작한다. 옛날에는 아들을 확인하려고 서둘러 일어났지만 이제는 벌떡 일어나지 않아도 된다. 아들을 침대로 안고 와서 천천히 깨어나는 즐거움을 함께 누렸다.

지난주에 아리는 책을 들고 와서 우리와 함께 안식일 아침의 느긋한 기분을 즐겼다. 그러다가 얼마 후 "이제 뭐 해?"라고 물었다. 심심해서 컴퓨터를 하고 싶다는 뜻이었다. 나는 서둘러 대답하지 않았다. 우리는 벽에 비친 그림자를 바라보았다. 그리고는 일본으로 여행을 간 것처럼 가상의 상황을 꾸미며 도쿄의 거리를 걷는 상상을 했다. 아리는 학교에서 일본에 관해 배운 내용을 말했다. 다행히 조급함이 사라진 것 같았다. 곧 아리는 다시 책에 빠져들더니 내가 아침을 먹으라고 불러도 꼼짝하지 않았다.

나는 일이나 행동에 관한 생각이 휘몰아치면 심호흡을 한 후 즐거움을 줄 대상을 찾는다. 예를 들어 몸을 감싸는 옷의 감촉을 느낀다. 잠시 멈춰서 창밖을 보며 야자수의 아름다움을 즐기며 천천히 심호흡을 한다. 심호흡을 할 때마다 마음이 조금씩 안정된다.

천천히 잠에서 깨어나 그 순간을 즐기는 동안 엔도르핀이 분비되고 그에 따라 즐거운 하루를 보낼 토대가 마련된다. 서두르면서 행복하기는 힘들다. 처음 잠에서 깬 순간을 음미하는 것은 즐거운 하루를 보내기 위한 분위기를 조성한다.

나는 종종 여러 책에 나오는 구절들을 따로 읽는다. 틱낫한Thich Nhat Hanh이 쓴 《세이버Savor》에는 다음과 같은 구절이 있다.

자신에게 이렇게 물어라. 무엇이 나의 내면에서 기쁨을 키우는가? 무엇이 다른 사람의 내면에서 기쁨을 키우는가? 나는 나와 다른 사람의 내면에서 충분히 기쁨을 키우는가? 이미 내 삶 속에 존재하는 수많은 기쁨의 이유를 인식하고 있는가? 아니면 수많은 것을 당연히 여기며 망각 속에 살아가는가? 비록 잊기 쉽다 해도 좋은 시력을 가졌다면 우리가 받은 큰 선물을 인식하라.[103]

가족 독서

우리는 아침을 먹은 후 예배당이나 가까운 곳에 있는 공원으로 간다. 아니면 달콤하고, 충만하고, 다정한 고요 속에서 책이나 신문을 읽으며 이야기를 나눈다.

어느 날 아침, 여덟 살 난 아리는 《믿을 수 없는 사실들It Can't Be True》이라는 책을 읽었다. 전 세계의 놀라운 사실들을 담은 책인데, 아리는 새로 익힌 지식을 우리에게 알려주었다. 예를 들어 아기 코끼리가 태어나는 데 몇 달이나 걸리는지 아느냐고 묻더니 우리가 모른다고 하자 "22달이나 돼요!"라고 소리쳤다. 우리는 고개를 끄덕이며 웃어주고는 다시 평온한 분위기를 즐기며 책을 읽었다. 평소에는 누릴 수 없는 분위기였기 때문이다.

몇 분 후 아리가 다시 입을 열었다. "엄마, 아빠, 놀라운 사실을 알았어요! 이집트 피라미드와 같은 무게가 되려면 엠파이어 스테이트 빌딩이 몇 개나 있어야 할까요?" 데이비드는 "모르겠는데. 한 네개?"라고 대답했다. 아리는 잔뜩 의기양양한 표정을 지었다. 아빠를 난처하게 만들었기 때문이다. 아리가 알려준 정답은 16개였다. 뒤이어 우리는 피라미드와 엠파이어 스테이트 빌딩의 무게를 어떻게 재는지 이야기를 나눴다.

아리는 몇 분마다 한 번씩 놀라운 사실을 알고 흥분했다. 어떤 일을 하려고 노력할 필요가 없었기에 우리 부부는 느긋하고 흥미롭게 아리가 알려주는 멋진 세상에 대한 정보를 들었다.

일에 관한 유혹 떨치기

어느 토요일, 나는 이 책에 대한 아이디어와 의욕이 넘치는 상태로 잠에서 깨어났다. 당장 일어나 컴퓨터를 켜 글을 쓰고 싶었다. 내게는 낯설지 않은 상태였다. 일하고 창작할 때 최고의 기분을 느끼는 경우가 많았고 오히려 쉬면 의미 없이 시간을 보낸다고 생각했다. 일감이 쌓인 곳이 내게 편한 장소였다.

그러나 시간이 지나면서 일을 중심으로 사는 만큼 휴식도 취해야 한다는 사실을 깨달았다. 그러지 않으면 녹초가 되도록 일만 할 것이 뻔했다. 문제는 안식일을 가져도 일을 해야 한다는 생각에 사로잡혀 있다는 것이었다.

나는 선택의 기로에 서 있었다. 지금은 어렵지 않은 선택이지만 그래도 중대한 의미를 지니고 있었다. 처음에 오아시스 타임을 지키고 보호하는 법을 배우던 때가 떠올랐다.

선택을 마친 나는 두어 가지 생각을 글로 정리한 후 옆으로 제쳐두었다. 그리고 다시 긴장을 풀었다. 일에 관한 아이디어는 사라졌다. 나는 가려던 모임에 참석할 준비를 했다. 이처럼 때로 나는 오아시스 타임을 지키기 위한 선택을 해야 했다. 그러나 이 선택은 더 고민할 필요가 없는 수준이 될 때까지 갈수록 쉬워졌다.

식탁에 앉아 나누는 이야기

어느 날 점심 무렵, 우리는 손님들과 함께 가족에 관한 이야기를 나눴다. 데이비드의 이모는 1932년에 헤이그에서 유월절 만찬을 가졌다는 내용을 편지에 쓴 적이 있다. 그런데 그로부터 70년 뒤에 데이비드가 새로 사귄 친구의 아버지가 바로 그 만찬에 참석했으며, 자신과 새 친구가 알고 보니 먼 친척인 것으로 드러났다.

나는 30년 지기 친구에게 우리 아버지의 젊은 시절 이야기를 아직 하지 않았다는 사실을 알게 되었다. 아버지는 그토록 바라던 예일대학교 장학생으로 선발되었지만 절망과 수치심을 느끼며 심야에 홀로 학교를 떠났다. 1940년대 초반에는 예일대학교에 유대인 공동체와 코셔kosher 음식(유대교 율법에 따라 만든 음식 – 옮긴이)이 없었기 때문이다. 아버지는 고향인 버펄로로 돌아와 버펄로대학교를 졸업했다. 놀라운 사실은 내 친구의 어머니도 비슷한 일을 겪었다는 것이다. 그녀는 스키드모어를 떠나 고향인 매사추세츠주 첼시로 돌아왔다고 한다.

오아시스 타임이 아니면 이처럼 느긋하게 서로의 가족에 관한 이야기를 나눌 여유가 생기지 않는다. 오랫동안 자유롭고 자연스럽게 대화를 이어갈 시간이 없다. 느긋한 상태에서는 이야기를 잘 듣게 되고, 질문을 하게 된다. 우리 부모들이 힘든 여건에서 집을 떠난 사정이 궁금해진다. 지금까지 몰랐던 공통점을 발견하게 된다.

오아시스 타임이 되면 우리의 화제는 텔레비전 프로그램이나 영화에 대한 잡담, 잘 지냈냐는 일상적 안부를 뛰어넘는다. 아이들에게 질문을 하고 우리가 몰랐던 그들의 시각과 의견을 알게 된다. 발견의 영역으로 들어서는 것이다. 엘리 비젤이 말한 대로 "신은 이야기를 좋아하기 때문에 인간을 만들었다." 우리는 이야기로 세상을 풍요롭게 만든다. 새로운 눈으로 서로를 바라보고 더 깊이 이해하게 된다.

야외에서 보내는 시간

어느 토요일 오후, 나와 데이비드 그리고 세 살배기 아리는 집에서 같이 시간을 보냈다. 우리는 공놀이를 잠시 하다가 단풍나무 아래 큰 그늘에 있는 모래밭으로 갔다. 내가 모래에 묻힌 잎과 가지를 줍는 동안 아리는 모래를 가지고 놀았다. 대개는 활기 넘치는 시간을 보내지만 놀랍게도 그날은 아리와 나는 두 시간 동안 조용하고 평화롭게 보냈다. 아리는 모래성을 만들었다. 나는 모래를 둥글게 뭉쳐서 성을 장식했다. 날이 더웠지만 나무 그늘은 시원하고 편했다. 그러다가 문득 갈증이 나서 우리는 민트를 넣은 차가운 레모네이드를 마시러 집으로 들어갔다.

그로부터 6~7년 후 우리는 다른 가족과 같이 수영을 하러 가기로 했다. 하루를 힘들게 시작했기 때문에 모처럼 밖으로 나가는 게 반가 웠다. 덕분에 힘들었던 하루가 아주 기분 좋은 날로 변했다. 특히 그 무렵 힘든 시기를 보내던 내게는 그런 시간이 필요했다.

당시 일이 잘 풀리지 않았고, 친한 친구와 심하게 다투는 바람에 여러 날 밤잠을 설쳤다. 색다른 곳으로 가는 일, 자연 속으로 들어가는 일, 믿을 수 있는 친구들과 함께하는 일은 마음을 달래는 데 도움이 되었다.

때로 오아시스 타임에 즐기는 휴식과 놀이는 우울한 기분에서 벗어나는 유일한 출구가 된다. 아무리 좋은 일만 생각하고 모든 것이 괜찮다고 자신을 달래도 효과가 없다. 걱정하고, 고민하고, 후회하는 오랜 습관이 되살아난다. 이런 때에 진정으로 필요한 것은 야외에서 보내는 시간, 휴식, 놀이다. 다행히 우리는 꾸준히 그런 시간을 갖도록 계획을 세운다.

| 끝내기 | 일상으로 돌아갈 준비

오아시스 타임이 끝나면 바쁜 생활로 돌아가야 한다. 중요한 점은 일상으로 복귀한다는 의식을 갖고, 시작할 때처럼 끝낼 때를 확인하는 것이다. 우리는 전통적인 유대교 의식인 하브달라havdalah를 통해 오아시스 타임을 끝내고 새로운 한 주를 시작한다.

하브달라는 '구별한다'라는 뜻이다. 이 의식의 핵심 메시지는 휴식시간의 끝을 알리고 희망차게 한 주를 시작한다는 것이다. 우리는 앞으로 직면할 어려움에 맞설 수 있도록 넘치는 의욕과 활기를 갖고 새로운 일주일을 맞는다. 어둠이 내리면 우리는 특별한 양초를 켠다. 허브의 향기가 풍기는 가운데 촛불은 우리가 맞을 새로운 시간을 밝힌다.

뜻밖의 행복을 발견하라

매주 오아시스 타임을 보낼 때 따라오는 멋진 혜택 중 하나는 주중에도 같은 원칙에 따라 휴식을 취할 수 있다는 것이다.

　게리 에버를Gary Eberle 교수는 《신성한 시간과 의미 추구Sacred Time and the Search for Meaning》에서 이렇게 말한다.

> 사람은 안식일을 지내는 방식은 하나뿐이라고 생각한다. 그러나 실은 수없이 다양한 방식이 있다. 신성한 시간에 대한 경험은 존재 그 자체에 대한 경험으로서 역사적 양식으로 제한할 수 없기 때문이다. 멈추고, 받아들이고, 전통과 혁신 사이에 적절한 균형을 맞추는 것이 중요하다.[104]

오아시스 타임은 당신이 선택하는 대로 흘러간다. 수요일로 해도 되고, 토요일로 해도 된다. 몇 시간 동안 그림을 그려도 되고, 종일 집에서 쉬어도 된다. 천천히 피로를 풀거나 의식을 진행하면서 시작하면 된다. 그다음, 사람을 만나거나 푹 쉬면 된다. 마지막은 앞으로 일어날 일을 참을성 있게 기다리거나 시간을 벗어난 시간을 음미하면 된다.

당신이 어떤 일을 선택하든, 어떻게 시간을 보내든 전보다 조금은 더 평온한 마음으로, 약간은 더 넓어진 시야로 세상에 다시 들어가게 될 것이다.

8장

멈춤을
멈추지 마라

우리는 쉬어야 한다는 신호를 계속 무시하면서 살아간다. 우리의 휴식을 가로막는 장애물을 육체적, 정신적 차원에서 이해하는 일은 대단히 중요하다. 그래야만 그 장애물을 뛰어넘을 수 있다. 지금부터 세 가지 주요 장애물인 일중독, 몸과 마음의 신호 방치, 변화를 가로막는 것들을 살펴보자.

일중독

우리 문화는 다른 어떤 것보다 일을 중시하며, 과하게 일에 매달리는 것도 긍정적으로 바라본다. 그러나 열심히 일하는 것과 일중독은 엄연히 다르다. 열심히 일하는 사람은 일을 사랑하지만 삶의 가치가 일보다 소중하다는 사실을 안다. 일과 관계없는 활동들을 즐기며 활발한 삶을 살아간다. 반면 일중독자는 모든 것을 일에 투자하며, 모든 개인적 가치를 일에 옭아맨다. 일과 관련된 활동을 다른 모든 것보다 우선시한다. 삶을 풍요롭게 하거나 삶에 의미를 부여하는 다른 활동을 할 여지를 남겨두지 않는다.

일중독자에게 재충전은 다시 일하기 위한 일시적 방편일 뿐이다. 내가 그랬다. 나는 오랫동안 자발적으로 일을 멈추고 놀거나 즐기거나 쉬지 못했다. 그런데도 스스로를 일중독자라고 생각지 않았다.

우리 주위에는 일중독을 부추기는 요소가 많다. 오랜 세월 동안 '근면 성실'을 옳다고 여기며 일중독을 칭찬한다. 나는 "일중독은 좋은 거죠!"라는 말까지 들어본 적이 있다. 그러나 대다수 일중독자는 물질적 면에서 성공을 거두지만 일과 삶의 균형을 이루는 데에서는 실패한다.

일중독을 연구하는 심리학자 레이 윌리엄스는 "일중독자들은 심각한 문제가 생길 때까지 건강을 챙기지 않고 친구와 가족을 등한시한다. 일을 놓치지 않으려고 휴가를 가지 않는다. 휴가를 가도 여전히 정신은 일에 사로잡혀서 온전히 쉬지 못한다"라고 설명한다.[105]

돌이켜보면 실제로 나도 일중독자의 면모를 많이 보인 것 같다. 스스로 일중독자라고 생각지 않았지만 어쨌든 일을 멈추지 못했다. 짬을 내서 다른 사람과 밥을 먹거나 산책을 할 때도 최대한 빨리 다시 일하는 데 정신이 팔려 있었다. 너무나 소중한 시간인데도 일에 집중해야 한다는 내적 압박에 시달렸다. 그래서 머릿속에 떠오른 내용을 적어두느라 대화가 끊긴 적이 많았다.

이렇게 일에 매달린 이유는 삶의 다른 영역에서 아무런 가치를 지니지 못할 수도 있다는 두려움을 피하기 위해서였다. 나는 인정받지 못하고, 눈에 띄지 못할까 두려워서 너무나 열심히 일했다. 일에만 매달리는 바람에 삶의 다른 영역을 소홀히 한다는 사실을 깨닫지 못했다. 내 행동은 결국 그토록 두려워하던 고립으로 나를 이끌었다.

처음 오아시스 타임으로 향하는 여정에 나섰을 때 일중독자 모임Workaholics Anonymous 같은 곳에서 제시하는 12단계 치료 프로그램을 통해 큰 도움을 받았다. 이런 프로그램은 일이 불안을 벗어나려는 수단임을 깨닫게 해준다. 내 경우는 다른 사람에게서 인정받아야 한다는 강박이 문제였다. 회사에 다니는 사람만 일중독자가 되는 것은 아니다. 가정주부, 학생, 예술가, 임시직 종사자, 자영업자, 심지어 무직사도 일중독자가 될 수 있다.

우리 삶의 속도는 계속 빨라졌다. 성과를 내고, 경쟁에서 이기고, 최고가 되려는 열의는 모든 시간을 장악했다. 우리는 사람과 어울리고 싶을 때도 일을 마쳐야 한다는 생각을 버리지 못한다. 친구나 아이들과 영화를 보면서도 속으로는 '차라리 일을 할걸, 언제 다시 일하지?'라고 생각한다. 그에 따라 순간을 즐기는 능력이 서서히 약화되었고, 성과에 대한 끝없는 충동이 모든 순간을 침범했다. 우리는 행동에 취해 있다. 디지털 기기는 계속 일할 수 있는 가능성만 더해주었다.

일중독자 모임은 문제를 깨닫고 휴식과 놀이를 즐기는 능력을 회복하는 데 도움이 되는 방법을 제공한다.[106]

다음은 내가 자주 쓰는 방법인데 뒤에 내 생각을 덧붙였으니 참고하라.

일과 축소

어떤 일을 하는 데 걸리는 시간보다 긴 시간을 할당해 예상치 못한 지체에도 대비한다.

이렇게 하면 일과를 너무 느슨하게 잡는 것 같지만 실제로는 필요한 일을 하는 데 훨씬 현실적이다.

놀이

놀 시간을 정해 일에만 매달리지 않는다. 놀이를 일처럼 대하지 않는다. 즐겁고 느긋한 시간을 보내는 것은 일중독에서 벗어나는 데 필수적이다. 놀이와 재미는 할 일에 연연하지 않고 지금 이 순간을 살아가는 데 도움을 준다.

지난 안식일에 나는 딸과 함께 집안을 뛰어다니다가 문득 지금 놀이를 하고 있다는 사실을 깨달았다. 그래서 '놀이시간'을 보낸 셈 치기로 했다. 마치 일 하나를 완수한 것처럼 말이다. 생각해보니 나는 소중한 아이와 보내는 즐거운 시간마저 성과로 간주하고 있었다. 혜택을 누리려면 놀이마저 열심히 해야 한다는 태도였던 것이다.

받아들이기

결과와 시점이 어떻든 노력의 결과를 받아들인다. 조바심을 내고, 서두르고, 완벽한 결과를 고집해봐야 피로를 회복하는 시간만 늘릴 뿐이다. 노력의 가치를 관대하게 평가하고, 그 순간에 일어나는 일을 수용하며, 결과를 통제하려는 욕구를 버린다.

나는 서두르고 밀어붙이는 습관이 실패와 좌절에 대한 불안 때문임을 인정한다.

도움 청하기

자신의 약점과 실수를 인정한다. 모든 일을 혼자 다 할 필요는 없음을 깨닫고 신과 다른 사람에게 도움을 구한다.

나는 모든 일을 혼자 할 수는 없음을 겸손하게 인정하는 법을 배웠다.

균형 잡기

지치기 전에 일과 휴식 사이에 균형을 잡는다. 다음 일을 하기 전에 기운이 얼마나 남았는지 확인한다. 피곤해지지 않도록 일에 얽매이지 않는다.

번아웃 상태에 이르는 것은 기어오를 수 없는 구덩이에 빠지는 것과 같다. 나는 번아웃이 오기 전에 휴식을 취하는 것이 좋고, 컨디션을 잘 유지해야 한다고 생각한다.

돌보기

좋은 음식과 운동, 휴식으로 몸을 돌본다. 모든 경험의 긍정적인 측면을 바라보며 마음을 돌본다. 우리의 존재는 행동과 감정에 국한되지 않는다. 자부심과 자존감을 키워야 한다.

↓

이 방법은 나를 차분하게 만들고 고요한 상태로 이끈다. 오아시스 타임은 그 연장선으로 휴식, 좋은 음식, 사랑하는 사람과 함께 나 자신을 돌보는 시간이다.

일중독자 모임은 일중독에서 벗어나는 핵심적 방법으로 명상을 권한다. 가만히 앉아 있는 데도 연습이 필요하다. 여러 가지 파편적인 생각들로 머릿속이 복잡해지기 마련이다. 그러나 명상을 통해 조금씩 머릿속의 잡음을 제거하고 다음에 해야 할 일에 관한 쉼 없는 생각을 끊을 수 있다. 우리가 대부분의 시간 동안 일과 일 사이를 오가기만 하며, 이때 하는 생각은 사실 스쳐 지나가는 생각의 조각에 불과하다는 사실을 깨닫게 된다.

뇌의 활동을 관찰하면 현재로 돌아와 호흡이나 몸의 감각에 집중하게 된다. 명상은 생각을 살피고 현재에 대한 인식으로 돌아오는 과정을 통해 뇌의 변화를 일으킨다. 조용히 앉아 있을 수 있는 인내심을 기르면 내면의 고요와 평화를 경험하게 된다.

넘치도록 일과를 채워서 일을 잘할 충분한 시간을 두지 않는 것이 우리 사회의 관행이다. 다음 일에 급히 달려드는 게 아니라 오랫동안 공을 들이는 장인이나 미술가처럼 살 때 기분이 좋아지고 일도 더 잘하게 된다. 오아시스 타임을 갖는 것은 일중독과 그 이면의 불안을 건설적인 방식으로 드러내고 대응하는 가장 탁월한 방법이다.

몸과 마음의 신호 방치

우리는 서두르고 밀어붙이는 데 익숙해진 나머지 휴일에 우리 몸의 상태를 돌보는 일이 어색하고 낯설게 느껴지는 지경에 이르렀다. 이것이 오아시스 타임을 막는 두 번째 걸림돌이다.

우리는 우리의 본성에서 멀어졌을 뿐 아니라 치유와 지혜의 원천인 자연에서도 멀어졌다. 어떻게 꾸준한 휴식이 필요하다는 사실을 몸으로 느끼지 못하는 상태가 되었을까? 어떻게 소중히 여기는 사람을 계속 뒷전으로 미루게 되었을까? 어떻게 자연 속에서 보내는 시간이 균형과 행복을 되찾아준다는 사실을 알지 못하게 되었을까? 왜 스트레스를 푸는 방법에 대한 수많은 뛰어난 조언들을 따르지 못했을까? 그리고 애초에 왜 그렇게 많은 조언이 필요해졌을까?

우리는 몸을 심하게 방치했다. 근육은 지나치게 경직되어 있다. 피로에 익숙해진 나머지 피곤한 상태가 정상이라고 생각하게 되었다. 아이들은 밤새 잠을 잘 자는데도 말이다. 우리가 몸을 혹사하지 않는다면 어떨까? 피로를 느끼는 몸의 신호에 귀를 기울인다면 어떨까?

앞서 소개한 블로거 소냐 할러는 안식일을 갖는 동안 몸이 하는 말에 귀 기울인 덕분에 두통을 고쳤다고 밝혔다. 이전에는 증상에 관한 질문을 받아도 제대로 대답하지 못했다. 그녀의 말을 들어보자.

"10년이 지난 지금 생각해보니 내 몸이 사전에 분명한 신호를 보내고 있었다. 예를 들어 하품을 자주 하거나, 눈부심이 심해진다거나, 커피를 마시거나 초콜릿이 먹고 싶어진다거나, 머릿속이 흐릿해지는 식이었다. 이런 증상들을 알게 된 덕분에 지금은 두통에 시달리지 않는다."

할러는 매주 오아시스 타임을 보내면서 건강을 되찾았다. 그리고는 다음과 같이 밝히며 "나는 몸이 보내는 은근한 신호를 분명하게 알아차렸어야 했다. 52번의 안식일을 보내는 동안 내 몸은 나침반으로서 원래 맡은 기능을 되찾았다. 이제는 내 영혼이 원하는 일, 예를 들어 해 질 무렵의 산책 같은 것에 설레는 반응을 보낸다. 좋은 아이디어가 떠오르면 척추를 타고 짜릿한 전기가 흐른다. 영혼이 바라는 일을 하지 못했을 때는 숨 막히는 느낌이 난다. 그저 다른 사람의 호감을 사려는 행동을 준비할 때는 속이 불편해진다"라고 신호를 살펴야 함을 강조한다.[107]

몸의 신호는 심한 두통에 시달리던 할러에게 특히 중요한 의미를 지닌다. 우리는 몸이 보내는 신호를 자주 무시한다. 그 과정에서 온전한 존재가 되는 중요한 기회를 잃는다. 반면 의식적으로 활력을 재충전하면 몸과 마음이 분리되어 있다는 잘못된 생각을 넘어선다. 곧 일반적인 통증과 고통, 피로에 시달리는 사람도 꾸준한 휴식과 교류의 리듬을 통해 몸이 하는 말을 듣고, 몸의 가치를 인식하고, 몸을 되살릴 수 있다.

가이 클랙스턴Guy Claxton은《몸의 지성Intelligence in the Flesh》에서 지성이 뇌뿐 아니라 몸 전체에 존재한다는 확실한 연구 결과를 소개한다. 그의 말에 따르면 사실 우리가 몸을 소유한 것이 아니라 몸이 바로 우리다. 우리의 몸은 현명한 지성으로 관리해야 하는 살덩어리가 아니다. 이는 낡은 생각이다. 우리가 세밀하게 조정되고, 정밀하게 설계된 통일적 존재로서 육체와 지성이 조화를 이룬다는 관점이 더욱 정확하다. 클랙스턴은 "내 몸이 곧 나이기 때문에 내가 똑똑한 것이다. 내가 몸을 소유하거나 몸에 존재하는 것이 아니다. 몸에서 나라는 존재가 나온다"고 말한다.

이 말은 우리가 생각하는 양상, 특히 '생각'의 진정한 의미에 대해 큰 가치를 지닌다. 우리는 머리뿐 아니라 몸으로도 생각한다. 또한 육감도 갖고 있다. 몸이 우리와 함께, 우리를 위해 하는 생각이 육감이다. 몸과 마음을 분리하는 시각은 해롭다. 마음챙김 수련이 갈수록 인기를 얻는 현상은 물리적, 정서적, 심리적 몸과 다시 연결되고 싶어 하는 욕구를 반영한다.

호흡은 육체적 지혜와 연결되는 한 가지 방법이다. 신선한 공기를 깊이 들이마신 후 잠시 멈춰라. 그다음 숨을 내쉬면 뇌가 차분해지고, 스트레스 호르몬인 코르티솔이 감소하고, 긴장이 풀어진다. 피곤한 느낌이 사라지면 차분한 활기가 생긴다. 이 활기를 다음 날, 다음 주로 이어가라. 그러면 몸을 통해 온전한 자아를 실현할 토대를 만들 수 있다.

오아시스 타임은 우리 자신을 거듭 회복할 수 있는 환경을 제공한다. 매주 몇 시간 동안 우리는 성과를 위한 행동을 멈추고, 경쟁을 잊고, 컴퓨터를 끄고, 얼굴과 몸에 밴 긴장을 푼다. 있는 그대로의 자신을 받아들이고 가진 것에 감사하는 태도가 주는 편안함을 누린다.

오아시스 타임 중 일부를 핵심적 자아에 집중하는 데 쓸 수 있다. 예를 들어 다음과 같은 문제를 탐구해보라.

- 오늘 내 마음에는 무엇이 있는가?
- 어떤 작은 중얼거림이 나를 부르는가?
- 속도를 늦추면 몸이 어떤 신호를 보내는가?
- 그 신호는 무엇을 말하는가?
- 무엇을 꿈꾸는가?
- 내 영혼은 무엇을 바라는가?

서두를 때는 이런 문제들을 살필 수 없다. '일 모드'에서 서둘러 과제들을 해지울 때는 깊이 있는 탐구가 불가능하다. 빠르게 움직이면 뇌의 다른 부분이 활성화되어 실행 기능이 주도권을 잡는다. 마음과 영혼, 직관은 뒤로 밀려난다. 오아시스 타임은 내면의 삶과 연결되도록 해준다. 이런 문제들을 마음으로 살피는 일은 삶을 풍요롭고 의미 있게 만든다.

자연에서 보내는 시간은 한층 깊어진 영혼과 다시 연결되도록 해준다. 경이와 감탄을 자아내는 열린 경험을 제공한다.

《자연에서 멀어진 아이들Last Child in the Woods》을 쓴 리처드 루브Richard Louv는 너무 오랫동안 자연에서 멀어지면 감각이 좁아지고 고립감과 속박감에 시달리게 된다고 말한다. 연구 결과 청소년이 자연에서 시간을 보내면 태도가 차분해지고, 불안과 주의력 결핍 증세가 완화되며, 깊은 유대감이 형성된다고 한다. 또한 자연에서 보내는 시간은 아이들에게 감각을 개발하고, 자유롭게 놀고, 스스로 의미를 부여하고, 다양한 사고 속에서 창의성을 발휘하고, 궁극적으로 경외심과 신비성을 경험할 기회를 준다.[108]

캘리포니아주 오클랜드에서 야외활동 강사로 일하는 제시 삭스는 자연이 청소년에게 주는 혜택에 관한 여러 사례를 안다. 그는 10대 소년들을 데리고 야생으로 들어간다. 아이들은 각자 하루 밤과 낮 동안 혼자만의 시간을 보낸다. 어떤 아이들은 이때 처음으로 오랫동안 혼자 조용히 앉아 있는 경험을 한다.

삭스는 아이들이 돌아와 모닥불 주위에서 이야기를 나눌 때 자연스럽게 우러나오는 지혜에 놀란다고 말한다. 그들은 훌륭한 꿈, 깊은 지혜, 그리고 설령 관계가 나쁘더라도 부모에 대한 깊은 감사의 마음을 안고 돌아온다. 삭스는 내게 이렇게 말한다.

"나도 그런 마음을 느낍니다. 깊은 감사와 함께 얼마나 오랫동안 부모님에게 고마움을 표현하지 않았는지 깨닫게 돼요."[109]

아이들은 부모가 자신들을 먹이고, 입히고, 재우고, 가르치고, 사랑하기 위해 얼마나 많은 일을 해야 하는지 깨닫는다. 삭스는 이렇게 회고한다.

"특히 한 아이가 기억에 남아요. 아버지가 좋은 일자리를 얻어서 이사를 가게 된 아이였죠. 그 아이는 이렇게 말했어요. '아빠한테 이사 가기 싫다며 화를 냈어요. 학교, 친구, 정든 집을 떠나야 하니까요. 그런데 이번에 혼자 있으면서 아빠가 나를 위해 얼마나 많은 일을 해줬는지 생각하게 됐어요. 그래서 아빠가 너무 고마워요. 이제는 아빠가 원하는 걸 하면 좋겠어요. 새 일자리로 옮기면 좋겠어요. 집에 가면 더는 화를 내지 않을 거예요.'"

이 소년은 홀로 자연 속에서 시간을 보낸 덕분에 나름의 깨달음을 얻었다.

굳이 자연 속으로 깊이 들어가야만 경이감과 감사한 마음을 느낄 수 있는 것은 아니다. 먼 숲을 찾아가지 않더라도 동네를 걷고, 공원에 가고, 나뭇가지나 나뭇잎을 찾아서 유심히 관찰해보라.

마음챙김 강사인 미라바이 부시는 다소 주저하는 대학생들에게 각각 나뭇잎을 주고 5분 동안 거기에만 집중하라고 말했다. 학생들은 잡념을 떨친 채 나뭇잎을 살피고 인식하면서 정신을 집중했다.

그녀는 나뭇잎 같은 단순한 대상을 통해서도 경이감을 얻을 수 있다는 사실을 알려주고 싶었다. 5분 동안 정적이 흘렀다. 이윽고 뒷줄에 앉아 있던 축구부 학생이 손을 들었다. 그는 "한마디 해도 됩니까?"라고 물었다. 그녀가 "당연히 된다"고 하자 그는 "이 나뭇잎이 좋아요"라고 말했다. 뒤이어 모든 학생이 어떤 대상을 차분하게 바라본 경험에 관해 이야기했다.[110] 우리를 둘러싼 자연에 주의를 기울이는 일은 애정을 불러일으킨다.

《서두름 중독Addicted to Hurry》을 쓴 커크 바이런 존스Kirk Byron Jones 목사는 신학자 하워드 서면의 가르침을 인용한다.

공원 벤치나 땅바닥에 앉아라. 정적의 순간을 기다려라. 아무것도 하지 마라. 기도도 하지 말고 그냥 앉아서 당신의 영혼으로 다가오는 대상에 주목하라. 이 순간 당신은 그저 존재한다. 영혼은 우리가 들어야할 말을 속삭인다. 영혼의 소리를 들을 수 있는 청력을 길러라. 어떤 말인지 억지로 떠올리지 마라. 알아서 찾아올 것이다. 그러면 비로소 들릴 것이다. 당신이 들어야 할 정확한 말이 떠오를 것이다. 내면의 참된 마음이 하는 인도의 목소리를 들어라. 그 목소리가 들리지 않으면 언제나 다른 사람이 당기는 줄에 매달려 있게 된다.[111]

휴식의 장애물 3.

변화를 가로막는 것들

심리치료사로서 하버드대학교 교수를 지낸 윌리엄 페리 주니어는 "누군가 내게 도움을 구하면 주의 깊게 들은 다음 '이 사람이 정말로 원하는 건 뭘까? 어떤 행동 때문에 그걸 갖지 못하는 걸까?'라고 자문한다"고 말한 적이 있다. 날카로운 관찰력을 담은 이 발언은 로버트 케건Robert Kegan과 리사 라스코우 라헤이Lisa Laskow Lahey가 쓴 베스트셀러《성공하는 직장인의 7가지 언어 습관How the Way We Talk Can Change the Way We Work》의 서두에 등장하며, 인간의 모순된 부분을 말해준다. 거기에 따르면 우리는 변화를 원하면서도 종종 스스로 그 노력을 방해한다.

케건과 라헤이는 이러한 현상을 '변화 저항immunity to change'[112]이라 부른다. 우리가 특히 어떤 대상을 간절히 원할 때 이 현상이 드러난다. 우리는 어떤 변화가 우리에게 좋은지 알면서도 속으로는 그런 일이 일어나지 못하도록 꾸민다. 마치 서로 다른 두 존재가 공존하는 것처럼 말이다. 예를 들어 휴일에 쉬고 싶어 하면서도 항상 다른 일거리를 찾는다. 케건과 라헤이는 이러한 행동을 '상충하는 의지'라 부른다. 상충하는 의지는 변화에 대한 내적 욕구가 무엇이든 우리의 길을 가로막는다. 예를 들어 우리는 가족과 평화로운 저녁시간을 보내고 싶어 하면서도 계속 컴퓨터를 들여다보거나 업무 전화에 매달린다. 몸매를 관리하고 싶어 하면서도 요가 강좌나 달리기를 계속 미룬다. 매주 오아시스 타임을 경험하고 싶어 하면서도 중요하지 않은 일거리를 받아들인다. 변화를 원하면서 이루지 못한다. 무엇이 우리의 발목을 붙잡는지도 모른다. 숨어 있고, 깊은 곳에서 작용하기 때문에 우리가 원하는 변화, 바로 오아시스 타임을 갖는 일을 거의 불가능하게 만든다.

케건과 라헤이에 따르면 이런 난관을 인식해야만 변화를 이룰 수 있다. 특히 상충하는 의지가 흔한 행동들을 통해 우리가 바라는 변화에 맞설 때 더욱 그렇다.[113]

매리앤 맥키번 데이나가 가족과 함께 오아시스 타임을 보내려 노력할 때도 상충하는 의지가 방해하고 나섰다. 매리앤은 가족이 같이 보낸 안식일에 관한 통찰력 있는 글을 5장에서 소개한《교외에서의 안식일》에 담았다. 그녀의 가족은 토요일을 안식일로 삼았다. 일요일에는 그녀가 일을 하기 때문이었다. 그녀는 책에서 자신이 직면한 난관을 이렇게 설명한다.

     지금까지 6개월이나 안식일을 가졌는데도 여전히 일해야 한다는 생각과 싸워야 한다는 사실을 이해할 수 없었다. 내가 일을 하지 않은 것은 안식일을 지키겠다는 의지가 강해서가 아니라 적절한 도구가 없기 때문이었다. 안식일에도 일은 계속 나를 불렀다. 반년이 지난 후에도 말이다.

그녀는 결국 일을 멈추고 느긋하게 시간을 보내겠다는 새로운 의지와 경쟁하는 본능을 파악했다.

     복잡한 문제였다. 우리가 크리스마스를 앞둔 아이들처럼 매주 토요일이 오기를 고대한다는 사실은 안식일이 훌륭한 선택임을 말해주었다. 그러나 정리하고, 치장하고, 모든 것을 더 낫게 만들고 싶은 충동은 가시지 않았다. 올해는 이 문제로 씨름하느라 모두 지쳤다. 모든 것을 바꾸는 일을 멈추겠다는 의지, 축복받은 하루 동안에는 정리하는 일을 멈추겠다는 의지를 관철하기 위해.[114]

그녀가 씨름한 문제는 흔한 것이다. 바쁜 생활을 멈추겠다는 그녀의 의지는 집안을 완벽하게 관리하려는 의지와 충돌한다. 그녀는 시간이 지나서야 편한 마음으로 통제에 대한 욕구를 잊고 안식일을 제대로 즐길 수 있었다.

당신이 4주 동안 안식일을 갖는 실험에 나선다고 가정하자. 금요일 저녁이나 일요일 오전에 푹 쉬기로 결정했다고 가정하자. 당신은 이 결정을 지키겠다고 마음먹고 있다. 그러나 매주 휴식을 방해하는 일이 생긴다. 한번은 급히 도와달라는 친구의 전화가 온다. 다른 한번은 이메일을 확인하다 보니 어느새 두 시간이 지나버린다. 대부분의 오아시스 타임을 날려버린 것이다. 그다음 주 금요일에는 쉴 생각으로 집에 왔지만 저녁을 준비하지 않았다는 사실을 깨닫는다. 혹은 일요일 아침에 일어나 자동적으로 휴대전화를 확인하고, 아무 생각 없이 이메일을 열거나 집안일을 한다. 네 번째 주에는 바로 대응해야 하는 시급한 문자메시지가 온다. 매주 이런 식으로 흘러간다. 도대체 왜 이럴까?

라헤이는 이처럼 뜻하지 않은 자기 방해가 변화 저항의 핵심이라고 설명한다. 또한 사람이 쉽게 변하지 않는 데는 그럴 만한 이유가 있다고 강조한다. 우리는 고통스러워도 익숙한 상황을 유지하고 싶어 하기 때문이다.

그래서 라헤이는 휴식을 취하지 못하더라도 자책하지 않아도 된다고 말한다. 자책은 상충하는 의지를 탐구하는 데 도움이 되지 않는다. 상충하는 의지는 숨겨져 있어서 조사를 해야만 드러난다. 당신이 탐정이라고 가정하고, 의미 있는 일이 일어나는데 아직 진상을 파악하지 못했다고 하자. 이제부터 신중하게 조사를 시작해보자.

쉬고 싶은데 못 쉬는 진짜 이유

당신이 오아시스 타임을 보내고자 하는 핵심 동기 중 하나는 느긋한 재충전일 것이다. 당신은 '아무 일과 없이 느긋하게 쉬는 시간을 늘리겠어. 내게는 소중한 가족과 친구들이 있어. 그들과 더 오랜 시간을 보내고 싶어'라고 생각했을지도 모른다. 그러나 그런 일은 일어나지 않았다. 휴식을 취하기 전에 일을 하나만 더 하자고 생각했거나, 급한 볼일이 생겼거나, 집을 청소하기로 마음먹었기 때문이다. 아니면 페이스북에 빠져들면서 실제보다 사교활동을 많이 한다고 착각했을 수도 있다. 그 결과는 정작 원했던 휴식과 재충전의 시간을 갖지 못하는 것이다.

이런 상황에서 당신의 모습을 최대한 정직하게 살펴라. 오아시스 타임을 갖는다는 목표를 이루지 못하도록 당신이 하는(혹은 하지 않는) 일을 확인하라. 계획을 세우지 않는 것은 쓸데없는 볼일을 보는 것만큼 큰 방해 요소가 된다. 이런 행동들은 나름의 목적을 추구하고 있으며, 그 이유를 파악해야만 변화를 이룰 수 있다. 오아시스 타임을 갖는 데 애를 먹는다면 다음 질문에 답해야 한다.

- 다른 어떤 일에 매달리는가?
- 이렇게 상반되는 행동을 하는 이유가 무엇인가?

탐정의 눈길로 바라보면 당신이 다른 충동에 이끌린다는 사실을 알게 된다. 그 다른 충동은 무엇인가? 깊이 파고들면 흥미로운 사실들이 드러난다. 항상 연락이 되는 사람이고 싶을 수도 있고, 모든 일을 올바로 혹은 당신 방식대로 하고 싶을 수도 있다. 답장을 빨리 보내지 않으면 게으른 사람으로 보일지 모른다고 생각할 수도 있다. 오아시스 타임에 일손을 놓으면 소중한 것을 잃거나 위험에 빠질 수 있다고 생각할 수도 있다.

조사 결과 '오아시스 타임을 갖고 싶지만 언제든 연락되는 사람이고 싶다'거나, '모든 업무 상황을 확실하게 통제하고 싶다'거나, '집을 깔끔하게 정리하고 싶다'는 생각에 얽매였다는 사실이 드러날 수 있다. 그렇다고 해서 자신을 비판하거나 비난하지 마라. 이 모두는 충분히 할 만한 생각이다. 또한 오아시스 타임에 대한 욕구와 상충하는 우리 문화의 일부이기도 하다. 상충하는 의지를 파악하고 수긍했다면 다음 단계는 거기에 얽매이는 이유를 밝히는 것이다.

변화를 막는 생각을 찾아라

다음은 우리가 휴식과 재충전을 누리지 못하게 막는 일반적인 '주요 가정'이다.

- 일자리를 지키려면 항상 연락이 되어야 한다.
- 가치를 입증하려면 계속 성과를 내야 한다.
- 내 가치는 활동과 성과에 좌우된다.
- 누구에게도 충분히 좋은 존재가 될 수 없다.
- 결점이 많아서 있는 그대로의 모습으로는 사랑받을 수 없다.

우리의 무의식에 깊이 자리 잡은 이런 가정은 일상적 행동에 영향을 미친다. 휴식이 필요하다는 사실을 알 때도 계속 성과 모드를 유지하게 만든다.

주요 가정을 확인했다면 그 가정이 실제로 얼마나 정확한지 파악하라. 예를 들어 '100퍼센트 노력하지 않으면 게을러 보인다'고 생각한다면 하루는 90퍼센트 정도만 노력해보라. 그래도 아무 문제가 없다면 조금씩 노력의 강도를 줄여보라.

전력을 기울이지 않고도 성공할 수 있는 상황을 찾는 것도 좋은 방법이다. 다른 사람이 검토하고 수정할 보고서 초안을 작성한다면 완벽하게 다듬는 데 집착하지 마라. 어차피 다른 사람이 손을 댈 것이니 조언을 얻을 기회로 삼아라. 기껏 애를 썼는데 다른 사람의 요청을 수용하느라 짜증스럽게 수정하는 것보다 시간을 덜 들이면서 진전을 이루는 편이 나을 수 있다.

검증하기 전에는 주요 가정이 옳은지 알 수 없다. 한 가지 방법은 반증 데이터를 적극적으로 찾는 것이다. 당신이 할 수 없다고 생각한 일을 다른 사람이 하고 있지 않은가? 다른 사람이 바라는 기준에 얽매이지 않는가? 가정이 틀렸을 가능성은 없는가?

행동 방식을 바꾸고 결과를 살펴서 가정을 검증할 수 있다. 제안했다가 거절당하는 게 두렵다면 새로 알게 된 사람에게 커피를 마시러 가자는 말부터 시작할 수 있다. 거기서 성공했다면 이전의 가정이 틀렸을지도 모른다는 생각으로, 다른 사람에게 다시 시도할 수 있다. 결국에는 오랫동안 꿈꾸던 파티를 열게 될지도 모른다. 주요 가정을 검증하면 다른 사소한 가정들도 더욱 분명하게 살펴서 대응할 수 있다. 궁극적으로는 더 깊은 필요를 충족하는 선택을 훨씬 잘할 수 있게 된다.

그렉 마커스Greg Marcus 박사는《기업의 우상 타파Busting Your Corporate Idol》에서 성공에 필요한 조건에 대한 자신의 가정이 모조리 틀렸다는 사실을 밝혔다. 그는 현실적으로 불가능한 프로젝트 기한을 맞추기 위해 일주일에 90시간씩 일했다. 이런 생활을 1년 동안 지속했다. 그러나 결국 프로젝트는 실패하고 말았다. 오히려 너무 열심히 노력한 것이 부분적인 이유였다. 그는 일자리를 지키기는 했지만 번아웃 상태였다. 일하는 시간을 일주일에 70시간으로 줄이자 놀랍게도 아무도 그 사실을 인지하지 못했다. 그는 일하는 시간을 다시 60시간으로 줄였다. 역시 아무런 말이 나오지 않았다. 게다가 업무의 질은 이전보다 향상되었다. 그는 자신의 잘못된 가정 때문에 회사의 관행보다 더 오랜 시간을 일했다는 사실을 알고 놀랄 수밖에 없었다.

또 다른 사례로 나와 함께 일하던 한 간부는 아들이 참가하는 축구 경기를 보러 가고 싶어 했다. 그러나 목요일에 일찍 퇴근할 수 있게 해달라고 요청하기가 꺼려졌다. 그러다가 어느 날 3시 30분에 퇴근해 아들의 경기를 보러 갔다. 대단히 즐거운 경험이었다. 일찍 퇴근해도 일을 제때 마칠 수 있었고, 누구도 뭐라고 하는 사람이 없었다. 그녀는 다시 한번 같은 일을 했고, 여전히 괜찮았다. 그녀가 이전에 따랐던 가정은 전혀 근거 없는 것이었다. 가족이 함께하는 중요한 순간을 누릴 수 있다는 사실을 알게 된 후에는 회사 생활이 더욱 행복해졌다. 이런 경우가 모두에게 적용되지는 않을 것이다. 그러나 약간의 위험을 감수하더라도 사실을 확인할 가치가 있다.

사람들은 이런 실험을 통해 최악의 사태가 생기지 않을 뿐 아니라 생각지 못한 혜택을 누린다는 사실을 종종 알게 된다. 위험을 감수하는 데 따른 걱정은 서서히 사라진다. 문제나 갈등이 아예 생기지 않기 때문이 아니라 더 큰 혜택을 감안하면 충분히 감당할 수 있기 때문이다.

케건과 라헤이는 상충하는 의지와 주요 가정을 파악할 수 있도록 다음과 같은 표를 만들었다.[115]

1. 내가 추구하고자 하는 가치	· 나는 좋은 삶을 살고 싶다. · 매주 휴일을 갖고 싶다. · 효율적으로 일하고 친구나 가족과 함께 시간을 보내고 싶다.
2. 의지를 실현하는 데 방해가 되는 행동	· 나는 과도하게 일에 매달린다. · 너무 많은 프로젝트를 떠안는다. · 일을 거절하기가 어렵다. · 주말에 너무 많은 계획을 세운다.
3. 내 행동이 드러내는 또 다른 의지	· 나는 조직에 필요하고 유능한 사람이 되고 싶다. · 모두 의지할 수 있는 사람이 되고 싶다.
4. 또 다른 의지를 뒷받침하는 가정	· 일은 성공의 핵심 영역이다. · 나는 생산성을 발휘해야만 가치가 있다.

상충하는 의지와 주요 가정을 분명하게 확인하면 어떻게 대응할지 결정할 수 있다. 먼저 1번 항목이 얼마나 중요한지 판단하라. 그러면 가정을 바꿀 몇 가지 방법을 개발할 수 있다. 이때 상반되는 가정을 수단으로 삼지 말아야 한다. 그보다 진정한 변화를 위해 얼마나 위험을 감수할지 결정해야 한다.

그다음 잘못된 주요 가정을 반증할 수 있는 데이터를 찾아라. 창의성을 발휘해서 주요 가정을 검증하라. 예를 들어, 일하지 않고 성과를 내지 않아도 가치를 지닐 수 있는 방법을 실험하라. 그러면 장애물을 뚫고 오아시스 타임으로 향하는 길을 열어줄 방법이 보일 것이다.

주요 가정을 검증하고 탐구하는 일은 큰 도움이 된다. 의식의 이면에 도사린 상충하는 의지에 더는 휘둘리지 마라. 이제는 진정으로 원하는 것을 더욱 의식적으로 선택할 수 있다. 오아시스 타임으로 향하는 길에 놓인 장애물들은 충분히 극복할 수 있다. 어떤 것도 휴식의 리듬을 끊지 못한다는 태도를 가져라. 일중독, 몸과 마음의 신호 방치, 변화를 가로막는 것들을 물리쳐라. 일상 속 여러 활동시간 사이에서 적절하게 균형을 잡을 수 있을 것이다.

당신의 삶에
휴식을 선물하는 연습

일하지 않는 시간을 만들 준비가 되었는가? 그 시간을 만드는 초기 단계에서 도움이 될 조언이다.

- 호기심 가지기: 생각한 것을 실험해보라. 어떤 일이 생기든 흥미로울 것이다.
- 시간 할당하기: 시작 시간과 마무리 시간을 정해 달력에 적어둬라.
- 하고 싶은 일 리스트 만들기: 오아시스 타임에 무엇을 하고 싶은가? 개인적 휴식, 사교활동, 가족과 함께하기, 자연 속으로 들어가기, 미술이나 공예 혹은 음악, 스포츠 등 무엇이든 좋다.

- **평소와 다른 활동 계획하기**: 성과와 전혀 관계없는 활동, 오랫동안 하고 싶었지만 한 번도 해보지 못한 활동을 골라라. 아니면 시간이 부족해서 하기 힘든 활동을 골라라.
- **선택한 활동 달력에 적기**: 자기, 걷기, 농구하기, 현관에 앉기, 그림 그리기, 쿠키 만들기, 소설 읽기, 아이 혹은 동물과 놀기, 아무것도 하지 않기.
- **진정한 휴식 준비하기**: 주방에서 음식을 만들어라. 사람들과 시간을 보낼 계획을 세워라.
- **디지털 기기 멀리하기**: 유혹에 빠지지 않도록 휴대전화, 노트북, 태블릿을 치워둘 곳을 찾아라. 사람에게 연락할(혹은 하지 않을) 방법을 알려라.
- **속도 늦추기**: 움직이는 속도를 늦춰라. 경험을 음미하라.
- **오아시스 타임에 충실하기**: 현재를 경험하라. 어떤 일이 생기는가? 시간이 흐를 때 무엇을 인식하는가? 오아시스 타임을 함께할 친구를 만나라. 피곤하다면 가서 자라. 긴장했다면 물가나 풀밭 혹은 나무 밑에 앉아 여유를 즐겨라.
- **끝내는 의식하기**: 노래를 불러라. 휴식시간의 축복을 누려라. 노트북이나 휴대전화를 덮은 천을 걷어내라.
- **평가하기**: 어떤 것이 좋았는가? 어떤 것이 좋지 않았는가? 무엇을 배웠는가? 기록하라. 친구에게 경험을 이야기하라.
- **반복하기**: 지난 주 경험을 바탕으로 오아시스 타임 설계를 보완하라.

3부

적용

한 걸음 더 나아가기 위해
인생에 필요한 것

때때로 가장 시급하고 중요한 것은
바로 충분한 휴식을 취하는 것이다.

— 애슐리 브릴리언트

9장

잠시 멈추고
나 자신 살피기

당신은 매주 쉬고 싶지만 일정에 여유가 없다고 확신한다. 정말로 그럴까? 실제로 시간을 어떻게 쓰는지 확인해봐야 한다. 이 장에서는 당신이 시간과 에너지 그리고 사고력을 어떻게 사용하는지 살필 것이다.

먼저 몇 가지 질문을 던져보자. 당신은 평소 최고의 컨디션으로 일하는가? 몸에서 기운이 빠져나가고 일상의 시간이 사라지는 것을 알아차리는 편인가? 당신은 아주 빨리 일을 처리하면서 모든 시간을 잘 활용한다고 생각할지 모른다. 그러나 연구 결과에 따르면 대다수 사람은 자신이 어떻게 시간을 활용하는지 제대로 파악하지 못한다.

지금 어디에 있는지 모르면 어디로 갈지 알기 어렵다. 그래서 우리가 보내는 시간에 어떤 일들이 일어나는지 확인해야 한다.

시간 관리 전문가인 로라 밴더캠Laura Vanderkam은《성공한 사람이 주말에 하는 일What the Most Successful People Do on the Weekend》에서 성공한 사람은 주말 내내 일하는 것이 아니라 제대로 쉰다고 밝혔다. 또한 시간 사용 내역을 관리하는 소프트웨어인 데스크타임DeskTime의 제작사가 조사한 내용에 따르면 생산성이 높은 사람은 매일 일정 시간 동안 쉰다.[116] 곧, 일과 휴식의 리듬을 따른다.

상위 10퍼센트의 생산성을 올리는 사람은 52분 동안 일한 후 17분 동안 쉰다. 베스트셀러 저자인 톰 래스Tom Rath는《잘 먹고, 더 움직이고, 잘 자라Eat, Move, Sleep》에서 이를 45 - 15 모델로 정리한다. 45분 동안 일하고 15분 동안 쉬라는 것이다. 잘못된 말처럼 들리지 않는가? 그러나 이 방식은 효율성을 크게 높여준다.

휴식이 생산성과 행복감을 높여준다는 사실이 분명하게 밝혀졌는데도 왜 우리는 자주, 오래 쉬지 않을까? 어떻게 해야 충분히 쉴 시간을 찾거나 만들 수 있을까?

이 책을 읽고 그런 시간을 보내기로 마음먹었다면 이미 첫걸음을 뗀 셈이다. 래스가 지적한 대로 실제로 쉴 시간을 '찾기' 전에 일과 휴식의 리듬을 '만들겠다'고 결심하는 일이 필수적이다.

다음 단계는 시간을 쓰는 모습을 자세히 살피는 것이다. 당신이 어떤 일을 하는지 들여다보라. 그리고 당신이 하는 활동들을 의무가 아니라 선택 사항으로 바라보라. 이는 쉽지 않은 일이다. 시간 활용에 있어 수동적인 자세에서 능동적인 자세로 나아간다는 의미이기 때문이다. 그다음 당신이 원하는 삶을 사는 데 필요한 시간과 활기를 부여하는 습관을 만들어라. 요약하면 다음과 같다.

- 1단계: 휴식의 가치를 믿고 매주 쉬겠다고 결심한다.
- 2단계: 시간을 어떻게 쓰는지 점검한다.
- 3단계: 활동을 선택지로 보고 적극적인 자세를 취한다.
- 4단계: 생각과 활동을 바꾸는 작은 습관을 들인다.

지금까지 이 책을 읽으면서 매주 휴일을 가져야겠다고 마음먹었을 것이다. 이는 1단계에 해당한다. 결심이 흔들려도 계속 나아가라. 그다음 단계들이 다시 결심을 군히도록 만들 것이다. 이제 시간 활용 양상을 점검할 차례다.

우리는 하루 종일 무엇을 하는가

오아시스 타임을 만들어야겠다고 생각할 때 처음에는 대개 아무런 진전을 이루지 못한다. 정신없이 바쁜 생활에서 쉴 시간을 만들어낼 수 있을 것처럼 보이지 않기 때문이다. 우리는 종일 대체 뭘 할까?

《타임 푸어Overwhelmed》의 저자 브리짓 슐트Brigitte Schult는 항상 할 일이 너무 많다는 압박감에 시달렸다고 고백했다. 그녀가 이 사실을 깨닫고 가장 먼저 취한 조치는 매일 어떤 일을 하는지 확인하는 것이었다. 자신이 하는 모든 일을 기록한 다음 시간 관리 전문가인 존 로빈슨에게 분석을 맡겼다. 로빈슨은 그녀의 일과를 검토한 후 일주일에 28시간의 여가가 있었다고 말했다. 그녀는 말도 안 된다고 생각했다.

슐트는 로빈슨의 분석에 의문을 제기했다. 알고 보니 로빈슨이 말하는 '여가'는 아침에 침대에서 일어나려 애쓰며 라디오 방송을 듣거나, 차가 고장 나서 견인차를 기다리는 시간도 포함했다. 슐트의 여가시간은 이른바 '조각 여가leisure confetti' 형태로 잘게 나뉘어 있었다. 이런 조각 여가는 당연히 진정한 여가가 아니었다. 그녀는 그것만으로 충분하지 못했다.

어느 하나에 집중하지 않는 삶은 흐릿하기만 했다. 수많은 일을 동시에 처리하다 보니 일과 휴식 사이의 경계가 불분명하고 자신의 상태를 재정비할 시간을 허용하지 않았다. 그녀는 모든 일을 다 해내려고 애쓰다가 아무것도 이루지 못했다는 사실을 깨달았다. 가족과 함께하거나 밤늦게 컵케이크를 만드는 시간도 억지로 짜내야 했다. 게다가 어떤 활동을 자신이 선택해서 하는지, 시간이 온전히 자신의 것

인지도 알 수 없었다.[117]

대부분의 사람 역시 너무나 정신없이 하루하루를 보낸다. 그래서 어떤 일을 왜 하는지도 모른 채 일에 매달린다. 지금 자신이 선택한 일을 왜 하는지 모르면 앞으로도 새로운 일을 스스로 선택할 수 없을 것이다.

당신이 시간을 어떻게 쓰는지 제대로 확인해보자. 최대한 호기심을 갖고 열린 자세로 종일 어떤 일을 하는지 파악하고 현실을 점검하라.

시간 활용을 점검하기 위한 5가지 도구

먼저 하루 동안 어떻게 시간을 쓰는지 파악하라. 일과를 완벽하게 기록하지 않아도 된다. 열린 자세로 정직하게 기록하는 것이 중요하다. 그러면 일과 확인을 위한 다섯 가지 도구를 살펴보자.

1. 15분 단위 점검

15분 단위로 활동을 기록하는 것은 빠르고 간편하게 일과를 파악하는 방법이다. 요점은 계속 이어가는 것이다. 몇 분 만에 얼마나 멀리 궤도에서 벗어날 수 있는지 혹은 얼마나 많은 것을 이룰 수 있는지 보여주는 기록은 큰 깨달음을 준다.

> ··· **삶에 적용하기** ···
>
> 가장 쉽게 접근할 수 있는 방법이다. 15분 단위로 당신의 일과를 확인
> 해보라.
>
> -
>
> • 타이머를 15분 후로 설정하라.
> • 타이머가 울리면 하던 일을 간단히 기록하라.
> • 계속 15분 단위로 타이머를 설정하라.
> • 예닐곱 시간 혹은 하루 동안 기록하라.

나는 이 방법을 쓴 후 어느 날 아침에 커피를 만드는 데 15분이 걸렸다는 사실을 발견했다. 커피만 만든 게 아니라 잠시 쉰다는 사실을 인식하지 못한 채 〈뉴욕타임스〉 기사도 읽고 있었기 때문이다.

우리는 나름대로 조금씩 쉬는 시간을 갖는다. 이런 시간이 활력을 재충전해주는가? 쉬고 있다는 사실을 인지하는가, 아니면 너무 빨리 지나가서 제대로 즐기지 못하는가? 나는 활자 중독에 빠져 있다. 그래서 아무 글이나 눈에 들어오는 대로 읽지 않도록 주의해야 한다. 이런 때는 제대로 쉬는 것이 아니라 일을 미루고 있는 경우가 많다. 그래서 진정한 휴식을 취할 시간만 빼앗긴다.

일을 제대로 하고 있는가? 15분마다 하는 점검은 자신의 상태를 자각하게 된다.

2. 활동 기준 점검

이 방법을 쓸 때는 시간 관리 앱을 활용하면 좋다. 혹은 줄이 그려진 종이에 활동별로 시작 시간과 종료 시간을 기록해도 된다. 자신이 어느 활동에 얼마만큼의 비중을 두는지 바로 파악할 수 있다.

… **삶에 적용하기** …

활동을 시작하거나 끝낼 때 잊지 말고 기록하라.

- 활동 내역과 시작 시간을 기록하라.
- 종료 시간을 기록하라.
- 다음 활동 내역과 시작 시간을 기록하라.

나는 시간 관리 앱을 쓸 때 15분 단위로 타이머를 설정한다. 앱을 쓴다는 사실을 자주 잊어버리기 때문이다. 이처럼 두 가지 방법을 같이 쓰면 좋은 정보를 얻을 수 있다. 종종 주변의 방해를 받으면 이 방법을 쓰기 어렵다. 그래도 그 결과는 여전히 유용할 것이다.

3. 시간 단위 점검

경영 컨설턴트이자 〈하버드 비즈니스 리뷰Harvard Business Review〉의 인기 블로거인 피터 브레그먼Peter Bregman은 《18분18 Minutes》에서 시간 단위 기록법을 소개한다.

우선 매 시간 타이머를 설정한다. 그다음 타이머가 울리면 하던 일을 멈추고 1분 동안 과제 목록을 확인해 한 시간 동안 한 일을 검토한 후 우선순위를 신속하게 재조정한다. 시간 단위 점검은 항상 최선의 상태를 유지하도록 도와준다.

··· **삶에 적용하기** ···

1분 동안 다음 질문을 자신에게 던져라.

- 지금 무엇을 하고 있는가?
- 내가 하려던 일인가?
- 경로를 수정해야 하는가?
- 기본적 필요를 간과하고 있는가?
- 물을 마셔야 하는가? 휴식이 필요한가? 간식을 먹거나, 스트레칭을 하거나, 산책을 해야 하는가?

---

4. 일과 기준 점검

퓰리처상을 받은 언론인인 캐서린 엘리슨Katherine Ellison은 탁월한 저서인《버즈Buzz》에서 이 과정을 묘사한다. 그녀는 전화로 자주 도움을 받는 시누이이자 정신과 의사 진에게 바쁜 일과가 힘들다고 토로했다. 진은 그녀에게 하루에 하는 모든 일의 목록을 만들라고 권했다. 그 말대로 해보니 약 20개의 '시간 잠식 활동chronophages'이 드러났다. 시간 잠식 활동이란 반드시 시간이 필요한 활동을 말한다. 거기에는 두 아이 돌보기, 글쓰기, 세 개의 컨설팅 부업, 부모와 시간 보내기, 몸매 유지를 위한 달리기와 테니스, 노숙자 보호소에 음식 전달하기 등이 포함되었다. 그녀는 이렇게 말한다.

"목록을 보기만 해도 피곤해지는 일들이었다. 어떻게 크게 망치지 않고 이 모든 일을 전부 떠안을 수 있다고 생각했을까?"

그러나 제거할 항목을 찾기 위해 목록을 하나씩 살펴보니 좀처럼 받아들이기 힘든 결과가 나왔다. "모든 일이 '제거할 수 없음' 범주에 속했다."

다행히 일을 하나씩 그만두고 시간이 지나면서 사정이 변했다. 고객이 맡긴 일이 끝나는 등 자연스러운 변화가 일어났다. 또한 같은 글을 몇 번이고 다시 검토할 때처럼 시간을 소모하게 만드는 완벽주의적 성향도 약화되었다. 아무런 소득이 없었으나 마지못해 계속 나가던 학부모 교사 모임도 그만두었다. 쓸데없는 이메일, 고양이 동영상, 인기 페이스북 게시글을 전달하는 것처럼 종종 간과하지만 하루에 한 시간 이상을 잡아먹는 사소한 일들도 없앴다. 이처럼 '민감성을 높인' 결과 시간을 잡아먹는 활동을 줄이는 데 큰 도움이 되었다.[118]

이 방법은 우선순위를 정확히 파악하는 데도 도움이 된다.

- 하겠다고 생각한 모든 일을 적어라.
- 우선순위가 낮은 일을 목록에서 지워라.

종일 시간을 관리할 수 없다면 일과 기준을 점검하는 방법을 써라. 현재 일과를 작성한 다음 줄일 수 있는 방법을 찾아라. 포장 음식을 주문하거나, 카풀을 하거나, 소셜미디어를 훑어보는 것을 비롯해 종일 하는 모든 일을 적어라. 그다음 목록을 줄일 방법을 찾아라.

이는 전체 과정의 일부다. 목록을 자세히 살펴보면 당신이 스스로 일부(혹은 다수)를 포함시켰다는 사실을 알게 된다. 엘리슨은 자신이 하는 모든 일을 깊이 살피고, 자신의 한계를 인식함으로써 활동을 줄일 수 있었다. 덕분에 주말에 같이 시간을 보내고 금요일 밤에 만찬을 즐기는 것을 비롯해 오랫동안 바라던 가족과 함께하는 시간을 보낼 수 있었다.

앞에서 살펴본 네 가지 점검법은 당신이 제 궤도에 있는지 혹은 궤도를 벗어났는지 살피도록 해준다. 어떤 사람은 별다른 생각 없이 수

다를 떨거나 간식을 먹으며 여유시간을 보낸다. 이런 시간은 대개 필요한 휴식을 취하는 방편이지만 문제는 그 과정이 무의식적으로 진행된다는 것이다. 여러 연구 결과에 따르면 책상에만 붙어 있다고 해서 생산성이 높아지지 않는다. 질 좋은 휴식을 통해 활력을 재충전해야 한다. 그러나 사람들은 좋은 휴식이 어떤 것인지 모른다. 더 나은 휴식을 취하는 방법을 찾으려면 지금 자신이 어떻게 휴식을 취하는지 살펴야 한다.

5. 집중력 점검

집중하는 패턴을 점검하는 일도 중요하다. 여러 연구 결과에 따르면 우리는 종종 집중력을 잃는다. 안팎에서 방해를 받기 때문이다. 다행인 점은 업무 환경, 신체 상태, 방해 요소라는 세 가지 영역에서 조금만 조정하면 집중력을 개선할 수 있다는 것이다.

먼저, 업무 환경이 어떤지 살펴라. 그리고 집중하는 데 도움이 되도록 조성해야 한다.

- 몸이 편안한가?
- 소음이 지나치게 많지는 않은가? 시끄러운 곳에서도 잘 집중하는 사람이 있지만 그러지 못하는 사람도 많다. 소음이 방해가 된다면 소음 감소 헤드폰을 쓰거나 조용한 노래를 틀어라.

- 몸에 수분이 부족하면 집중하기 힘들다. 물을 자주 마시려면 어떻게 해야 할까?
- 어떤 기술적 도구를 활용하는가? 마이크로소프트 워드의 일부 버전이 제공하는 집중(전체 화면) 모드나 다른 프로그램을 차단하는 프로그램을 써본 적이 있는가?
- 어떤 형태로, 얼마나 자주 휴식을 취하는가?

그다음 신체 상태를 살펴라. 이 일은 집중력을 높이는 데 도움이 된다.

- 언제 최고의 상태가 되는가?
- 어떤 음식을 언제 먹는가?
- 무엇이 활력과 기쁨을 늘리거나 줄이는가?

그다음 자신의 모습을 관찰하면서 스스로 방해 요소를 만드는 경우가 많아도 자책하지 마라.

- 집중에 방해가 되는 요소를 살펴라.
- 언제 방해를 받는가?
- 누가 방해하는가?
- 어떻게 스스로 방해 요소를 만드는가?

- 여러 방해 요소에 어떻게 반응하는가?

   집중력에 도움이 되는 일들을 파악하면 생산성이 개선된다. 요컨대 우리가 현재 선택한 활동을 세심하게 살피고, 그 활동을 선택지로 인식하면 거기에 영향을 미칠 수 있다.

시간을 어떻게 쓸지 선택하라

새로운 선택을 하려면 지금 시간을 어떻게 쓰는지 파악하고 능동적인 자세로 대처해야 한다. 이런 말을 하면 "나는 도저히 생활방식을 바꿀 수 없어"라며 고개를 젓는 사람이 있다.

   포기하지 마라. 변화를 이룰 여지가 있을지 모른다. 할 일이 너무 많아서 생활방식을 바꿀 수 없다고 확신하면 상황을 자세히 살필 수 있는 시야가 열리지 않는다.

   물론 우리가 바꿀 수 있는 여건은 많지 않지만 생각은 바꿀 수 있다. 할 일이 너무 많다는 압박감에 짓눌리지 말아야 한다. 신경과학자이자 정신과 의사인 빅터 프랭클은 나치 수용소에 갇힌 적이 있다. 그는 더할 수 없이 암울한 상황에서도 자유의 가능성을 누릴 수 있다며 이렇게 말했다.

"자극과 반응 사이에는 여지가 있다. 그 여지가 반응을 선택할 수 있는 우리의 힘이다. 우리의 반응 속에 성장과 자유가 있다."

자유를 탐구하는 일은 심각하고 복잡하며, 자신을 솔직하게 대하는 자세가 필요하다.

주위 환경에서 그 여지를 찾는 법을 익혀야 한다. 여지가 없는 것처럼 보여도 더 깊이 파고들어가면 선택지를 찾을 수 있다. 당신이나 동료 혹은 가족이 너무 아파서 일을 못하게 된 때를 생각해보라. 평소에는 시급한 일들이 많아서 어느 것 하나 뒤로 제쳐두지 못한다. 그런데 몸이 아프면 시급하던 일들이 모두 보류된다. 그러면 어떤 일이 생기는가? 당신이 일을 못 한다고 해서 세상이 무너지지는 않는다.

우리가 삶을 주체적으로 바꾸려고 할 때, 삶에서 일어나는 일을 분명히 확인할 때 더욱 주도적으로 변화를 일으킬 수 있다. 다음은 가끔 내가 자신에게 던지는 질문이다.

- 많은 일을 해야 한다는 압박은 어디서 오는가?
- 어떻게 이 상황이 만들어지는가?
- 내가 상황을 악화시키지는 않는가?

나는 이 질문을 일상에서 종종 활용하는데 어느 날 아침에도 그랬다. 식사를 준비하는 데 가족이 충분히 도와주지 않는다고 생각하다

보니 점점 화가 났다(당신도 공감할 것이다). "나 힘들어! 마감이 얼마 남지 않았다고! 일일이 밥을 차리면서 일할 여유가 없어!"라고 한바탕 화를 낼 준비가 되어 있었다.

그러나 분통을 터트리기 전에 중요한 질문을 간신히 나 자신에게 던졌다. '내 행동이 이런 상황을 만든 원인 중 하나가 아닐까?' 답은 명백했다. 나는 도와달라고 말하지 않았다. 요리하는 걸 좋아했고 내가 식사를 책임진다는 느낌이 좋았기 때문이다. 그래서 나는 다투는 쪽을 피하고 데이비드에게 "오늘 저녁 좀 차려줄 수 있어?"라고 물었다. 데이비드는 "당연히 되지"라고 대답했다. 그렇다. 역할을 일부 재고하고 서로 화를 내지 않는다면 문제가 한결 수월하게 해결된다.

자신의 삶에서 어떤 중독을 포기할지 결정해야 한다. 예를 들어 우리 모두가 빠지는 사소한 중독들을 생각해보라. 뉴스 중독, 게임 중독, 쇼핑 중독, SNS 중독 같은 것들 말이다. 거의 모두가 중독되는 것으로는 뒷담화도 있다. 인정을 바라는 것도 중독으로 볼 수 있다. 이런 중독을 포기하는 것은 어렵거나 심지어 불가능하게 보인다. 그래도 능동적인 자세로 나설 때 삶은 긍정적으로 달라진다.

일시적인 쾌락을 주는 사소한 중독들은 진정한 만족감을 안기지 못한다. 진정한 휴식과 재충전에 쓸 수 있는 소중한 시간을 앗아가기 때문이다. 우리는 정말로 만족스러운 삶을 원한다. 안락한 중독에서 물러서는 것은 그 길로 향하는 첫걸음이다.

한 걸음 앞으로 나아가기 위한 질문

능동적인 자세를 취하면 삶을 주도하고 다른 사람을 향한 원망을 비울 수 있다. 그런 감정에 낭비할 시간이 없기 때문이다. 대신 더 깊은 질문을 던질 수 있다.

"나는 무엇을 위해 이 세상에 왔는가? 나의 강점은 무엇인가? 나에게 정말로 중요한 것은 무엇인가?"

사소한 것이라도 당신에게 중요할 수 있다. 이를 단서로 삼아라. 거기에 당신의 열정이 있다. 열정은 기운을 북돋는다. 열정을 발휘할 때 삶은 바뀌기 시작한다.

마음의 움직임을 지켜보라. 대부분 작은 선택에 집착하고, 사람들의 평가를 걱정하고, 자신을 괴롭히는 사람에 대해 불평하고, 부당한 상황에 대해 투덜대고, 때로는 기후 변화에 흥분하다가도 금세 잊어버리는 모습을 확인하게 된다. 이 모든 것은 진정한 선택이 아니다.

우리는 종종 무엇이 중요한지 몰라서 할 일을 추가한다. 그보다 더 큰 이유는 중요한 일에 대응하길 꺼린다는 것이다. 이 경우 중대한 과제를 처리할 정신적 여력이 없다고 느낄 수도 있다. 무엇을 할지 모를 수도 있고, 그저 상황에 압도당했을 수도 있다. 무엇이든 사소한 과제를 마치면 적어도 할 일을 하나 줄였다는 만족스런 기분을 느낄 수 있다. 해야 할 일이 아닌 다른 일은 언제든지 찾을 수 있다. 그러나 그에 따른 무능감은 과로와 번아웃을 비롯해 상당한 대가를 초래한다.

우리는 생각보다 많은 능력을 지니고 있는데, 특히 정신적 압박을 만들어내는 일에 능숙하다. 세밀하게 관찰해보면 우리가 자신도 모르게 잘못된 사고방식 때문에 압도당하는 느낌을 만들어낸다는 사실을 발견할 수 있다. 따라서 이제는 새로운 생각과 행동을 이끌어내야 한다.

새로운 생각과 행동 만들기

어떤 형식이든 시간 활용 양상을 기록한 내용을 보고 다음의 경우에 해당하는지 보라.

· 휴식이나 휴일을 확보하기 위해 바꿀 수 있는 일이 있는가?
· 의식적으로 즐길 수 있는 조각 여가가 있는가?
· 가장 중요한 일과에 집중하는 데 방해가 되는 활동이 있는가?

위 사항을 파악했다면 이제는 주도권을 지니고 진정한 우선순위에 맞도록 새로운 선택을 할 때다.

생각을 행동으로 바꾸는 8단계

다음은 행동 방식을 바꾸기 위해 취할 수 있는 단계들이다.

1. 새로운 선택지를 정하기

쉽게 이룰 수 있도록 작은 변화부터 시작하라. 예를 들어 나는 아침에 신문을 계속 탁자에 놔두지 않고 치운 덕분에 활자에 빠지는 시간이 많이 줄었다. 당신의 경우는 다음과 같은 선택을 할 수 있다.

- 평소보다 1시간 일찍 일을 마치고 주변을 정리한 후 내일 참고할 내용을 기록한다.
- 이메일이나 페이스북을 확인하는 시간을 정한다. 예를 들어 수시로 확인하지 말고 10시, 12시, 2시, 4시에만 확인한다.
- '45-15 접근법'을 시도해보고 효과가 있는지 확인한다.
- 점심을 먹은 후 10분 정도 산책한다.

2. 새로운 선택지를 두어 번 시도해보기

실행 가능한가? 마음에 드는가? 충분히 쉬운가? 하기 어려운가?

3. 촉발제나 신호를 찾기

새로 들인 습관을 꾸준히 하던 일과 연계하면 습관을 이어가는 촉발제가 생긴다. 예를 들어 나는 아침을 먹고 식탁을 정리한 후 신문을 치운다. 가능하다면 이메일 처리 시간을 정기 회의가 끝난 후로 정하라. 15분의 산책시간을 점심시간 후로 정하라. 이처럼 평소 하던 일과 연계하면 새로운 습관을 굳히는 데 도움이 된다.

4. 도움 구하기

격려하고 응원하고 질책하면서 당신을 도와줄 사람을 찾아라.

5. 연습하기

매일 새롭게 습관에 맞춰 행동하라. 습관을 들이는 과정을 즐겨라.

6. 계속 상기하기

습관을 바꾸다 보면 상황이 늘 순조로울 수 없다. 새로운 습관을 완전히 잊을 수 있다. 그렇다고 해서 당신이 변하기를 원치 않는 것은 아니다. 계속 떠올리는 것이 변화의 구심점임을 명심하라.

7. 계속 나아가기

다시 연습할 준비를 하라. 습관이 자리 잡기 전까지 여러 번 길을 잃을 수 있다. 다시 여정에 오르는 것은 새로운 습관을 만드는 중요한 과정이다.

8. 스스로 칭찬하기

새로운 습관을 시도할 때마다 자신에게 후한 상을 줘라. 자신을 칭찬하고, 스스로에게 축하하고, 좋아하는 노래를 틀어라.

경계와 한계 사이

이제 당신은 지금 어떤 삶을 살고 있는지, 그렇게 되기까지 스스로 어떤 역할을 했는지 잘 이해하게 되었다. 당신이 시간을 쓰는 양상에 커다란 변화를 일으킬 사소하지만 강력한 행동들도 파악했을 것이다. 다음 장에서 다루는 주제인 삶의 모든 영역에서 확고한 경계와 한계를 설정하는 일은 중요한 가치를 추구할 시간을 확보하는 열쇠다. 지금부터 함께 살펴보자.

10장

일과 휴식의 경계
관리하기

일하는 시간과 쉬는 시간을 확실히 구분하지 않으면 진정한 휴식과 회복을 경험할 수 없다. 아직 끝내지 못한 일이 주는 스트레스가 휴식을 방해하기 때문이다. 생산성 있게 일을 하는 시간을 확실히 정해 둬야만 휴식시간의 즐거움을 제대로 누릴 수 있다.

일과 휴식의 경계를 정하는 것도 노력해서 습관으로 만들 수 있다. 확고한 경계는 분명하고 적극적으로 '허용'과 '거부'를 결정하는 태도에서 나온다. 오늘날처럼 빠르게 변화하는 세상에서는 자신만의 분명한 경계를 만드는 법을 계속 익혀야 한다. 그러기 위해서는 자신의 한계가 어디인지 알아야 한다. 자신의 한계를 모른 채 번아웃 상

태에 빠졌을 때 주변 환경이나 타인을 탓하는 건 쉽지만 큰 도움은
되지 않는다.

경계가 필요한 이유

내 친구 수잔은 온화하고, 친절하며, 자신이 맡은 복잡한 일도 잘 해
결하는 편이다. 그러나 대부분의 사람이 그렇듯 일과 생활의 경계를
설정하는 데 애를 먹었다. 그녀는 대기업에서 중간관리직이며 직무
는 복잡하다. 산만하고 어수선한 업무 환경에서 17개의(정말이다) 프
로젝트를 관리하는 한편, 여러 팀을 중재한다. 게다가 그녀에게는 10
대 자녀가 두 명 있고, 통근하는 데 30분이 넘게 걸린다. 당연히 잠을
충분히 자기가 어렵다.

최근에 그녀는 더 활기찬 하루를 보내기 위해 수면 부족 문제를 해
결할 새로운 계획을 세웠다. 거기에는 업무시간의 경계를 확실하게
정한다는 내용도 들어 있었다. 그녀는 상당히 느긋하고, 쾌활하며 다
른 사람의 부탁을 잘 들어주는 성격이다. 명확하게 선을 긋는 일과는
거리가 멀다. 하지만 쌓이는 직장일과 집안일은 그녀를 지치게 했다.

수잔은 내게 새로운 계획을 지키려 애쓴다고 말하면서 퇴근 후 상
황을 설명했다. 수잔은 지난 화요일 밤에 적어도 일곱 시간은 자겠다

는 굳은 결심을 하며 집에 돌아왔다. 그녀는 예정보다 늦게 퇴근하면서 '너무 피곤해. 오늘 밤에는 일찍 자야겠어. 10시 30분에는 불을 끄고 자리에 누워야지'라고 생각했다.

그러나 집에 돌아와 보니 주방이 너무 지저분했다. 아이들이 저녁을 먹고 바로 숙제를 하고 있었고 설거지는 그녀의 몫이었다. 그녀는 식탁을 치우고 설거지를 하면서 부엌을 어질러놓은 아이들에게 화가 났지만 아무런 말도 하지 않았다. 그때 전화가 왔다. 거의 전화를 걸지 않는 동생에게서 온 것이었다. 그녀는 '동생하고 이야기한 지 한참 됐어. 이건 미루면 안 돼'라고 생각했다. 두 사람은 어머니의 부동산에 관한 민감한 이야기를 나눴고 대화는 좀처럼 끝나지 않았다.

마침내 통화가 끝났을 때 수잔은 '너무 흥분해서 잘 수 없을 것 같아. 잠시 텔레비전을 보면서 마음을 가라앉혀야겠어'라고 생각했다. 그러나 그녀는 드라마에 빠져들다 소파에 앉은 채 잠이 들고 말았다. 새벽 3시가 되어서야 몽롱한 상태로 힘겹게 침대에 누웠다.

수잔은 다른 사람을 배려하려고 했지만 결과적으로 일찍 자겠다는 계획은 뒷전으로 밀려났다. 물론 깨끗한 주방, 동생과의 좋은 관계, 일과를 마친 후 마음을 가라앉히는 시간은 모두 중요하다. 그래도 삶의 질을 높이는 핵심인 '충분한 수면'보다 우선일 수는 없다. 나는 수잔과 함께 충분한 수면과 관계없는 일들에 선을 긋는 법을 이야기했다.

수잔은 일이 닥치는 대로 정신없이 대응할 것이 아니라 시간과 집중력을 투입하는 경계를 설정해야 했다. 그러나 종종 미묘하고 복잡한 사안이 생기기 때문에 명확한 경계를 설정하기 쉽지 않은 경우가 많다. 수잔은 충분한 수면을 취하기가 어려운 이유를 파악하려 애썼다. 그 결과 다른 사람을 기쁘게 해주려는 욕구 때문에 경계 설정이 힘들다는 사실을 깨달았다. 그녀는 부탁을 거절하면 상대가 상처받을까 봐 걱정했으며 상대에게서 미움을 사고 싶지 않았다. 그래서 자신의 건강과 행복을 위한 결심을 지키지 못했다. 그녀의 문제점은 스트레스와 분노가 심해질 때까지 견디다가 결국 참지 못하고 감정을 표출하는 바람에 관계를 순식간에 나쁘게 만든다는 것이었다.

이면의 동기를 파악하는 것은 관계를 해치는 일 없이 자신의 한계에 맞춰서 경계를 설정하기 위한 첫걸음이다. 수잔은 아이들을 주방으로 불러서 직접 치우도록 말할 수 있지 않았을까? 동생에게 내일 아침에 맑은 정신으로 통화하자고 말할 수 있지 않았을까?《우리 안의 깊은 강을 찾아서 Finding the Deep River Within》를 쓴 애비 세이사스 Abby Seixas는 이렇게 말한다.

🌿 경계를 설정하는 것은 우리가 원하거나 하려는 일을 할 수 있도록 원하지 않거나 할 생각이 없는 일을 거부하는 것이다. 우리에게는 속도를 늦추고, 느긋한 시간을 갖고, 일상생활의 중심을 잡기 위해 경계가

필요하다. 경계가 없으면 계속 '대응 모드'를 유지해야 한다. 이는 불만 족스러울 뿐 아니라 비효율적인 생활방식이다.[119]

한계를 알고 인정하는 일은 선을 긋는 데 도움을 준다. 우리가 보고 싶거나 하고 싶은 일들, 이루고 싶은 목표는 너무나 많다. 안타깝게도 거의 모든 사람이 이를 위해 신속 대응 모드로만 살아간다. 이 경우 순간적 필요와 (우리가 생각하는) 다른 사람의 기대 수준에 따라 경계가 정해진다. 신속 대응 모드에서는 일에 실패하면 쉽게 자신감을 잃게 된다. 자신의 한계를 이해하고 수용해야만 자신감을 회복할 수 있다.

쉼 없이 움직이는 세계에서 물리적 경계, 정신적 경계, 정서적 경계, 영적 경계를 세울 줄 알아야 한다. 집에서 일하거나 소중한 사람을 돌보는 일을 할 때는 경계를 세우기가 어렵다. 그러나 불가능한 일이 아니다. 자신을 지키기 위해서는 반드시 경계를 세워야 한다.

물리적 경계 : 내 시간을 지키기 위한 거리 두기

물리적 경계는 일과 과제에서 시간적, 공간적 거리를 두는 데 도움을 준다. 예를 들어 컴퓨터를 끄고, 사무실 문을 닫고, 집으로 돌아갈 수 있다. 거실에서 일한다면 컴퓨터를 예쁜 천으로 덮어서 변화를 줄 수 있다. 일감을 집에 가져와서 '저녁을 먹은 후 혹은 아이들을 재운 후 일해야지'라고 생각하지 않고 회사에 두고 올 수 있다. 끝없는 집안일의 경우도 마찬가지다. 일과 분명한 거리를 두면 재충전이 가능해진다.

언제 일하고 일하지 않을지 결정하는 것은 경계를 만드는 또 다른 방법이다. 일하는 시간과 일하지 않는 시간을 구분하는 일은 행복을 유지하는 데 필수적이다. 수잔은 밤늦도록 일하고도 일감을 집에 가져왔고 저녁을 먹은 후에 다시 일할 계획을 세우는 습관이 있었다. 과로는 번아웃이 올 지경에 이르러서야 중단되었다. 그전에 멈추는 법을 배워야 한다.

수잔은 더 효율적인 업무 패턴으로 되돌아가기 위해 두 가지 물리적 경계를 세워야 했다. 먼저 밤에 일하지 않도록 일감을 집에 가져오지 않기로 결정했다. 또한 한걸음 더 나아가 6시에 퇴근하기로 결정했다(처음에는 불안했지만 곧 적응했다). 그다음 11시가 되면 불을 끄고 잠자리에 들기로 결정했다. 소등은 물리적 경계의 일종이었다.

수잔은 이런 결정을 내린 후 10시에 막내딸과 함께 좋아하는 TV 프로그램을 본 후 11시에 잘 수 있게 되었다. 두 모녀는 저녁을 먹고 나서 잠옷으로 갈아입었다. 잠옷은 일과가 끝났음을 알리는 또 다른 경계였다. 수잔은 일감을 펼쳐놓지 않고 막내딸의 숙제를 도왔다. 두 사람은 곧 이 의식을 고대하게 되었다.

수잔의 막내딸은 엄마와 같이 텔레비전을 볼 수 있도록 10시까지 숙제를 끝내는 데 집중했다. 두 사람은 나란히 앉아서 텔레비전을 보는 것을 즐겼다. 10시 30분이 되면 수잔은 텔레비전을 *끄고*(이 일도 습관을 들이는 데 약간 노력이 필요했다) 딸과 함께 잠자리를 준비했다. 두 사람은 잘 자라는 인사를 하고 각자 침실로 향했다. 새로운 습관에 익숙해지기까지 다소 시간이 걸렸다. 그러나 수잔은 다음 날 신선한 활력을 느끼는 것이 좋았다. 잠을 푹 자면 업무에 더 잘 집중할 수 있었다. 덕분에 그녀는 더 행복하고 같이 지내기 좋은 사람이 되었다.

숙면으로 집중력이 높아지자 비생산적이던 일상적 주기까지 바뀌었다. 수면 개선은 집과 직장 사이에 물리적 경계를 세우기 위한 좋은 출발점이다. 피로는 경계를 흐릿하게 만들기 때문이다. 뚜렷한 경계는 오아시스 타임을 만드는 데 필수적이다.

정신적 경계 : 일에 관한 생각과 거리 두기

수잔은 물리적 경계를 세우기 시작했을 때 정신적 경계도 필요하다는 사실을 깨달았다. 퇴근 후에는 일에 관한 생각을 멈춰야 했다. 집에 와서도 계속 머릿속에서 맴도는 일에 관한 생각을 다스려야 했다.

때로는 문제를 그냥 기록하기만 해도 해결하는 데 도움이 된다. 수잔은 이 방법으로 머릿속을 비우는 데 큰 도움을 받았다. 글로 쓰는 행위 자체가 객관적 거리를 형성한다.

다른 사람과 문제에 관한 이야기를 나누는 것도 약간의 거리를 통해 어디에 경계를 세워야 할지 파악하는 데 도움을 준다. 수잔은 일에 관한 생각이 머릿속에 떠오르면 친구에게 전화를 걸었다. 이 친구는 항상 두 가지 질문을 던졌다. 바로 "수잔이 문제를 자초한 부분은 무엇인가?"와 "집착하지 않기 위해 취할 수 있는 건설적 행동은 무엇인가?"였다.

이 질문들은 결코 수잔을 질책하려는 것이 아니었다. 수잔은 자신이 처한 어려움을 친구가 충분히 이해한다는 걸 알았다. 친구가 던진 질문은 풀기 어려운 문제를 해결할 실마리와 의욕을 주었다.

바쁜 하루를 보낸 후에는 머리를 식힐 시간이 필요하며 이때 다른 일로 주의를 돌리는 것이 도움을 준다. 대부분의 과학적 돌파구는 과학자가 문제를 생각하지 않을 때 발견되었다. 머리가 쉬고 있을 때 창의적인 해결책이 나오는 경우가 많다. 대개 샤워를 할 때 정신의 긴장이 풀어진다. 샤워를 하다가 어려운 문제를 해결할 아이디어가 자주 떠오르는 이유가 거기에 있다. ('샤워 해법은 단순한 속설이 아니다!') 반면 머리에 근심이 가득할 때는 창의성을 발휘할 수 없다. 아이러니하게도 근심을 해결하려면 아예 신경을 쓰지 말아야 한다.

근심거리가 머릿속을 떠나지 않는가? 다음과 같은 방법으로 근심거리로부터 선을 그어보라. 각 단계는 근심거리에서 정신적 거리를 두는데 도움이 된다.

- 첫째, 근심거리를 메모 앱이나 종이에 적어라.
  - 무엇이 문제인가?
  - 신경이 쓰이는 이유가 무엇인가?
  - 도움이 될 만한 단계적 행동을 적어라. 지금 당장 실행하지 않아도 된다.
- 둘째, 몇 번 심호흡을 한 후 5분 동안 집중할 수 있는 일을 하면서 주의를 다른 곳으로 돌려라. 자리에서 일어나 몇 분 동안 몸을 움직여라. 스트레칭을 하라. 얼굴 근육을 풀어라. 다시 심호흡을 하라.
- 셋째, 자신에게 다정하게 말을 걸어라. 시간이 지나면 성가신 일도 사라질 것임을 상기하라. 그러면 상황에 대처할 길을 찾을 수 있을 것이다.

정서적 경계 : 걱정과 불안으로부터 거리 두기

문제가 지나간 후에도 불안, 슬픔, 분노를 떨칠 수 없을 때 평정심을 되찾을 방법을 찾아야 한다. 정서적 경계를 세우는 일은 지금 느끼는 감정을 받아들이는 데서 시작된다.

수잔은 자기 자비를 위한 '마음챙김'이라는 수련을 시작했다. 이 수련은 감정을 인식하고 다정하게 반응하는 것을 말한다. 불교 명상가인 타라 브랙Tara Brach 박사는 이 접근법을 '레인RAIN'이라 부른다. 그녀가《삶에서 깨어나기 True Refuge》에서 설명한 내용에 따르면 레인은 다음과 같은 단계를 거쳐 힘든 감정을 다스린다.

- **인식한다**Recognize : 지금 일어나는 감정을 인식한다.
- **허용한다** Allow : 그 상태 그대로 놔둔다.
- **탐구한다** Investigate : 관심과 흥미를 갖고 탐구한다.
- **돌본다**Nourish : 자기 자비를 통해 돌본다.[120]

수잔은 레인 수련을 통해 도움을 받은 과정을 이렇게 들려준다.

"혼란스럽고, 화가 나고, 불행하고, 집중할 수 없을 때 큰 도움이 돼. 먼저 내가 화가 났다는 사실을 알아야 해. 가끔은 그러기조차 쉽지 않을 때가 있어. 하지만 인지는 '인식'의 중요한 첫 단계야. 그런 다음 생각과 감정이 자연스럽게 흐르도록 놔둬. 아무리 나빠 보여도 폭풍 같은 감정이 그대로 지나가도록 허용하는 거지. 그게 '허용과 수용'이야.

그다음으로 준비가 되면 약간의 탐구를 시작하면서 이런 질문을 내게 던져. 무슨 일이 생기고 있는 거지? 어떤 감정을 느끼고 있지? 어떤 일이 이런 감정을 불렀을까? 이것이 '탐구' 단계야. 그다음에는 다정한 엄마처럼 나 자신에게 부드럽게 말해. '진정해, 괜찮아. 어떤 감정이 들어도 괜찮아. 뭐가 필요해?'

나 자신이나 다른 사람에게 속으로 하던 나쁜 말을 그만두고 부드럽게 나 자신을 위로하지. 이것이 자기 자비를 통한 '돌봄'이야. 이 방법은 직장에서 접하는 절망적인 상황 때문에 너무 힘들 때 많은 도움이 돼."

수잔은 두려운 감정을 억누르기보다 존중하기로 결심했다. 그녀는 자신이 무엇에 그토록 화를 내는지 더 잘 이해하고 싶었다. 그녀가 보기에는 회사의 상사가 자신의 경계를 존중해주지 않았다. 가능한지 확인하지도 않고 추가로 일감을 던져주기 일쑤였다. 당연히 모든 것이 그의 잘못으로 보였다. 그는 둔감하고, 교활하고, 이기적이었다.

그러나 그녀는 자신이 너무 힘들다는 사실을 상사에게 알리지 않았다는 걸 깨달았다. 자신이 힘든 상황을 불러왔다는 깨달음은 문제를 해결할 수 있다는 자신감을 심어주었다. 그녀는 더 분명하게 입장을 내세우고, 집에서 평온하게 지낼 수 있도록 그 결과를 마음속에 담지 않는 법을 익혔다.

수잔은 일 때문에 생기는 감정에 경계를 세운 후부터는 딸을 위해 마음을 쓸 수 있었다. 또한 가정생활에서도 자기 자비를 통한 마음챙 김을 적용했다. 집안일이 분노를 초래한다는 사실을 안 후에는 화를 덜 내게 되었다. 마음이 차분해지면서 딸들의 분노에 더욱 잘 대응하 게 되었으며, 뒤이어 딸들에게도 마음을 차분하게 다스리는 법을 가 르칠 수 있었다.

감정에 따르는 책임을 다른 사람에게 떠넘기기는 쉽다. 그러나 그 런 식으로는 문제가 해결되지 않는다. 자신의 마음에 생긴 상처가 불 러온 감정을 스스로 살피고 치유하는 편이 훨씬 낫다. 수잔은 무심하 게 일감을 던지는 상사와 미숙한 딸들에게 쓸데없이 화를 내는 일을 멈췄다. 그것은 그녀가 어찌할 수 없는 문제였다. 그녀는 진작 자신 의 한계를 인식하고 경계를 세워서 이용당한다는 느낌을 받지 말았 어야 한다는 사실을 깨달았다.

자신의 마음을 다스리고, 스스로 초래한 문제를 책임지는 일은 안 도감을 준다. 다른 사람의 마음을 다스리기는 어렵다. 오히려 기운만 낭비하기 십상이다. 오아시스 타임을 보낼 수 있을 만큼 평온한 마음 을 얻으려면 자신과 타인의 아픈 마음을 헤아리고 열린 자세로 서로 를 인정하며, 서로의 관계를 이해해야 한다.

영적 경계 : 삶의 문제로부터 거리 두기

우리는 때로 의지력을 발휘하려는 노력을 포기하는 법을 배워야 한다. 자신에게 닥친 난관을 넘어서는 일을 고귀한 힘이나 신, 혹은 무엇이든 평정심과 영적 자양분의 근원에 맡길 수 있다. 고귀한 힘에 통제권을 넘기는 것은 중독이나 다른 문제를 해결하는 데 필수적인 단계다. 또한 요가나 명상 혹은 기도를 통해 내면의 힘을 기를 수도 있다.

수잔은 한계를 설정하는 법을 익힐 때 어린 시절 어머니가 하던 일을 떠올렸다. 그녀의 어머니는 잠자리에 들기 전에 설거지와 집안 정리를 마친 다음 아이들의 이마에 손을 얹으며 이렇게 말했다. "이건 축복의 손이야. 내 손을 통해 전달되는 축복이 느껴지니? 이제 자러 가거라."

이 기억에서 영감을 얻은 수잔은 축복의 손을 시험해보기로 했다. 그녀는 밤에 물건들을 정리하면서 축복의 기운이 자신의 손에서 집안으로 퍼진다고 생각했다. 자신이 있는 공간으로 평화가 깃든다고 느꼈다. 특히 딸들과 말다툼을 한 후에는 잠들기 전에 꼭 축복을 내렸다. 그러자 안정감을 느낄 수 있었다. 집안으로 평화로운 기운이 들어왔다.

어떤 사람에게 오아시스 타임은 신성한 시간과 공간을 제공한다.

이 느낌은 평일의 정신없는 분위기와 사뭇 다른 영적 경계를 세우는 데 도움을 준다. 오아시스 타임은 영적 세계가 주는 경이로움과 장엄함을 접할 기회다.

랍비 아브라함 요수아 헤셸이 말한 '시간 속의 궁전'이 바로 그런 의미를 지닌 것인지도 모른다. 만약 우리가 왕이나 여왕을 알현한다면 아주 진지한 태도를 취하고, 옷을 세심하게 차려입을 것이다. 그리고 흥분되고 떨리는 마음으로 궁전에 들어서서 공간에 걸맞은 의식을 치를 것이다. 오아시스 타임도 같은 자세로 맞을 수 있다. 다만 이 경우 우리는 우리 자신과 우리가 살아가는 경이로운 세상을 경배한다. 어떤 사람은 이런 순간에 자신만의 왕국에서 가장 주체적인 느낌을 받는다.

이 순간이 충분하다는 사실을 상기할 때 영적 경계가 세워진다. 우리는 이대로도 충분한 존재이고 충분히 일했다. 고마움을 느끼고 축복을 받는다. 우리는 주위를 흐르는 선의의 강에 집중한다. 숨을 쉴 수 있는가? 지금은 그것으로 족하다. 나를 사랑하는 사람이 있는가? 그러면 충분하다. 앞이 보이는가? 그것은 엄청난 축복이다. 돌아다닐 수 있는가? 걸을 수 있든, 휠체어나 보행기의 도움을 받든 돌아다닐 수 있는 것은 감사한 일이다. 바로 이 순간, 모든 것이 충분하다는 사실을 깨닫는 시간을 가져라.

경계를 관리하라

경계를 세운 다음에는 관리해야 한다. 경계를 관리하는 일도 꾸준히 노력해 습관으로 만들어야 한다. 다음은 거기에 도움이 되는 도구와 전략들이다.

현명하게 맡은 일을 수락하는 스마트SMART 합의

우리가 해야 할 일들은 어떻게 생긴 걸까? 다수는 우리가 하겠다고 말했기 때문에 생긴다. 다시 말해서 우리가 합의한 것이다. 어떤 요구를 수락하는 것은 거기에 필요한 시간을 쓰겠다는 합의문에 서명하는 것과 같다. 문제는 요구 내용을 제대로 모른 채 수락하는 경우가 많다는 것이다.

"전기기사 좀 불러줄래요?"

"알았어요."

이처럼 흔한 대화도 오해를 부를 수 있다. 이 대화는 합의로 끝났다. 그러나 요청하는 사람은 그 시기를 '다음 주 정도'로 생각하는 반면 요청을 받는 사람은 급하니까 모든 것을 제쳐두고 당장 전화를 해야 한다고 생각할 수 있다. 이런 일로 주의가 산만해지면 하루 일과가 어긋나고, 뒤이어 분노까지 자아낼 수 있다.

합의 내용을 명확하게 밝히는 것은 경계를 세우기 위해 필요하다.

바람직한 합의를 위해 필요한 것은 무엇일까? 스마트SMART로 정리할 수 있다.

- **구체성**Specific : 합의의 세부사항은 무엇인가?
- **측정 가능성**Measurable : 합의의 범위와 기준은 무엇인가? 충족 여부는 어떻게 판단할 것인가?
- **이행 가능성**Achievable : 기한과 자원이 적절하게 주어졌는가?
- **유효성**Relevant : 합의의 맥락은 무엇인가? 왜 합의한 과제가 중요한가? 지금 시급한 일인가?
- **시간 제한**Time sensitive : 무엇을 언제까지 해야 하는가? 무엇을 점검해야 하는가?

　생산적인 합의를 위해서는 쌍방이 이런 요소에 동의해야 한다. 어떤 의미에서 좋은 합의는 단순한 요청과 동의가 아니라 서로 의견을 교환하는 협상에 가깝다. 때로는 시간을 들여서 현실적인 합의안을 도출하기보다 그냥 수락하는 편이 더 쉽고 빠르게 느껴진다.

　우리는 종종 쉽게 요청을 받아들인다. 예를 들어 다른 사람에게 도움이 되고 싶어서 협조적인 자세를 취하거나, 팀 혹은 가족을 지원하고 싶어서 선뜻 일을 받아들인다. 그러나 그 바람에 과도한 일감을 떠안아서 피로에 시달리고 약속한 일을 하지 못하게 될 수도 있다.

요청을 받았을 때 더 현명하게 스마트 합의를 이루는 몇 가지 방법이
있다.

- 확인하고 싶은 게 있어요: 구체적으로 무엇을 요청하는지 더 많은 정보를
  얻어라. 요청의 내용을 분명하게 이해하라.
- 여건이 되는지 확인해볼게요: "확인해보고 ~까지 알려드릴게요"라고 말하
  면 현실적으로 요청을 들어줄 여건이 되는지 확인할 수 있다. 상대방에게 수
  락 여부를 알릴 시간을 정하고 신속하게 대응하라. 그러면 경계를 넘지 않는
  선에서 최선을 다한다는 사실을 알릴 수 있다.
- 제가 할 수 있는 건 ~까지입니다: 요청을 전부 들어줄 수 없다면 상대의 필
  요에 맞춰서 대안을 제시하라. "X는 못 하지만 Y는 가능합니다. 그래도 도움
  이 될까요?"라고 말하라.
- 도와드리고 싶지만 여건이 안 됩니다: 요청을 전부 혹은 일부라도 들어줄
  수 없다면 분명하게 거절하라. 이때 "나중에 실망시키기보다 차라리 지금 거
  절하는 게 낫겠습니다"라는 메시지를 전달해야 한다. 확고한 자세를 취하라.
  상대가 당신의 입장을 존중하지 않는다면 어쩔 수 없는 일이다.

불편하면 거절하라

좋은 합의를 이루기는 쉽지 않다. 그래서 거기에 필요한 기술을 익
히는 동안 숱한 실패와 난관을 겪게 된다. 우리는 거절하는 게 불편

해서 수락해야 할 것 같은 기분을 느낀다. 이 문제와 관련하여 할 수 있는 가장 강한 조언은 '지킬 수 없는 약속은 하지 말라'는 것이다. 흔히 그렇듯 시간이 될지 불확실하면 달력을 보고 가능한지 여부를 확인하기 전까지는 수락하지 마라. 확실하게 지킬 수 있는 수준이 될 때까지 협상하라.

불도저처럼 밀어붙여서 협상하는 법

해리 스펜스는 공공 부문의 고위급 인사로서 유능하다는 명성을 얻었다. 그는 줄리아니가 시장으로 있던 시절, 뉴욕시 교육위원회 부교육장을 비롯한 주요 직책을 거쳤다. 또한 매사추세츠주 사회복지부장과 보스턴 재개발청장도 지냈다. 그는 해마다 여름에 한 달 동안 꼭 휴식기를 가진다.

그는 뉴욕시 교육위원회 부교육장으로 갈 때 루디 크루 교육장과 근무 조건을 논의했다. 그가 가장 먼저 제시한 조건은 해마다 여름에 한 달 동안 휴가를 가야 하며, 그게 가능해야만 새 직책을 받아들이겠다는 것이었다. 그는 당시에 한 말을 이렇게 전했다. "교육장에게 '저의 입장을 변호해주셔야 합니다. 무조건 한 달 동안은 쉴 거니까요'라고 말했어요. 나중에 휴가를 갈 때가 되어 교육위원회 사람에게 한 달 동안 쉬겠다고 했더니 난리를 치더군요. 휴가를 가서는 안 된다는 겁니다. 부교육장 없이 어떻게 학교가 운영되느냐는 거죠."

그들은 가능한 모든 수단을 동원했다. 스펜스는 뜻을 굽히지 않았고, 루디 크루 교육장도 전적으로 그를 지지했다. 결국 그는 한 달 동안 휴가를 떠났다. 그래도 휴가를 반대한 사람이 우려하던 끔찍한 사태는 벌어지지 않았다.

스펜스는 이렇게 설명한다. "첫 직장에서 얻은 교훈이 있어요. 그때는 너무 열심히 일해서 완전히 번아웃 상태에 빠졌죠. 일에 모든 것을 바쳤어요. 그러다가 활기, 인내심, 끈기, 창의성, 상상력을 모조리 잃어버렸다는 걸 깨달았죠. 그렇게 계속 살아갈 수는 없었어요. 5년 차에도 1년 차처럼 일을 활기차게 잘할 수 있도록 나 자신을 보살피는 것도 직무의 일부예요. 불안하면 일에 관한 생각을 멈출 수 없어요. 결국 불안을 다스리는 게 중요합니다. 첫 직장에 다닐 때는 퇴근해도 불안해서 매일 속이 쓰릴 정도였어요. 대다수 사람은 더 많이 움직여서 불안을 다스리려고 합니다. 그러나 내가 보기에는 일을 멈춰야 시야가 열려요.

내게는 휴가가 필요했어요. 내가 지닌 가치는 대부분 조직 내부의 개별적 요소 사이에 존재하는 연계성을 파악하는 데서 나옵니다. 그러려면 밝은 눈으로 조직을 살필 수 있어야 해요. 나무만 보면 숲을 볼 수 없습니다. 그러면 대가를 치르게 됩니다. 한 발 물러서서 전체 조직을 보면서 서서히 상상력이 발휘됩니다. 그 일을 16년 동안 해왔어요. 다른 사람도 주어진 휴가를 모두 누려야 한다고 생각합니다.

주말에도, 밤에도 일하지 않는 걸 원칙으로 삼아요. 9시부터 6시까지 열심히 일하고 퇴근 후에는 잊어버립니다. 일은 근무시간으로 한정하는 게 원칙이에요. 매일 쉴 수 있는 시간이 필요해요.

불안에 이끌리면 일에서 기쁨을 얻을 가능성이 줄어듭니다. 일이 너무 많아서 하루도 쉴 수 없다고 말하는 사람은 분명 일을 잘하지 못할 겁니다. 불안한 상태에서는 새로운 답을 찾을 수 없어요. 어떻게 해야 불안에서 벗어나 만족과 기쁨으로 나아갈 수 있을까요? 그렇게 만 된다면 훨씬 효율적으로 일할 수 있다는 사실을 알아야 합니다."

스펜스의 사례는 의지와 협상력 그리고 건강한 직장생활이 서로 연계되어 있으며, 서로를 뒷받침한다는 사실을 보여준다. 그는 충분한 휴가를 갖겠다는 의지가 있었기 때문에 확고한 입장에서 협상에 임할 수 있었다. 충분한 휴가는 직장에서 효율적으로 일할 수 있도록 해주었으며 뛰어난 업무 성과는 다시 충분한 휴가에 대한 정당성을 부여했다.

조금 더 단호하게 구분하라

나는 직장생활 초기에 성공을 거뒀다. 그래서 일의 세계가 마음의 고향처럼 느껴진다. 직장생활을 시작할 때 오랜 업무 시간은 성과와 인정을 안겨주었다. 그러나 성과에 대한 의지는 부작용을 일으켰다. 나는 심한 피로에 빠져서 일이 싫증 날 지경까지 나 자신을 몰아붙였다. 완벽주의 때문에 일을 더 많이 해도 성과는 별반 높아지지 않았다. 나중에는 긍정적인 태도와 자신감마저 약해지고 말았다.

나는 기운이 고갈된 느낌이 들 때마다 자극이 필요하다는 신호로 해석하고 설탕이나 카페인을 찾았다. 그러나 정말로 필요한 것은 휴식을 통한 진정한 재충전이었다. 다시 말해서 휴식과 자기 관리를 통해 일과 휴식의 경계를 강화해야 했다. 다음은 거기에 도움을 주는 몇 가지 조언이다.

일과 휴식 사이의 선 긋기

1. 적어도 매일 오전에 두 번, 오후에 두 번 휴식을 취하기

피로는 불필요한 문제를 일으킬 수 있다. 휴식은 객관적 관점을 갖게 하며 원하는 수준만큼 업무의 질을 유지해준다.

2. 목표를 정한 다음 줄이기

하루에 할 수 있는 일을 현실적으로 파악하면 실제로 달성하는 데 도움을 준다.

3. 주중에 오아시스 타임 가지기

산책하러 나가거나, 오랜 친구와 통화를 하거나, 좋은 노래를 듣거나, 좋은 책을 읽거나, 명상을 하라. 수요일에는 점심을 더 오래 먹거나 저녁에 운동을 하라.

우리의 몸과 마음, 영혼은 돌봄의 손길을 원한다. 앞에 나온 방법들을 적극적으로 활용하면 크게 높아진 집중력과 생산성, 그리고 무엇보다 중요하게는 대체할 수 없는 활력과 삶에 대한 애정, 일상의 활기에 나만큼 놀라게 될 것이다.

경계 약화에 맞서라

〈뉴욕타임스〉 베스트셀러 《일손을 놓은 엄마》를 쓴 레이첼 메이시 스태포드는 학부모로서 적극적으로 학교 운영에 참여하고, 자원봉사 활동을 하고, 집안을 잘 관리하는 능동적이고 활동적인 여성이다. 그녀는 할 일이 쌓여서 쉬는 시간을 빼앗기는 '정신없던 시절'에 대한 통찰을 들려준다.

> 당시 나는 영원히 닿을 수 없는 결승선을 향해 미친 듯이 달렸다. 사랑하는 가족의 손보다 휴대전화를 더 꽉 잡고 다녔다. 밖에서는 모든 요청을 받아들이면서도 집에서는 아이들과 같이 놀고 웃으며 추억을 만

드는 가장 중요한 일을 거부했다."[121]

그러던 어느 날 그녀는 삶이 주는 최고의 선물, 커가는 아이들과 함께하는 시간을 놓치고 있다는 사실을 깨달았다. 그녀는 블로그에 올린 〈유년기를 놓치는 법How to Miss a Childhood〉이라는 글에서 부모가 누릴 수 있는 즐거움을 놓친 이야기를 털어놓았다. 그녀가 말한 가장 큰 문제는 아이들과 같이 있을 때도 휴대전화를 놓지 않고, 오히려 방해가 된다고 아이들을 쫓아버린 것이었다.

이 글은 공감대를 형성하면서 빠르게 퍼져나갔다. 스태포드는 국영 라디오 방송에서 금요일 오후 5시에 인터뷰를 하자는 요청을 받았다. 그러나 그 시간은 그녀가 아이들과 같이 보내기로 결심한 시간이었다. 그녀는 아이들과 한 약속을 하루만 깰까 생각했다. 국영 라디오 방송과 인터뷰를 할 기회가 다시 오지 않을지 몰랐다. 그러나 그녀는 아이들과 시간을 보내기로 한 결심을 지키기로 결정했다. 결국 시간이 맞지 않아서 인터뷰는 하지 못했지만 그녀의 결정은 놀라운 승리감을 안겼다. 새롭게 깨달은 가치를 지켜냈고 가장 중요한 것을 놓치지 않았기 때문이다.

확고하고도 유연한 경계

오아시스 타임을 계속 유지하려면 분별력과 실험이 필요하다. 목표는 분명하면서도 유연한 경계를 만드는 것이다. 살다 보면 급한 일이나 상황이 생길 수 있기 때문에 유연한 자세를 취해야 한다. 다만 매번 일이 생길 때마다 오아시스 타임을 어길 가치가 있는지 평가하지 않아도 되도록 충분히 강한 경계를 세워야 한다. 이메일 수신 알림이 뜰 때마다 대응해야 할까? 정말 급한 일이라면 전화를 할 것이라고 믿고 무시해도 될까? 시간이 지나면 이런 연락과 방해 요소를 잊어도 된다는 사실을 육감적으로 알게 된다. 점심시간에 30분이라도 밖으로 나가 머리를 비울 수 있는가? 그러면 오전만큼 오후에도 일을 잘할 수 있을 것이다.

당신과 일, 필요와 욕구, 당신과 세계 사이에 놓인 경계에서 줄다리기가 벌어진다. 오아시스 타임이라는 개념을 받아들이면 경계를 강화하는 일이 그토록 원하는 휴식과 재충전을 얻는 데 필수임을 깨닫게 된다. 그러나 완벽한 휴식을 이루기 위해 자신을 몰아붙이지 마라. 경계를 설정함에 있어 적절한 유연함을 갖추어야 내게 편한 휴식이 가능해진다.

쉬겠다는 결심을 반복적으로 하라

휴식과 재충전의 리듬을 만들려면 지속적으로 결심을 반복해야 한다. 경계는 움직이는 표적과 같다. 요청을 거부하는 법을 배웠다고 생각했지만 도저히 시간이 안 되는데도 거부하기 힘든 요청을 수락하게 될 것이다. 핵심은 자신의 모습을 인지하고 분노와 짜증에 적절하게 대응하는 것이다. 5일 연속으로 제때 잠자리에 들었지만 6일째 되는 날 유혹에 빠질 수 있다. 더 오래 컴퓨터나 텔레비전 앞에 앉아 있게 되고, 결국 힘들고 피곤한 하루를 보낼 수 있다.

완벽주의를 버리고 관대한 태도로 실패에 대응한다면, 결심을 거듭 다지는 습관을 들인다면 11일째에는 다시 제때 잠자리에 들 것이고, 현실적으로 받아들이기 힘든 요청을 거부하게 될 것이다.

당신은 집중하는 시간을 조금씩 늘릴 것이다. 가족이나 친구와 함께하는 시간을 늘릴 것이다. 그 시간이 너무나 소중하다는 사실을 깨달았기 때문이다. 가장 중요한 일을 한다고 믿을 때 삶을 더 잘 살 수 있다. 궁극적으로 당신은 자기만의 시간을 갖고, 그 시간을 어떻게 쓸지 결정하며, 간절히 바라던 휴식과 재충전을 누리게 될 것이다.

11장

다섯 가지 핵심 습관
적용하기

시간 활용 패턴을 확인하고 경계를 세웠다면 하루 일과를 더 잘 관리하는 일에 나서야 한다. 평소에 어떻게 일과를 정하는가? 사람은 대개 과제 목록이나 달력 혹은 충동 내지 기억에 따라 일과를 정한 후 하루를 시작한다. 그러나 계획한 대로 하루가 흘러가는 경우는 드물다. 불가피하게 사정이 변하고, 갑자기 회의에 참석해야 하고, 이메일과 문자메시지가 날아든다. 혹은 물이 새는 변기나 투정을 부리는 아이, 아픈 개 때문에 계획을 훌쩍 벗어난 하루가 펼쳐진다. 회사에서 일하든 집에서 일하든, 혹은 돈을 벌든 아이나 집을 돌보든 마찬가지다.

대개 우리가 상상하는 하루의 모습은 다음과 같다. 먼저 그날의 목표를 이루겠다는 생각으로 하루를 시작한다. 오전이 지나가면 점심을 먹고, 회의에 참석하고, 다시 목표에 매달리다가 하루를 마감한다. 그러나 실제 양상은 집중, 방해, 약간의 성과, 과제 변경, 문자메시지, 새로운 과제, 방해, 짜증, 통화, 전환, 물건 찾기, 새로운 과제, 점심식사, 방해, 인간관계 문제, 저녁식사, 마감, 이메일 확인, 계속 근무, 운동을 위한 빨리 걷기, 마감 시도, 추가 과제, 또 다른 추가 과제로 이어진다. 익숙한 모습 아닌가?

이처럼 계속 갓길로 빠지는 생활을 당연하게 받아들이면 어떨까? 목표를 달성하는 데 집중하지 못한다고 자책하지 말고 관대하게 자신을 대하면 어떨까? 실현 불가능한 기준을 억지로 따르지 않고 수동적 자세에서 능동적 자세로 나아갈 수 있는 전략을 선택한다면 어떨까?

이 장에서는 당신과 일을 모두 보호하는 방식으로 일과를 관리하는 데 필요한 도구, 이른바 다섯 가지 핵심 습관을 소개한다. 이 시간 관리 전략은 우리가 지닌 가치관을 토대로 새로운 선택을 함으로써 일상의 험한 바다를 헤치고 나아가도록 도와준다. 또한 시간이 지남에 따라 단기적, 장기적으로 더 나은 선택을 하도록 도와준다. 그리고 경계를 강화하고, 중요한 일을 더 많이 하며, 용기와 의지를 갖고 오아시스 타임을 향해 나아가도록 도와준다. 이 습관들을 많이 받아들일수록 일과 삶에 대처하는 역량과 능력이 향상된다. 오아시스 타임을 만드는 일과 밀접한 관계를 지닌 이 습관들은 다음과 같다.

1. '일의 내용'이 아니라 '일하는 방식'에 집중한다.
2. 우선순위를 조정한다.
3. 전환 시간을 잘 활용한다.
4. 조력자의 도움을 받는다.
5. 일을 끝내면 성공을 기념한다.

습관 1.

'일의 내용'이 아니라 '일하는 방식'에 집중한다

우리는 일과를 정할 때 어떤 일을 해야 할지만 챙기는 경향이 있다. 그 일을 하는 방식도 생각해야 한다. 우리가 일하는 방식은 우리에 대해 많은 것을 말해주며 생산성, 정서 지능, 충족감에도 큰 영향을 미친다.

스티븐 코비Stephen Covey는 《성공하는 사람의 7가지 습관The Seven Habits of Highly Effective People》에서 능동적인 자세로 내면에 이끌려야만 효율을 높일 수 있다고 말한다. 내면에 이끌린다는 것은 충동이나 기분, 감정이 아니라 가치관과 성격의 영향을 더 받는다는 것이다. 코비는 우리가 용기, 도덕성, 인내, 다정함 같은 성격적 강점을 살리는 삶이 얼마나 행복한지 모르는 경우가 많다고 지적한다.

가치관을 따르고 성격적 강점을 개발하는 일은 시간을 가리지 않는다. 하루 동안에도 우리의 가치관에 도전하는 난관들이 자주 등장한다. 어려운 문제를 논의하는 자리에서 자신의 생각을 밝히는가, 그냥 참는가? 밝힌다면 잘 받아들여지도록 조리 있게 말하는가, 그냥 생각나는 대로 떠들고 후환에 시달리는가? 상대가 제기한 우려를 주의 깊게 듣는가, 상대의 성격적 결함 때문에 생긴 문제라며 무시하는가? 15분이나 30분마다 이메일이나 소셜미디어를 확인하는가, 더 건설적으로 시간을 활용하는 방법을 고민하는가?

우리는 윤리와 도덕을 따르는 존재로서 자긍심을 느끼며 일하고 싶어 한다. 그러나 가치관을 실행에 옮기는 일은 그냥 신봉하는 것이나 따른다고 말만 하는 것과는 많이 다르다. 예를 들어 참을성이나 정직성을 중시한다고 말하면서도 실은 성질이 급하거나 진실을 피하는 경우가 많다. 우리는 하루를 보낸 후 그저 많은 일을 해낸 날이 아니라 '잘 보낸 날'로 기억하고 싶어 한다. 그러나 대부분의 사람은 과제 목록처럼 일상에서 살리고 싶은 품성의 목록을 갖고 있지 않으며, 그런 품성을 기르는 법도 모른다.

벤저민 프랭클린이 이룬 업적 중 하나는 가치관을 실행에 옮기는 방법을 개발한 것이다. 프랭클린은 대단히 실용적인 사람이었으며 그가 세운 계획도 실용적이었다. 그는 삶의 기조로 삼고 싶은 열세 가지 가치 혹은 품성을 정한 다음 얼마나 잘 실천했는지 확인할 수 있는 표를 만들었다. 그가 미덕으로 꼽은 것은 성실성, 겸손, 정의감, 인내, 근면성 등이었다.

그는 20세 때부터 매일 자신의 행동을 점검하기로 결심했다. 자신의 행동과 가치가 어긋나는 경우를 발견했기 때문이다. 요즘에는 '미덕'을 구태의연하게 여기며 연마하지 않는다. 그래도 프랭클린의 모범을 따라서 우리 안의 품성을 닦을 때 자신이 진정으로 원하는 가치를 발견할 수 있다. 프랭클린의 계획은 매주 열세 가지 품성 중 하나를 집중적으로 닦는 것이었다. 그러면 1년에 네 번을 반복할 수 있었다. 그는 이렇게 말한다.

🌱 나는 자라는 동안 사람과 사람이 교류할 때 진실성, 성실성, 도덕성을 지키는 것이 행복한 삶을 사는 데 가장 중요하다고 믿게 되었다. 그래서 이 가치들을 따르겠다는 결심을 글로 적었다. 지금도 그 글을 적은 종이를 일기에 끼워두고 있다. 살아 있는 한 그 결심을 실천하기 위해서다.[122]

그는 매주 친구들과 만나 서로 도덕적인 삶을 살도록 북돋웠다. 실제로 내가 프랭클린의 방법을 따라 해보니 큰 보람을 얻을 수 있었다. 내가 가장 추구하고 싶은 가치는 질서였다. 나는 질서를 소중히 여겼지만 일상에서 실현할 수 없었다. 예를 들어 약속한 제시간에 도착하지 못했고, 자주 물건을 잃어버렸고, 우편물을 정리하는 데 애를 먹었다. 그래도 정리하는 기술을 연마하려고 집중하다 보니 어느덧 살아가는 방식이 바뀌었다.

지금 내가 추구하는 가치의 목록에는 질서(당연한 일이다), 인내(남자아이를 키우고 있다), 균형, 신뢰가 포함된다. 이제는 품성 개발을 위한 지침서를 읽고 토론하는 모임에 참석하기도 한다.

⋯ 삶에 적용하기 ⋯

자신이 원하는 가치를 찾을 수 있도록 일하는 방식에 집중하라.

- 중요하게 여기는 품성의 목록을 만들어라.
- 일과의 우선순위로 연마할 품성을 정하라.
- 하루(혹은 일주일)를 보낸 후 낙담하거나 불쾌했던 때를 떠올려보라. 아마 당신이 중시하는 가치를 어긴 데 따른 불편함이 그 원인일 것이다.
- 앞으로 비슷한 상황에서 어떻게 대응할지 글로 적어라.

우선순위를 조정한다

우리가 지켜야 할 사항 중 하나는 다른 일이 생겼을 때 계속 우선순위를 유지하는 것이다. 일이 중간에 방해를 받거나 생각보다 오래 걸릴 때 지금 가장 중요한 것이 무엇인지 판단해야 한다. 이런 경우에 여러 일을 동시에 하는 것이 해결책이라고 생각하는 사람도 있다. 그러나 이 방법은 일하는 속도를 더욱 늦출 뿐이다. 올바른 대안은 모든 일을 할 수 없다는 사실을 인정하고 우선순위를 조정하는 것이다.

다만 이런 조정을 아무렇게나 해버리면 일과를 마칠 무렵 엄청난 혼란에 직면하게 된다. 그래서 '지금 이메일을 보내기에는 너무 늦었어. 재료를 사서 저녁식사를 준비할 시간도 없어. 집에 일감을 가져가야겠어. 퇴근길에 저녁으로 먹을 걸 포장해 가고 운동은 생략해야지'라고 생각하게 된다. 이런 상황이 익숙한가? "한 번에 두 결혼식에서 춤을 출 수 없다"라는 유대 속담은 이런 어려움을 잘 표현한다. 결국 선택이 필요하다.

최대한 많은 일을 하는 것을 중요하게 여기는 세상에 살다 보면 뒤늦게 우리가 일 때문에 포기한 가치들을 깨닫는 경우가 많다. 예를 들어 집밥을 좋아하면서도 6일(혹은 6주) 내내 밤마다 밖에서 포장해 온 음식을 먹는다. 매일 하는 운동이 건강과 생산성을 유지하는 데 대단히 중요하다는 사실을 알면서도 일주일 내내 짧은 산책조차 하지 않는다. 우리는 생산성을 올린다는 헛된 미명하에 충분한 수면, 좋은 음식, 운동처럼 자신을 돌보는 요소들을 포기한다. 그러나 우선순위를 의식적으로 조정하면 가장 중요한 일을 하게 될 가능성이 높아진다. 어떤 활동을 포기하는지 혹은 뒤로 미루는지 관찰하라. 그다음 무엇을 할지 현명하게 선택하라.

우선순위를 조정할 때 주의할 점은 우리가 쉽고 간단한 일에 이끌리는 경향이 있다는 것이다. 어렵고 중대한 일을 미루는 경향을 인식하면 일을 더 잘할 수 있다. 어떤 일에 집중할지 결정할 때 이 사실을 명심하라. 내 고객인 안자나는 이렇게 털어놓은 적이 있다.

"나는 연간 목표를 재조정하는 것보다 수신함을 정리하는 것이 훨씬 좋아요. 대개 너무 급히 움직이느라 중요한 문제들을 놓쳐버리죠."

그러나 이제 그녀는 필요한 경우 밖에 앉아서 잠시 명상을 한다. 그러면 우선순위를 조정하는 중요한 일을 할 준비를 갖추게 된다. 그러지 않으면 종일 수동적인 자세로 지낼 수밖에 없다.

다음 표에 나온 대로 우리는 쉽고 간단한 일을 선호한다. 그러나 어렵고 복잡한 일을 추구할 때 보람찬 삶을 살 수 있는 진정한 추진력이 생긴다. 많은 사람이 진정한 보람과 성장을 안길 일을 할 시간이 없다고 말한다. 어렵고 복잡한 일을 추진하는 능력을 기르려면 다음과 같은 질문을 던져라.

- 손을 못 댔거나, 매달릴 시간이 없었던 핵심 과제는 무엇인가?
- 무엇이 가장 시급하고 긴요한 일인가? 왜 그렇게 느끼는가?
- 중요한 일을 마무리하지 못한 데 대해 다른 사람을 탓하는가? 그 상황에서 당신도 어떤 역할을 했는가? 당신이 그들을 도와주지 않았다면, 혹은 자신에 대한 핑계를 대지 않았다면 어떻게 되었을까?
- 지금 이 일을 하지 않으면 어떤 대가를 치르는가? 이 일이 정말로 얼마나 중요한가?

우리는 쉽고 간단한 일에 이끌린다		
쉽고 간단하다		**어렵고 복잡하다**
단기	←	장기
시급함	←	중요함
편하다	←	힘들다

　쉽고 간단한 일을 선택하는 것은 중요하지만 어렵고 복잡한 일을 미루는 것과 마찬가지다. 누구나 때로는 일을 미루며 대체로 익숙한 핑계를 댄다. 예를 들어 '헬스장에 가야 해'라고 생각하며 퇴근하지만 막상 집에 와서는 배가 고파서 간식을 먹는다. '뉴스만 확인한다'는 핑계로 텔레비전을 켰다가 심한 피로감에 빠진다. 그러면 도저히 운동하러 갈 기분이 나지 않는다. 자신도 모르는 사이에 운동을 하지 못

하도록 상황을 만든 것이다. 자신에게 하는 말과 자신이 준비한 상황이 당신을 소파로 이끌었다. 절대 그런 일은 하지 않겠다고 맹세했으면서도 말이다. 곧, 헬스장에 가지 않아도 되는 상황을 만든 것이다.

반대로 당장 내키지 않아도 중요하게 여기는 일을 하도록 자신을 유도할 수 있다. 운동을 정말 하고 싶다면 직장에 운동복을 갖고 가서 퇴근할 때 갈아입어라. 또한 너무 허기가 지지 않도록 미리 바나나를 먹어라. 다음에 무엇을 할지 모르는 일이 없도록 운동 계획을 자세히 세워라. '공원으로 차를 몰고 가서 트랙 옆에 주차한다. 트랙을 여섯 번 돈 다음 중앙 잔디밭에서 스트레칭을 한다. 집으로 오는 길에 나 자신에게 주는 상으로 주스를 산다'라는 식이다.

'~하면 ~한다'라는 주문도 효과적인 수단이다. '집에 도착하면 사과를 먹은 다음 운동복으로 갈아입고 헬스장으로 간다'라거나 '문자 메시지가 와서 휴대전화가 진동해도 계속 일에 집중한다'라는 식이다. 하루 동안 이뤄지는 우선순위 조정에 대한 인식을 강화하는 목적은 최선의 선택을 할 수 있는 습관을 만드는 것이다.

힘든 일을 할 때 계속 스스로를 북돋는 것도 중요하다. 예를 들어 '속도가 너무 느려! 진도가 나가질 않아!'라고 생각하지 말고 '15분 단위로 세 번 일하면 조금씩 진도가 나갈 거야. 지금 어려운 건 맞아. 그러나 15분 동안 하는 게 힘들면 3분 동안 하면 돼. 지금 많이 해두면 나중에 더 쉴 수 있어'라고 생각하자는 것이다.

운동도 마찬가지다. 소파에 눕지 않도록 자신을 격려하라. '기운이 없으면 5분만 달리겠어. 1분만 운동해도 하지 않는 것보다 나아'라고 생각하라. 그러면 기분이 훨씬 나아질 것이다.

··· 삶에 적용하기 ···

우선순위를 조정하라. 할 일이 너무 많다면 다음 단계를 밟아라.

- 시간을 기록하라.
- 남은 시간 동안 하고 싶은 일을 모두 적어라.
- 각 항목마다 예상 소요 시간을 적어라.
- 할 일 중에서 누군가에게 위임하거나, 축소하거나, 연기하거나, 적당한 수준에서 끝낼 수 있는 항목을 정하라.
- 실제로 일할 수 있는 시간을 파악하라. 지금이 오후 2시라면 기운이 얼마나 남았는지 현실적으로 파악하라. 식사시간과 운동시간, 회의시간과 통화시간을 고려하라. 실제로 일할 수 있는 시간이 얼마나 남는가?
- 목록을 살펴라. 반드시 해야 하는 일은 무엇인가? 중요성을 과장하지 말고, 헛된 바람도 품지 마라. 다른 사람을 위해 해야 하는 일은 무엇인가? 언제까지 해야 하는가? 재협상을 해야 하는 일은 무엇인가?
- 앞선 3단계에 따라 하루 동안 참고할 목록을 만든 다음 중요한 일을 완수하라.

그다음에 할 세 가지 일은 다음과 같다.

- '~하면 ~한다'라는 주문을 통해 힘든 일을 계속하도록 자신을 북돋을 수 있다.
- 제때 끝내야 하는 세 개의 항목을 골라라. 필요하다면 확실하게 끝낼 수 있도록 규모를 줄이고 각 항목에 시한을 정하라.
- 각 항목을 끝낸 후 쉴 시간을 정하라. 예를 들어 첫 번째 항목을 끝낸 후 커피를 한 잔 마시고, 두 번째 항목을 끝낸 후 즐겨 찾기를 해둔 블로그를 읽고, 세 번째 항목을 끝낸 후 10분 동안 산책을 할 수 있다.

이처럼 세밀하고 분명하며 한정된 목표는 잠시 구글 검색을 하거나, 트위터를 확인하거나, 휴게실에서 수다를 떨거나, 냉장고를 청소하고 싶은 유혹을 이기도록 해준다. 궤도를 벗어나고 싶은 생각이 들면 완수해야 할 구체적인 목표가 있으며, 목표를 완수한 후에는 원하는 일을 할 수 있다는 사실을 떠올려라. 이는 미루는 버릇을 이기는 탁월한 방법이다.

전환 시간을 잘 활용한다

시간 관리라고 하면 대개 과제를 관리하는 것이라고 생각한다. 그러나 시간을 잘 관리하려면 한 활동에서 다른 활동으로 넘어가는 전환 시간도 잘 관리해야 한다. 전환 시간은 어떤 활동 자체만큼이나 활력을 유지하는 데 필수적이다. 전환 시간을 두면 한 활동을 멈추고 다른 활동을 시작할 때 현실적으로 필요한 여지를 확보할 수 있다.

우선 전환 시간이 얼마나 필요한지 정확하게 파악해야 한다. 그래야 일과를 계획할 때 반영할 수 있다. 전환 시간을 잘 추정하는 한 가지 방법은 자주 거치는 전환 시간이 얼마나 걸리는지 확인하는 것이다. 예를 들어 회의를 하러 갈 때 회의장에 도착할 때까지 얼마나 걸리는가? 10분? 15분? 출발하기 전에 시간을 추정하라. 그다음 도착한 후 실제로 걸린 시간을 정확하게 계산하라.

연속으로 통화를 할 경우 10시부터 10시 30분까지, 10시 30분부터 11시까지, 11시부터 12시까지로 계획을 세우는 것이 현실적으로 보일 수 있다. 그러나 다시 생각해보라. 지난 통화를 정리하거나, 화장실에 가거나, 스트레칭을 할 몇 분의 시간을 고려하라.

어떤 일에서 다음 일로 넘어가는 시간은 현재 상태를 점검할 기회를 준다. 그래서 지금 어디에 있는지, 어디로 가는지, 다음에 무엇이 필요한지 확인할 수 있다. 이런 사항들을 점검하는 데는 오랜 시간이 걸리지 않는다. 전환 시간에도 주의를 기울이면 일과를 잘 이어가는 데 필요한 신호를 포착할 수 있다.

시간을 관리하는 마음속 계기판을 만들라

당신이 조종사라고 가정하자. 당신 앞에는 비행기의 고도, 연료량, 운항 거리, 남은 거리를 알려주는 계기판이 있다. 우리 몸에는 계기판이 없지만 이른바 '자기 조절 계기판'을 잘 인식하면 안전하게 일과를 살 이어갈 수 있다. 우리 안에 있는 계기판은 정신적, 육체적, 정서적, 영적 상태를 말해준다. 내면의 계기판을 점검하면 자신의 현재 상태를 파악하고, 이 정보를 토대로 필요한 경우 경로를 수정할 수 있다.[123]

다음은 내가 계기판을 점검하기 위해 정기적으로 나 자신에게 던지는 질문들이다.

- **정신적 상태**: 온전히 깨어 있는가? 집중하고 있는가? 산만한가?
- **육체적 상태**: 기운은 어느 정도인가? 물을 마셔야 하는가? 음식을 먹어야 하는가? 활동을 해야 하는가? 쉬어야 하는가? 포옹이 필요한가? 너무 빨리 혹은 너무 느리게 움직이거나 생각하는가?
- **정서적 상태**: 차분한가? 흥분했는가? 무엇 때문에 동요하는가? 화가 났는가? 슬픈가? 상심했는가?
- **영적 상태**: 목적의식을 따르고 있는가? 직관을 따르고 있는가? 의욕에 넘치는가? 아니면 활력이 죽어 있는가? 도덕적으로 행동하고 있는가?

이 목록은 막연해 보이지만 실제로 자신의 상태를 간략하게 점검하는 데 도움이 된다. 전환 시간에 이런 문제들을 살피면 그 답을 통해 신속하게 필요를 충족할 수 있다. 그러면 다음 활동에 뛰어들 준비를 마치게 된다. 예를 들어 잠시 쉬면서 다시 집중하거나, 친구와 잠시 통화를 하며 마음을 다스리거나, 물 한 잔이나 사과 한 알로 기운을 회복하거나, 2분 동안 분류 작업을 통해 목적에 맞는 활동을 가려낼 수 있다. 전환 시간에 이런 일들을 하면 지치지 않고 경로를 유지하는 데 도움이 된다.

우리에게는 하루에 할 수 있는 양보다 많은 일을 하려는 집단적 습관이 있다. 우리는 전환 시간을 줄여서 밀린 일을 따라잡으려 애쓴다. 그래도 속도를 높이는 데 도움이 되지 않는다. 오히려 속도가 더 늦어지는 경우가 많다. 대신 현실적인 태도를 취해 전환 시간에 집중하라. 전환 시간을 짧은 휴식시간으로 삼을 수도 있다. 나는 일과가 순조롭게 흘러가는 날에는 전환 시간을 다음과 같은 일에 쓴다.

- 작은 성과도 기념한다.
- 긴장을 푼다.
- 집중력을 회복한다.

오늘 하루 동안 이룬 작은 성과도 기념하라. 몸과 마음의 긴장을 풀어라. 다음 활동을 위해 집중력을 회복하라.

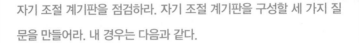

자기 조절 계기판을 점검하라. 자기 조절 계기판을 구성할 세 가지 질문을 만들어라. 내 경우는 다음과 같다.

- 물을 마셔야 하는가?
- 일어나서 스트레칭을 해야 하는가?
- 직관적으로 다음 일을 어떻게 준비해야 하는가?

이 세 가지 질문은 내게 중요한 의미를 지니며, 행복도를 실질적으로 높여준다. 이와 비슷한 질문으로는 다음과 같은 것들이 있다.

- 집중하고 있는가, 산만한가?
- 몸 상태는 어떤가?
- 어떤 도움이 필요한가?

당신에게 맞는 자기 점검용 질문은 무엇인가? 그 목록을 만든 다음 전환 시간에 점검하는 습관을 들여라.

조력자의 도움을 받는다

일과 관련한 문제를 다른 사람과 상의하면 생산성을 높이는 데 필요한 책임 의식과 도움을 얻을 수 있다. 이 '생산성 조력자productivity buddy'는 당신의 말을 듣고 조언을 제공할 뿐 아니라 힘들 때 기댈 언덕이 되어준다. 당신은 혼자가 아니다.

가까운 친구나 동료 혹은 자문을 생산성 조력자로 삼을 수 있다. 그들은 당신이 집중력을 유지하고, 난관을 벗어나도록 도와준다. 또한 조언뿐 아니라 필요한 조언을 구할 용기를 제공한다. 일의 성격과 관계없이 경로를 유지하는 데 도움을 주며, 경로를 벗어났을 때 다시 돌아가도록 지원한다.

책임 의식이 없으면 이메일이나 인터넷에 많은 시간을 허비할 수 있다. 그 시간을 더 잘 쓸 수 있음을 분명히 아는데도 말이다. 머릿속이 몽롱한 상태에서 중요한 일을 피하거나 활력이 떨어질 때면 문자 메시지나 전화로 조력자와 이야기를 나누는 것이 내게는 큰 도움이 된다.

정상급 컨설턴트인 마셜 골드스미스Marshall Goldsmith는《모조Mojo》에서 책임 의식을 부여하는 협력 관계의 중요성을 언급하면서 이렇게 말한다.

🌿 우리는 매일 서로 어디에 있던 전화로 건강과 일, 인간관계를 챙긴다. 그 효과는 엄청나다. 이 의식을 따른 지 18개월 후에 짐과 나는 정확히 원하던 체중을 유지했고, 운동을 더 많이 하게 되었고, 더 많은 일을 이뤘다. 또한 아내를 대하는 내 태도는 더 다정해졌다.[124]

생산성 조력자와 나누는 통화는 3분에서 6분을 넘기면 안 된다. 이 통화는 사교를 위한 것이 아니라 다음 활동에 필요한 도움을 얻기 위한 것이다. 때로는 어려운 점을 늘어놓기만 해도 도움이 된다. 상대가 귀 기울여 들어주는 동안 갑작스레 안개가 걷히는 경우가 많다. 다음은 내가 조력자와 나눈 통화 내용을 정리한 것이다.

조력자 지금부터 한두 시간 동안 무엇을 할 거야?

나 세 가지 일이 있는데 어디에 초점을 맞춰야 할지 모르겠어. 우선 고객에게 평가 보고서를 보내야 해. 생산적인 대화를 위한 워크숍도 준비해야 해. 무엇보다 오늘 블로그에 올릴 글을 편집해야 해. 계속 미루기만 했어. 원하는 만큼 편집할 시간이 안 될까 봐 걱정이야.

조력자 평가 보고서와 워크숍 계획서를 만드는 데 얼마나 걸려? 최소한으로 마무리할 수 있는 선은 어디까지야? (그녀는 내가 완벽주의자임을 안다.)

나 평가 보고서는 한 시간 안에 끝낼 수 있어. 완벽하지 않아도 되거든. 그다음에 잠시 쉬었다가 15분 동안 블로그에 올릴 글을 편집할 거야. 이 일 역시 완벽을 기할 필요는 없어. 아직 머릿속이 맑을 때 윤곽부터 잡아야겠어. 지금부터 한 시간 동안 모든 방해 요소를 차단할 거야. 그다음 휴식을 취한 후 재평가를 할 생각이야. 고마워. 너의 목표는 뭐야?

조력자 나는 이번 주 안에 인사부장에게 보고서를 제출해야 해. 그걸 한 시간 동안 할 거야. 첫 30분 동안 데이터를 모으고 나머지 30분에는 초안을 만들 거야. 데이터 수집을 계속 미뤘는데 일단 시작하면 어렵지 않을 거야. 시작하면 문자메시지로 알려줄게.

나 15분 후 정도면 어때?

이런 대화를 나누면 한두 시간 동안 할 일에 관한 책임 의식이 생긴다. 조력자와의 상호 점검은 편하게 목표를 향한 다음 단계를 논의하는 기회를 제공한다.

동료나 상사 혹은 친구를 조력자로 삼을 수 있다. 의사소통은 전화나 문자메시지 혹은 채팅으로 하면 된다. 정기적인 점검은 생산성 확인을 통해 행동 패턴을 드러낸다. 상호 점검 시 깊이 있는 질문을 던질 수 있다. 상호 점검은 인터넷을 검색하고 싶은 마음이 들 때 집중력을 유지하도록 해준다. 심지어 삶의 질에 대한 책임까지 부여한다. 상황이 어려울 때 서로에게 "자신의 책임은 무엇인가?", "왜 다시 이런 상황에 처했을까?" 같은 질문을 던질 수 있다. 자신을 주의 깊게 바라보는 사람에 대한 책임 의식은 좋은 시간 관리 습관을 들이는 가장 빠른 수단이다.

··· **삶에 적용하기** ···

매일 일과 중이나 일과 후에 서로를 점검할 친구나 동료를 찾아라. 각 조력자와 2~3분 동안 대화를 나눠라. 오래 하지 않아도 된다. 절차는 다음과 같다.

- 타이머를 3분으로 맞춰라.
- 조력자에게 어디에 초점을 맞추고 싶은지 물어라.
- 다음 활동을 위한 목표를 분명하게 세우도록 상기시켜라.
- 이제 조력자가 당신이 초점을 맞출 일이 무엇인지 묻는다.
- 다음 활동의 목표를 제시하라.
- 활동이 끝난 후 전화나 문자메시지로 성과를 확인하라.

도움이 되었으면 계속 시도하라. 문자메시지로 특정한 시간 안에 달성할 목표를 전하라. 조력자에게 진전 상황을 알려라.

일을 끝내면 성공을 기념한다

하지 못한 일, 마무리하지 못한 과제, 나누지 못한 통화, 달성하지 못한 목표 때문에 자책하며 잠자리에 든 적이 얼마나 많은가? 습관적으로 드는 부정적인 생각은 우리 몸에 강한 긴장을 초래한다. 이런 상태가 오래 지속되면 일을 제대로 하지 못한다고 스스로 인정하는 상황에 직면하게 된다.

대신 그날 이룬 성과를 '기념'하며 하루를 마감한다고 상상해보라. 이 습관은 일을 즐겁게 대하는 습관을 형성한다. 그러면 두려움이 아니라 기대감을 안고 새날을 맞게 되며, 더 많은 성과를 이루게 된다.

'완료'는 하루의 일을 분명하게 끝냈음을 스스로 인식하는 것을 뜻한다. 나는 컴퓨터공학과 교수이자 일 전문가인 칼 뉴포트 박사가 말한 '차단 완료'라는 표현을 좋아한다.[125] 이는 일이 완전히 끝났다는 뜻이다. 당신은 일에 대비했고, 주요 도구들이 어디 있는지 파악했고, 어떤 성과를 냈는지 확인했고, 일을 마무리했다는 느낌을 받았고, 다음 활동에 참고할 사항도 기록해두었다. 이제 당신은 책상을 정리하고 열쇠나 도구를 제자리에 둔다. 그리고 헬스장에 갈 준비를 한다.

완료는 이룬 성과에 대한 기념도 포함한다. 기대에 미쳤든 아니든 성과를 스스로 축하하는 것이 중요하다. 왜 그럴까? 우리는 대개 다음에 할 일과 하지 못한 일을 신경 쓴다. 이런 경향은 공허감을 안긴다. 반면 성과에 초점을 맞추면 부족한 결과에 연연하는 패턴을 깨트릴 수 있다.

작은 성과도 인정할 만한 가치를 지닌다. 하버드 경영대학원 교수인 테레사 애머빌Teresa Amabile 박사는 무엇이 우리를 성공으로 이끄는지 폭넓게 연구했다. 그녀는《전진의 법칙The Progress Principle》에서 의미 있는 목표를 향해 매일 조금씩 나아가는 일이 만족감을 안긴다고 밝혔다. 또한 그녀는 "연구 대상자들의 생각, 감정, 욕구는 작은 것이라도 성공을 축하하고 그 과정에서 얻은 지식을 분석할 때 훨씬 나아졌다"고 말한다.[126]

그러니 성과를 이루고 품성을 연마한 사실을 스스로 인식하라. 두려움을 이겨내고 목표를 달성했는가? 단 한 번이라도 유혹을 떨치고 집중력을 유지했는가? 화가 난 상태에서도 상대를 정중하게 대했는가? 어떤 사람과 힘든 대화를 나눴지만 자제력을 발휘해 결국에는 성과를 냈을 수도 있다. 조직에 대단히 도움이 되거나 효과적인 일을 해냈을 수도 있다. 계속 미루던 일을 마침내 완료했을 수도 있다. 정말로 하기 싫던 일을 기꺼이 (혹은 적어도 투덜대지 않고) 했을 수도 있다. 이 모든 것은 하나의 성과로서 자신의 어깨를 두드리며 축하할 가치를 지닌다.

원래 과제 목록에는 없었지만 완료한 모든 일에도 주의를 기울여라. 대개 아이나 집안일 혹은 개인적 용무와 관련된 것은 일로 간주하지 않는 경향이 있다. 그런 것도 당연히 일이다. 내 친구는 원래 과제 목록에 없었지만 하루 동안 한 모든 일의 목록을 만든 다음 하나씩 지우면서 성취감을 만끽한다.

성과를 기념하는 일은 하루 중 언제라도 할 수 있다. 스트레스와 생산성의 관점에서 볼 때 어떤 일을 완료한 후 바로 기념하는 것이 좋다. 캘리포니아대학교 버클리캠퍼스의 연구자들은 농구팀을 대상으로 실시한 연구를 통해 선수들이 서로 축하를 많이 할수록 경기력이 좋아진다는 사실을 발견했다. 경기 도중 "주먹이나 손바닥, 가슴, 어깨를 맞대고, 가슴이나 머리를 가볍게 두드리고, 머리를 움켜쥐고, 손바닥을 낮거나 높게 부딪히고, 반쯤 포옹을 하고, 팀이 한데 모이는" 횟수가 많을수록 성적이 더 좋았다.[127] 당신도 주위 사람들과 그렇게 해보라. 종일 경기가 진행되는 내내 언제든 축하하는 시간을 가져라. 내 경우 머리를 가볍게 두드리거나 머리를 움켜쥐는 방법은 그다지 결과가 좋지 않았지만 말이다.

불완전한 성과를 냈더라도 자신에게 보상을 줘라. 아니, 오히려 그럴 때 더욱 보상을 줘야 한다. 때로는 아직 완벽한 수준에 이르지 못한 일들이 우리를 계속 달리게 만든다. 성공을 거두었을 때만이 아니라 실수했을 때도 자신의 노력을 인정해야 한다.

작은 성과를 기념하라. 어떤 일을 끝냈을 때마다 자신의 노고를 인정하라. 그러면 '그래, 이제 됐어. 요청에 잘 대응했고, 바로 하던 일로 돌아왔고, 다른 일도 잘 처리했어. 이건 목록에서 지워도 되고, 이 문자메시지에는 잘 답했고, 일에 방해가 되던 저 문제도 잘 해결했어' 같은 일련의 생각을 하게 된다. 일과를 마치며 다음과 같은 일을 하라.

- 오늘 이룬 성과를 검토하고 작은 성공들을 파악하라. 아직 하지 못한 일이 있다면 원인을 살펴라. 거기서 배울 점은 무엇인가? 해당 과제를 내일의 과제 목록에 올려라.
- 책상이나 작업 공간을 정리하라. 물건을 치워라.
- 장보기, 약 사기, 시장 가기 등 볼일 목록을 만들고 다시 확인하라. 내일이 볼일을 보기에 적절한 날인가? 한 번에 모아서 할 수 있는가? 다른 사람에게 맡길 수 있는가?
- 달력을 보고 주요 활동을 비롯한 내일의 계획을 세워라. 다른 사람에게 상기할 내용을 담은 이메일을 보내라.
- 식사 계획을 점검하라. 점심에는 무엇을 먹을 것인가? 저녁에는? 누가 음식을 준비하고 재료를 살 것인가?

5가지 습관의 의미

우리가 일과를 관리하는 문제를 살펴보면 다섯 가지 핵심 습관이 오아시스 타임에 자리 잡고 있음을 알 수 있다. 곧 오아시스 타임은 우리가 추구하는 가치와 우리가 지닌 성격적 강점을 구현하는 시간이다.

오아시스 타임을 보내기 위해서는 휴식 대신 다른 일을 하게 만드는 일상의 유혹을 뿌리치는 힘든 선택이 필요하다. 앞 장에서 살폈듯이 전환 시간을 잘 관리하는 일은 오아시스 타임으로 들어서고, 거기서 나오는 과정에서 핵심적인 의미를 지닌다.

공동체 및 조력자와 함께하는 일을 줄이는 것은 오아시스 타임 동안 활력을 재충전하는 데 크게 도움이 된다.

끝으로 오아시스 타임은 우리 자신, 우리가 속한 공동체, 삶 그 자체를 축복하는 시간이다. 다섯 가지 핵심 습관을 완전히 몸에 배게 하면 많은 것을 누릴 수 있다.

12장

안식을 넘어
한 걸음 앞으로

오아시스 타임은 휴식과 재충전뿐 아니라 변화의 기회도 제공한다. 이는 정기적인 휴일을 갖는 데서 얻는 뜻하지 않은 혜택이다. 매주 자신을 돌보는 시간이 만든 천국은 난관에 대응하는 데 필요한 성장을 도와주는 인큐베이터가 될 수 있다. 오아시스 타임이 조성하는 환경은 더 깊이 있는 삶을 살도록 완벽한 여건을 제공한다.

　사람들은 대개 행복이 평안과 풍요에서 나온다고 생각한다. 그러나 부와 소유를 통해 안정을 추구하는 삶은 오히려 행복을 저해할 수 있다.[128] 경험에 따르면 기본적인 수입이 충족된 후에는 의미 있는 행동을 하고 자신보다 큰 대상에 소속감을 느끼는 데서 참된 행복이

나온다. 오아시스 타임은 우리가 이런 목표를 지향하도록 만든다. 오아시스 타임은 세 가지 경험을 통해 우리를 장기적인 변화로 이끈다. 바로 경이감을 느끼고, 정서적 끈기를 기르고, 고귀한 목적을 위해 친구나 이웃과 깊이 교류하는 것이다. 우리는 경이감을 통해 시야를 넓히고, 상상력을 회복한다. 경이감은 우리 인간이 정말 미미한 존재라는 깨달음을 통해 우리를 한데 묶어준다.[129]

이런 깨달음은 감당하기 힘든 감정을 기꺼이 대면하려는 의지로 이어진다. 온전한 정서적 삶을 살아갈 때 안정성과 활력이 개선되며, 더욱 쉽게 다른 사람에게 다가갈 수 있다. 그에 따라 단순한 사교가 아니라 대의를 추구하는 강력한 관계가 형성된다. 우리는 자신이 공동체 안에서 얼마나 큰 역량을 발휘할 수 있는지 배운다. 공동체를 인식하는 일은 행복에 필수적인 소속감을 키워준다. 경이감, 정서적 끈기, 유대성 같은 삶의 요소들은 우리가 성장하는 영적 토양을 풍요롭게 해준다. 이 토양이 비옥하고 부드러우면 뿌리가 자라날 공간이 생긴다. 반대로 척박하고 거칠면 어떤 것도 자랄 수 없다.

일상 속 기적을 발견하는 법

경이awe란 무엇일까?《웹스터 새 세계 영어사전Webster's New World Dictionary》

을 보면 경이는 "경탄이나 숭배와 뒤섞인 두려움, 장엄한 대상이 자아내는 감정, 숭고함"이라고 정의되어 있다. 경이를 경험하는 일은 너무나 많은 측면에서 기분을 북돋는다. 경이는 시간의 흐름을 늦추고, 시야를 넓히고, 마음을 열어주고, 자기애에 대한 끝없는 집착에서 벗어나도록 해준다. 캘리포니아대학교 교수인 폴 피프와 대처 켈트너는 이렇게 설명한다.

🌿 경이는 궁극적인 '집단' 감정이다. 사람이 대의를 위해 노력하도록 만들기 때문이다. 또한 다른 사람과 우리를 한데 묶어주고 협력하도록 동기를 부여해 더 강한 집단과 단결된 공동체를 만든다.[130]

경이를 경험할 기회는 생각보다 훨씬 많다. 다만 변화를 불러올 경험을 할 준비를 해야 한다. 오아시스 타임 동안 속도를 늦출 때 우리는 책을 읽거나 이웃과 수다를 떠는 것처럼 익숙한 일을 할 수 있다. 그러나 인식을 조금만 바꾸면 이러한 일에서도 경이감과 신성감을 느낄 수 있다. 또한 피프와 켈트너 교수는 다음과 같이 덧붙인다.

🌿 댄 뷰트너가 쓴 《블루 존》에 보면 장수 지역으로 알려진 사르디냐Sardinia에 사는 한 양치기의 모습을 관찰한 내용이 나온다. 그 양치기는 "잠시 멈춰서 아래로 펼쳐진 에메랄드빛 초원을 한참 바라보았

다. 거의 80년 동안 매일 보던 풍경이었다. 그래도 그는 매일 멈춰 서서 풍경을 감상했다."[131]

뷰트너는 양치기가 광활한 풍경을 매일 감상하는 일이 대다수 사람보다 오래 살게 해준 한 요인이라고 말한다. 우리도 매일 경이감을 느낄 수 있다. 멋진 석양이나 눈길을 사로잡는 풍경을 기다리지 않아도 된다. 설거지할 때 손등을 타고 흐르는 물이나 종일 활발하게 뛰어다니던 아이가 잠드는 모습도 충분히 경이로울 수 있다.

때로 우리는 빠르게 먼 곳으로 가도록 해주지만 자연에서 멀어지게 하는 신발을 벗어야 한다. 존재의 토대이자 활력의 원천인 흙에서 너무 멀어지면 결국 나아갈 수 없다. 신발을 벗으면 우리의 부드러운 발은 땅에 떨어진 나뭇가지와 나뭇잎을 민감하게 느낀다. 맨발로 돌아다닐 때처럼 세계와 더 깊이 교류하는 일도 익숙해지는 과정이 필요하다. 더 천천히 움직이면서 어디로 가는지 살피지 않으면 다치게 된다. 우리가 있는 자리를 온전히 알 수 있도록 잠시 영혼의 신발을 벗어두자. 우리는 소중한 세계에서 살아간다. 우리는 가이아Gaia(대자연)를 섬기는 시간을 가져야 하며, 대자연이 베푸는 방대한 보물과 조화롭게 살아가는 법을 배워야 한다. 오아시스 타임은 우리가 신성한 땅 위에 서 있음을 인식하는 시간이다.

우리는 주위에서 매일 일어나는 기적을 보지 못한다. 노벨 평화상 후보에 오른 적이 있는 틱낫한은 이렇게 말한다.

🌱 사람은 대개 물 위나 허공을 걷는 것이 기적이라고 생각한다. 그러나
진정한 기적은 땅 위를 걷는 것이다. 매일 우리는 알지 못하는 사이에
기적을 행한다. 푸른 하늘, 흰 구름, 파란 잎, 아이들의 호기심 어린 검
은 눈, 우리 자신의 두 눈, 이 모두가 기적이다.[132]

일상의 기적을 인식하고 경이감에 사로잡히는 일은 대단히 중요
하다. 랍비 헤셸은 이렇게 현명한 지혜를 전한다.

🌱 문명이 진보함에 따라 경이감이 약화된다. 이는 우리의 마음 상태가
나빠진다는 것을 말해주는 우려스러운 증상이다. 인류는 정보가 부족
해서 쇠퇴하는 것이 아니라 오직 인식이 부족해서 쇠퇴할 것이다.[133]

휘둘리지 않고 흐르는 대로 두기

경이는 내면의 삶으로 우리의 마음을 열어주고, 우리의 존재가 보잘
것없음을 깨닫게 해준다. 우리의 기질을 이루는 폭넓은 감정들을 받
아들이는 법을 익히면 더 강인해질 뿐 아니라 그 감정들에 더 잘 대

응할 수 있다. 정서적으로 충만한 삶을 사는 것은 우리 자신에게로 돌아가는 과정의 일부다.

대개 우리는 행복해지기를 원하고 그렇게 되기 위해 나름의 노력을 기울인다. 그러나 진정한 행복은 정서적으로 풍요로운 삶을 살아가는 능력과 거기서 얻는 기쁨에서 나온다. 속도를 늦추고 마음을 열면 뜻하지 않게 힘든 감정이 솟아난다. 이 내면의 고통이나 불안을 직시하는 것이 스스로를 치유하는 길이다.

정신없이 바쁜 생활에 휩쓸리다 보면 충만하고 풍요로운 감정을 느끼기 어렵다. 사람은 생산성을 올리려면 감정을 배제해야 한다고 생각한다. 그래서 계속 뛰어다니면서 해야 할 일들을 마무리하는 데 매달린다. 성취는 유혹적이기는 하지만 삶 속에서 현존하지 못하는 무능함을 가릴 수 있다. 우리는 속도를 늦출 때 비로소 황량한 내면을 발견하고 쓸쓸함을 느끼게 된다.

불교 명상가인 타라 브랙은 이렇게 말한다.

정신없이 빠르게 달려갈 때 우리는 우리 몸 안에서 실재하지 못한다. 우리는 집을 잃어버리고 삶에 소속되어 있음을 인식하지 못한다.[134]

브랙의 말에 따르면 우리는 정신없이 달려갈 때 우리 자신, 다른 사람, 우리가 처한 상황에 대해 많은 판단을 내린다. 이런 판단을 버려야만 자아와 세계의 진실에 더 가까이 다가갈 수 있다.

불교는 가만히 앉아서 생각과 감정이 드나들도록 놔두라고 가르친다. 그러면 감정적 반응의 패턴을 서서히 인식하고 다스릴 수 있게 된다. 우리에게 압박감이나 두려움 혹은 슬픔을 주는 것이 무엇인지 알게 된다. 고요는 이런 감정들을 두려워하기보다 경험하고 해소하도록 해준다. 이때 우리는 더는 감정의 흐름에 휘둘리지 않게 된다. 대신 감정은 생동하는 활기, 우리를 위한 자원이 된다.

감당하기 힘든 감정에서 도망치는 때가 있는가 하면 긍정적인 감정에 다가갈 통로가 없는 때도 있다. 심지어 우리를 고양시키는 감정이 있다는 사실을 깨닫지 못하는 경우도 있다.

나는 컬럼비아대학교 1학년 재학 시절, 교수님의 후원으로 서아프리카로 연구 여행을 떠난 적이 있다. 당시 아이보리코스트의 수도인 아비장Abidjan에 내리자 습한 더위가 나를 덮쳤다. 이른 아침에도 아스팔트가 물렁하게 느껴질 만큼 더운 날씨였다. 연구단은 호텔에서 사전 회의를 한 후 오후 늦게 목적지에 도착했다. 아비장에서 북쪽으로 약 400킬로미터 떨어진 작은 마을로, 아브론Abron족이 사는 곳이었다.

삶은 느렸고, 아침은 고요했다. 우리는 간단한 식사를 마친 후 일을 하러 나섰다. 다만 그곳의 일은 내가 알던 일과 달랐다. 오전에는 몇 시간 동안 밭을 일구었다. 그다음 햇빛이 약해질 때까지 한참 동안 평화로운 휴식을 취했다. 해 질 무렵이 되면 물을 긷거나 간단한 저녁을 준비했다. 마을에 전기가 들어오지 않았기 때문에 해가 지면 잘 준비를 해야 했다. 나는 오랜 시간을 잤다. 더위에도 점차 익숙해졌다. 마을 사람은 아주 친근했다. 때로 선선한 저녁 공기 속에서 야자술을 마시며 춤추고 노래하기도 했다.

작은 마을이라 곧 모든 마을 사람을 만나게 되었다. 며칠 후 나는 낯선 감정을 경험했다. 몸이 편안해지고, 마음은 가벼워지고, 머리는 고요해졌다. '이건 뭘까?'라는 생각이 들었다. 나는 그것이 행복임을 서서히 깨달았다. 그 가뿐하고 좋은 느낌은 여행을 마치고 집에 돌아올 때까지 계속 남아 있었다. 그러다가 조금씩 희미해지더니 사라지고 말았다.

나는 그 마을에 몇 주밖에 머물지 않았다. 그러나 그동안 또 다른 외국을 방문하고 몇 년 동안 외국으로 이주하기 전에는 다시 접하지 못할 어떤 것을 맛보았다. 나는 행복과 만족을 느끼는 것이 어떤 기분인지 알게 되었다.

그때까지 나는 어린 나이에도 상당한 성취를 이루는 삶을 살았다. 고등학교 학생회장이었고, 환경운동가이자 리더였으며, 전국 메리트 장학생National Merit Scholar 최종 후보에 올랐다. 또한 매사추세츠주 청소년 자문위원이었고, 아이비리그 대학에 들어갔다. 그러나 아프리카라는 아주 다른 세계에서는 풍부하고도 선명한 행복감이 저절로 느껴졌다. 나는 아주 먼 아프리카로 오기 전에는 성과에 대한 입박과 부담에 시달렸다는 사실을 깨닫지 못했다.

우리는 모두 더 깊고 근본적인 평온과 행복을 느끼고 싶어 한다. 사람은 그런 욕구가 생기면 음식을 먹거나, 물건을 사거나, 다른 계획을 세운다. 그러나 우리에게 필요한 것은 음식이나 자극이 아니라 평온과 경이 혹은 감사와 다정한 벗이다. 소유를 통해 갈증을 풀고 싶어도 교류가 아닌 소비를 선택하면 진정한 만족감에 이르는 느리고 낯선 길에 오를 수 없다. 바버라 브라운 테일러Barbara Brown Taylor는 《싫다고 말하는 연습The Practice of Saying No》에서 이렇게 말한다.

🌿 대다수 사람은 평일에는 자신의 감정을 앞지를 만큼 빠르게 일상을 보낸다. 그러나 하루 동안 속도를 늦추면 뜻밖의 일들이 생긴다. 아무런 영문도 모른 채 갑자기 울거나, 어렸을 때 헤어진 사람들이나 어린 시절에 했던 짜릿한 경험들이 떠오른다. 그리고 생각했던 것만큼 배가 고프지 않지만, 음식이 아니라 누구도 돈으로 살 수 없는 것에 굶주렸다는 사실을 알게 된다.[135]

도미니크 브라우닝은 속도를 늦출 때 생기는 두려움을 즐거움으로 누를 수 있다고 말한다. 그녀는 실제로 실직 후 이런 경험을 했다.

두려움과 씨름하기를 멈추고 일상의 느린 흐름을 그대로 받아들이자 내면의 자원들, 무엇보다 유희를 통해 영혼을 달래는 습관이 나타났다. 나는 읽고, 생각하고, 듣고, 세계를 돌아다니는 내 몸을 느끼고, 매일 접하는 작은 아름다움을 음미했다. 벌레와 매와 여우와 토끼를 바라보았다. 이제 내 삶에는 다시 세상을 사랑할 여지가 생겼다. 나는 나 자신을 기쁨에 바쳤다. 얼마나 놀라운 일인가!¹³⁶

우리가 느끼는 모든 감정은 우리 자신의 소중한 일부이자 풍요로운 삶의 자연스러운 일부다. 억지로 행복과 만족을 추구하기보다 폭넓은 경험을 허용하는 시간을 가져야 한다. 항상 행복하고 싶다는 생각은 우리를 불안하고 조심스럽게 만든다. 대신 내면의 세계를 경험하면서 불안과 두려움, 복잡함, 고민, 바쁘게 사느라 옆으로 제쳐둔 꿈들이 뜻하지 않게 마음으로 떠밀려오는 삶의 부유물을 살필 시간이 필요하다.

천천히 걷고 조금 더 따뜻해지기

빠르게 달리는 삶을 살다 보면 속도가 정체성을 정의하게 된다. 힘든 생활을 겨우 버텨내는 일은 나름의 보람과 흥분을 안긴다. 그러나 쉼 없이 움직이며 생산성에 매달리는 생활은 많은 사람이 느끼는 공허와 외로움을 가린다. 우리는 우리가 누구이고 무엇을 소중히 여기는지 잊어버린다.

세바스찬 융거Sebastian Junger 는 베스트셀러인《종족Tribe》에서 이 문제를 지적한다. 그의 말에 따르면 대단히 풍요로운 사회에서 사는 사람은 극심한 외로움과 단절감에 시달린다. 이웃들이 서로를 모르는 경우가 많다. 서로가 필요치 않기 때문이다. 개인적 풍요는 이웃과 나누고 서로를 도울 필요성을 제거한다. 반면 편하고 풍요로운 생활이 주는 환각에서 깨어나면 정말로 삶을 보람차게 만드는 연대의 끈을 재발견하게 된다.

융거는 집단적 곤경에 처한 사람이 얼마나 끈끈하게 뭉치는지 알면 놀라울 정도라고 말한다. 그는 전쟁이나 자연재해 같은 곤경에 처했을 때 정신질환이 줄고 집단적 헌신이 늘어나는 이유를 연구한 찰스 프리츠 미 육군 대위의 말을 소개한다.

❦ 현대 사회는 언제나 인간적 경험을 특정 짓던 사회적 유대를 심하게

훼손한 반면 재난은 우리를 오랜 유기적 연대 방식으로 되돌려놓는
다.[137]

우리는 더 나은 세상을 위해 힘을 모을 때 더 만족스러운 삶을 살
아갈 수 있다. 필요치 않은 것은 아무리 많아도 별 소용이 없다. 반면
진정으로 필요한 것을 얻으면 삶을 새로운 경지로 이끌 수 있다.

얼마 전에 우리 집 맞은편에 새 이웃이 이사를 왔다. 나는 같이 저
녁을 먹자고 그들을 초대했다. 즉흥적인 초대였지만 새 이웃을 초대
하는 것은 명백히 올바른 일이었다. 문제는 그 시간이 다가올수록
후회가 막심해진다는 것이었다. 할 일이 너무 많아서 쓸데없는 일을
했다는 자책감이 들었다. 결국 나는 막판에 겨우 간단한 저녁을 준
비했다.

이웃 사람은 와인과 과일을 들고 우리 집을 찾아왔다. 좋은 사람들
이었다. 금세 다정한 대화가 순조롭게 이어지자 내 머릿속에 가득 찼
던 일 생각은 어느덧 사라졌다. 우리 부부는 흥겨운 분위기를 즐겼
다. 이웃 사람은 아이와도 말이 잘 통했다. 우리는 저녁을 먹은 후 같
이 설거지를 했다. 새 친구가 생긴 듯한 기분이 들었다. 실제로 지금
도 우리는 종종 서로의 집을 오가며 우정을 나눈다.

인간은 함께 난관에 맞서도록 만들어졌다. 우리는 협력을 통해 번

성한다. 자연재해가 닥치면 서로를 돕기 위해 나선다. 우리는 심지어 자신을 희생하더라도 서로 돕도록 만들어졌다. 이는 깊은 유대감과 행복감을 안긴다.

현대 사회의 바쁜 생활이 미치는 부작용 하나는 서로에 대한 기대가 낮아진다는 것이다. 사람들은 교류를 원하지만 그럴 시간이 없다.

몇 년 전 어느 여름날 오후에 우리 부부는 옛 동네에 있는 수영장에서 같이 놀자고 오랜 친구들을 초대했다. 오랜만에 만나서 맛있는 음식을 나눠 먹을 생각이었다. 그러나 그들은 한 시간이나 늦게 와서 핑계를 늘어놓기 바빴다. 오전에 전시회를 보러 갔는데 작품을 감상하는 시간이 생각보다 오래 걸렸고, 길도 막혔다는 것이다.

어쨌든 우리는 같이 수영을 하고 피크닉 테이블로 음식을 가져갔다. 우리 부부는 이제부터 서로 못다 한 이야기를 나누고 동네를 산책하거나 아이들이 노는 모습을 보며 느긋한 시간을 보낼 수 있을 것이라고 생각했다. 그런데 친구 부부는 벌써 짐을 싸면서 명랑하게 말했다.

"농산물 직판장에 갈 거야. 더 있고 싶지만 거기서 다른 친구들을 만나기로 했거든. 조금 늦긴 했는데 괜찮아. 이해해줄 거야. 애들아, 빨리 와. 서둘러야 해."

그리고 그들은 떠났다.

주말에 할 일이 넘치지 않는 사람이 있을까? 그러나 이 활동에서 저 활동으로 바쁘게 옮겨가다 보면 주위 사람과 공동체를 제대로 보살필 수 없다. 겉만 훑고 지나가버린다. 깊은 교류를 나눌 수 없게 된다. 충분히 깊이 파고들어야만 접할 수 있는 즉흥적인 마법을 놓치게 된다. 누구보다 바쁘게 열심히 돌아다니면 일시적인 흥분을 얻을 수 있다. 그러나 결국에는 필요할 때 함께 해줄 친구들이 없는 인간적인 공허함을 그 무엇으로도 보상할 수 없는 순간에 직면한다.

속도를 늦추지 않고 달리기만 하는 생활은 진정한 삶을 놓칠 위험을 지닌다. 개인적, 직업적 메시지가 들어왔음을 끊임없이 알리는 휴대전화에만 초점을 맞추면 불가피하게 마주칠 난관을 헤쳐나가는 데 필요한 내적 지식을 쌓을 수 없다. 깊고 지속적인 관계를 보살피는 시간을 갖지 않으면 직업적, 물질적 성공도 부질없다는 사실을 깨닫게 된다.

이 책에서 당신이 단 하나의 교훈을 얻는다면, 아무리 바빠도 사람들과 계속 교류해야 한다는 것이기를 바란다. 친구와 공동체를 보살필 시간이 없을 만큼 너무 서두르지 마라. 일 때문에 인간관계에 소홀해서는 안 된다. 그러면 정작 필요할 때 위안이나 도움을 얻지 못할 수 있다. 당신이 힘들 때 친구들이 곁에 없을 것이고, 우정은 고통이나 슬픔의 무게를 견디지 못할 것이다.

삶의 진정한 보물은 멀리 있든 곁에 있든 인생이라는 여정을 함께하는 사람과 나누는 웃음과 눈물임을 명심하라. 오아시스 타임은 우리의 소속을 찾고 그들과 교류하는 시간이다. 우리는 어딘가에 소속되어야 한다.

평온보다 바쁨, 성찰보다 활동을 중시하는 문화에서 휴식과 회복을 위한 시간을 만드는 일은 위험하게 느껴질 수 있다. 다른 사람들은 모두 성공과 성취를 향해 달려가는데 뒤처지고 싶은 사람이 어디 있을까?

둘 다 가질 수는 없을까? 뛰어난 생산성을 올리면서도 여전히 다른 사람과 함께하는 시간을 소중히 여기면 안 될까? 일하는 즐거움뿐 아니라 일을 멈추고 쉬는 즐거움도 음미하면 안 될까?

당연히 둘 다 음미할 수 있다. 오아시스 타임이 대단히 중요한 이유가 거기에 있다.

무엇보다 우리가 매일 내리는 선택을 통해 원하는 미래를 만들 수 있다. 우리는 휴식과 회복을 선택해 활기차고 건강한 관점으로 세상의 난관에 대응할 수 있다. 기술의 노예가 되는 것이 아니라 기술의 주인이 될 수 있다. 친구와 만나는 시간을 마지못해 만드는 것이 아니라 기꺼이 비워둘 수 있다.

이제는 자유를 위해 비워둔 시간으로 나아갈 때다. 이 시간은 우리 자신이 되는 시간, 다른 사람과 얼굴을 맞대고 다정한 대화를 나누는 시간이다. 랍비 헤셸이 말한 대로 경이와 경배를 함께 나눌 때 힘든 시간을 멈출 수 있다.

🌱 안식일은 기술 문명의 우상들에 대한 경배를 멈추는 날, 돈을 쓰지 않는 날, 돈을 벌기 위해 치르는 다른 사람 및 자연과의 전쟁에서 휴전을 선언하는 날이다. 인류의 진보를 위해 안식일보다 더 커다란 희망을 품는 제도가 있을까?

인간이 시달리는 가장 까다로운 문제에 대한 해결책은 기술 문명을 포기하는 것이 아니라 그것에서 어느 정도 독립하는 것이다.[138]

삶의 고난을 피할 길은 없다. 그러나 일주일에 한 번은 고요와 교류의 섬으로 들어갈 수 있으며, 거기서 도전에 맞설 지혜를 얻고 벅찬 난관을 마주할 의욕과 활기를 되찾을 수 있다.

오아시스 타임은 계속 경험하다 보면 삶의 필수적인 요소가 된다. 매주 안도하며 의지하는 시간이 된다. 우리는 오아시스 타임을 통해 휴식을 취하고, 순간을 음미하고, 다른 사람과 교류하며, 성취에 대한 욕망을 버리면 앞으로 지날 험한 바다에 대비할 수 있는 수단을 가질 수 있다. 그리해 마침내 자신의 쉼터를 향해 확실하게 배를 몰아갈 수 있을 것이다.

오아시스 타임
실천하기

오아시스 타임을 내 삶에 적용하려면 그것을 일상으로 만드는 법을 익혀야 한다. 다음은 그 시간을 준비하고 연습하는 데 도움이 되는 몇 가지 지침이다. 언뜻 필요한 사항이 많아 보이지만 쉽게 조합해 사용할 수 있다.

마음의 준비와 함께 계획을 세워라	
행동	**생각**
매일 2분 동안 생각하기	매일 '재충전의 시간이 얼마나 좋을지' 상상한다. 나는 활력과 기쁨에 넘칠 자격이 있다.
혼자 혹은 다른 사람과 함께 보낼 계획 세우기	달력에 오아시스 타임을 표시하고 미리 계획을 세운다. 마음을 달래는 활동을 할 시간과 공간을 확보할 것이다.

맛있는 음식을 준비하라

행동	생각
음식을 사기	미리 좋은 재료나 음식을 사서 간편하고 행복하게 식사를 즐길 것이다.
음식을 대접하기	휴식시간에 모두가 좋은 식사를 즐길 수 있도록 맛있는 음식을 대접할 것이다.

재충전을 위한 시간을 마련하라

행동	생각
다른 사람과 교류하기	다른 사람과 함께 정신을 고양시키고 활력을 재충전하는 시간을 보낼 것이다.
자연 속에서 시간 보내기. 가까운 곳에 물가나 풀밭, 숲, 산 혹은 정원이 있는지 찾아보기	가까운 곳에 물가나 풀밭, 숲, 산 혹은 정원이 있는지 찾아 활력을 재충전하고 내가 살아가는 아름다운 세상과 연결될 것이다.
자기 돌보기	나 자신을 잘 돌보기 위해 낮잠을 자거나, 목욕을 하거나, 좋은 책을 읽거나, 활력을 불어넣는 일을 할 것이다.

아이나 가족이 함께할 수 있는 활동을 계획하라

행동	생각
부양가족을 돌보는 일을 다른 사람에게 맡기기. 가능하다면 디지털 기기 없이 즐길 수 있는 활동하기	나만의 시간이 필요하다. 아이나 부모님은 몇 시간 동안 내가 없어도 괜찮을 것이다. 아이들이 오아시스 타임을 즐길 수 있는 활동을 하도록 주선하고 나는 재충전의 시간을 보낼 것이다. 나중에 함께 모여서 서로에게 충실한 애정을 기울인다.
성장한 아이들도 몰입할 수 있는 활동을 계획하기	나는 활력을 회복하고 나 자신을 잘 돌볼 때 훨씬 나은 부모가 될 수 있다.

당신의 공간을 준비하라

행동	생각
공간을 깨끗이 정리하기	쓸데없는 물건들을 치우자. 정연하고 아름답게 집을 꾸며서 휴식과 성장, 평화, 초대를 위한 공간을 만들자.
목욕과 청소	일주일 동안 쌓인 먼지를 닦아내면서 오아시스 타임을 준비하자. 목욕을 하면서 일주일 동안 쌓인 근심을 털어낼 수 있다.

일을 정리하라	
행동	**생각**
일감을 옆으로 제쳐두기	오아시스 타임을 준비하기 위해 일감을 옆으로 제쳐둔다. 휴식을 취하면 훨씬 수월하게 일할 수 있다.
멈춘 곳 기록하기	일을 다시 시작할 때 참고할 수 있도록 어디서 멈췄는지 기록하자.
일하지 않는다고 알리기	쉬는 동안 일과 관련된 통화나 이메일 교환을 할 수 없다고 알리자.

축제 분위기를 조성하라	
행동	**생각**
특별한 옷 입기	오아시스 타임의 특별함과 아름다움을 느낄 수 있는 옷을 입자.
같이 노래 부르기	음악은 압박감에서 벗어나 기쁨을 누릴 시간임을 알려준다. 다른 사람과 즐겁게 노래하자.

오아시스 타임을 시작하라

행동	생각
시작하는 의식	이제 나는 지친 마음을 회복할 신성한 시간과 공간으로 들어섰다.
근심 털어버리기	지금 나는 필요한 모든 것을 가졌으며, 머리와 가슴을 비울 수 있다. 나를 괴롭히는 문제들을 두고 후회와 걱정을 털어버리자.

오아시스 타임에 몰입하라

행동	생각
디지털 기기 내려놓기	디지털 기기를 쓰지 않는다. 지루하거나 자극이 필요하면 사람을 만나고, 산책하고, 책을 읽고, 세상을 탐색할 것이다.
속도 늦추기	중요한 것에 집중할 수 있도록 천천히 움직인다. 내 삶 속에 있는 아름다움과 기쁨에 주의를 기울일 것이다.
성과에 대한 집착 버리기	시급하게 해야 할 일이 생각나거나 일과 가족에 대한 근심이 생기면 그 내용을 두고 무시할 것이다.

오아시스 타임을 마무리하라

행동	생각
휴식시간 끝내기	활동의 세계로 돌아갈 준비를 하되 계속 평온하고 즐거운 마음을 유지한다.
활기차게 활동 재개하기	내게 기쁨을 주는 일로 새로운 일주일을 시작한다.

1   Oliver Sacks, "Sabbath," *New York Times*, 2015. 8. 14., SR1.

2   Elizabeth Gilbert, entry on her facebook page, 2016. 5. 20.

3   Paul J. Rosch, "The Quandary of Job Stress Compensation," *Health and Stress*, 3권 (2001.3), 2-3. 스트레스가 초래하는 총비용을 계산하는 방식에 논쟁의 여지가 있다고 생각하는 사람도 있지만, 로시는 해당 수치가 상당히 보수적인 추정치라고 여기며 비판론자들도 다른 수치나 추정 방식을 제시하지 않았다.

4   "The State of American Vacation 2016: How Vacation Became a Casualty of Our Work Culture," Project: Time Off (2016). projecttimeoff.com/sites/default/files/PTO_SoAV%20Report_FINAL.pdf.

5   Sonia van Gilder Cooke, "Bon Voyage!: Why Europe's Vacation-Loving Ways May Make Economic Sense," *Time* (2012. 3. 19). http://content.time.com/time/world/article/0,8599,2109263,00.hrml.

6   Gallup, Inc. "In U.S., 40% Get Less Than Recommended Amount of Sleep," Gallup.com (2013. 12. 19). www.gallup.com/poll/166553/less-recommended-amount-sleep.aspx.

7   Sara Martin, "'Our Health at Risk': APA's Latest Survey Finds That Many Americans Don't Understand How Stress Can Undermine Their Health," 미국 심리학회, *Monitor on Psychology*, 43권, 3호 (2012. 3), 18. www.apa.org/monitor/2012/03/stress.aspx.

8   "Stress," 미국 당뇨병학회, 2016. www.diabetes.org/living-with-diabetes/complications/mental-healch/stress.html.

9   Cari Romm, "Americans Are Getting Worse at Taking Sleeping Pills," TheAtlan-
    tic.com, 2014. 8. 12, http://www.theatlantic.com/healch/archive/
    2014/08/americans-are-getting-worse-at-taking-sleeping-pills/375935/.

10 MCM Research, *WTAG Binge-Drinking Research, Rep. Wine Intelligence,* 2004. 9.
    www.sirc.org/publik/binge_drinking.pdf.

11 Rebecca C. Thurston, PhD, and Laura D. Kubzansky, PhD. MPH, "Women,
    Loneliness, and Incident Coronary Heart Disease," *Psychosomatic Medicine,* 71
    권, 8호(2009. 10), 836-42.

12 Mary K. Alvord, PhD, 외, "Understanding Chronic Stress," APA Help Center,
    미국 심리학회, 2016. 11. www.apa.org/helpcencer/understanding-chronic-
    stress.aspx

13 *The Common Sense Census: Media Use by Tweens and Teens,* 커먼센스미디어보고서,
    2015. www.commonsensemedia.org/sites/default/files/uploads/research/
    census_researchreport.pdf.

14 Sherry Turkle, *Reclaming Conversation: The Power of Talk in a Digital Age* (New
    York : Penguin, 2015).

15 2015년 10월에 저자와 나눈 대화 내용에서 발췌.

16 Emily Feinstein, 컬럼비아대학교 중독및약물남용연구소 수석 연구원의 가족식
    사 연구 프로젝트. 조지프 칼리파노(Joseph Califano)가 설립한 이 연구소는 사회
    전 부문에서 약물 남용이 미치는 영향을 조사한다. 주요 사업 중 하나는 미국 대통
    령과 50개 주 주지사가 후원하는 패밀리 데이(Family Day)다.

17 Amy Banks, Leigh Ann Hirschman, *Wired to Connect: The Surprising Link be-
    tween Brain Science and Strong, Healthy Relationships* (New York: TarcherPerigee,
    2015).

18 Tony Schwartz, "What I Learned on My Vacation," *The New York Times,* 2014. 9.
    5. http://dealbook.nytimes.com/2014/09/05/what-i-learned-on-my-va-
    cation/?_r=0.

19 Dave Schrader, "Recovering the Rhythms of Rest," The Leadership Circle,

2014. 10.

20 Renuka Rayasam, "The End of the Inbox: Companies That Banned Email." *BBC Capital*(2015. 3. 25). http://www.bbc.com/capital/story/20150324-the companies-that-banned-email.

21 인터뷰 내용에서 발췌, 2015. 11. 25.

22 Senator Joseph Lieberman, David Klinghoffer, *The Gift of Rest: Rediscovering the Beauty of the Sabbath* (New York: Howard Books, 2011), 208.

23 David Rock 외, "The Healthy Mind Platter," *The NeuroLeadership Journal,* 4권 (2012), 1-23.

24 William Powers, *Hamlet's BlackBerry: Building a Good Life in the Digital Age* (New York: Harper, 2010), 229.

25 Mark Bittman, "I Need a Virtual Break. No, Really," *New York Times,* 2008. 3. 2.

26 "Author One-on-One: Arianna Huffington and Mark Hyman," Amazon. com, https://www.amazon.com/Thrive-Redefining-Success-Creating-Well-Being/dp/0804140863.

27 Powers, *Hamlet's BlackBerry,* 231.

28 Eviatar Zerubavel, *The Seven Day Circle: The History and Meaning of the Week* (Chicago: University of Chicago Press, 1989).

29 코란62장9절.

30 코란62장11절.

31 Aisha Stacey, "Friday-The Best Day of the Week," IslamReligion.com, 2010. 10. 18, http://www.islamreligion.com/arcicles/10170/friday-best-day-of-week/.

32 Eviatar Zerubavel, *The Seven Day Circle: The History and Meaning of the Week* (Chicago: university of Chicago Press, 1989).

33 2014년 5월에 저자와 나눈 서신에서 발췌.

34 Gary Eberle, *Sacred Time and the Search for Meaning*(Boulder, CO: Shambhala, 2003).

35   R. R. Hinman, *The Blue Laws of New Haven County, Usually Called Blue Laws of Connecticut: Quaker Laws of Plymouth and Massachusetts... First Record of Connecticut* (Hartford, CT: Case, Tiffany & Co., 1838).

36   위와 같음.

37   위와 같음.

38   Judith Shulevitz, *The Sabbath World: Glimpses of a Different Order of Time* (New York: Random House, 2010), 47.

39   Judith Shulevicz, "Remember the Sabbath," Forward.com, 2010. 3. 31.

40   Benjamin Kline Hunnicutt, *Free Time: The Forgotten American Dream*(Philadelphia: Temple University Press, 2013).

41   Abraham Joshua Heschel, *The Sabbath: Its Meaning for Modern Man* (New York: Farrar, Strauss, Giroux, 1951).

42   Aristotle, *Nicomachean Ethics X* (1176b30).

43   Heschel, 위와 같음.

44   Philip Slater, *The Pursuit of Loneliness: American Culture at the Breaking Point* (Boston: Beacon Press, 1970).

45   Bill McKibben, *The Comforting Whirlwind: God, Job, and the Scale of Creation* (Cambridge, MA: Cowley Publications, 2005), 66.

46   Pope Francis, *Laudato Si: On Care for Our Common Home,* 2015. 5. 24, 237절.

47   Hunnicutt, *Free Time.*

48   《탈무드》, 〈안식일에 대해〉, 25.

49   노엄 지온이 저자와의 서신에서 소개한 얄쿠트 베에 차난(YalkutVe'Etchanan)의 설명.

50   Josef Pieper, "Leisure and Its Threefold Opposition," 출처: Josef Pieper: *An Anthology* (San Francisco: Ignatius Press, 1989).

51   위와 같음.

52   위와 같음.

53   Sonja Haller, "Top 15 Things I Learned from 52 Sabbaths," *52 Sabbaths,* 2015.

8. 29, http://www.sonjahaller.com/top-15-things-i-learned-from-52-sabbaths/.

54   Liu Yi Lin, Jaime E. Sidani, Ariel Shensa, Ana Radovic, Elizaberh Miller, Jason B. Colditz, Berh L. Hoffman, Leila M. Giles, Brian A. Primack, "Association Between Social Media Use and Depression Among U. S. Young Adults," *Depression and Anxiety* 33, no. 4 (2016. 1. 19.), 323-31.

55   Stephen Marche, "Is Facebook Making Us Lonely?," *Atlantic,* 2012. 5.

56   John Schumaker, "The Demoralized Mind," *New Internationalist,* 2016. 4.

57   Robert Waldinger, "What Makes a Good Life? Lessons from the Longest Study on Happiness," TED.com, 2015. 12, https://www.ted.com/talks/robert_waldinger_what_makes_a_good_life_lessons_from_rhe_long.

58   Cayte Bosler, "Make Time for Awe," *Atlantic,* 2013. 12.

59   William Irvine, *A Guide to the Good Life: The Ancient Art of Stoic Joy* (New York: Oxford University Press, 2009); Zelig Pliskin, *Gateway to Happiness* (Jerusalem: Ai sh Hatorah Publications, 1983).

60   Brigid Schulte, *Overwhelmed: Work, Love, and Play When No One Has the Time* (New York: Farrar, Strause, Giroux, 2014).

61   John Darley, Daniel Batson, "'From Jerusalem to Jericho': A Study of Situational and Dispositional Variables in Helping Behavior," *Journal of Personality and Social Psychology*, 27, no. 1 (1973), 107.

62   예를 들어 랍비 레베 나흐만(Rebbe Nachman)의 가르침을 살펴보라.

63   Seth L. Godin, *What Matters Now,* Lulu.com (Triibes Press, 2009).

64   팀 페리스 블로그 게시글, "Why You Need a Deloading Phase in Life," 2016. 3. 29.

65   Stuart L. Brown, Christopher C. Vaughan, *Play: How It Shapes the Brain, Opens the Imagination, and Invigorates the Soul* (New York: Avery, 2009), 5.

66   Mihaly Csikszentmihaly, *Flow: The Psychology of Optimal Experience* (New York: Harper & Row, 1990).

67 Jiddu Krishnamurti, *The Flame of Attention* (San Francisco: Harper & Row, 1983).

68 Arianna Huffington, *Thrive: The Third Metric to Redefining Success and Creating a Life of Well-Being, Wisdom, and Wonder* (New York: Harmony Books, 2015), 1.

69 Erin Callan, "Is There Life after Work?" *New York Times,* 2013.3.9.

70 Erin Callan Montella, *Full Circle: A Memoir of Leaning in Too Far and the Journey Back* (Vancouver, BC: Triple M Press, 2016).

71 Pico Iyer, *The Art of Stillness:Adventures in Going Nowhere* (New York: TED Books/Simon & Schuster, 2014).

72 Stephen Grosz, *The Examined Life: How We Lose and Find Ourselves*(New York: W. W. Norton, 2013), 123.

73 David Roberts, "Reboot or Die Trying," *Outside,* 2014.10.

74 Eugene O'Kelly, *Chasing Daylight: How My Forthcoming Death Transformed My Life* (New York: McGraw-Hill, 2008).

75 위와 같음.

76 위와 같음.

77 Bronnie Ware, "Regrets of the Dying," 2009. 11. 19, http://bronnieware. com/regrets-of-the-dying/.

78 Brain Tracy, *No Excuses! The Power of Self-Discipline* (New York: MJF Books, 2012).

79 Dale Carnegie, *How to Stop Worrying and Start Living* (New York: Simon & Schuster, 1948).

80 Schulte, *Overwhelmed,* 19.

81 Sara Schley, *Secrets of the Seventh Day: How Everyone Can Find Renewal through the Wisdom and Practices of the Sabbath* (Ashland, OR: White Cloud, 2013).

82 Dean Ornish, *Dr. Dean Ornish's Program for Reversing Heart Disease: The Only System Scientifically Proven to Reverse Heart Disease without Drugs or Surgery* (New York: Ivy Books, 1995).

83 Bill Burnett and Dave Evans, *Designing Your Life: How to Build a Well-Lived*

Joyful Life (New York: Alfred A. Knopf, 2016), 199.

84   Tiffany Shlain, Technology Shabbats, http://www.moxieinstitute.org/tech-nology_shabbats.

85   2014년 1월에 저자와 나눈 대화에서 발췌.

86   Powers, *Hamlet's BlackBerry.*

87   Brené Brown, *The Gifts of Imperfection: Let Go of Who You Think You're Supposed to Be and Embrace Who You Are* (Center City, MN: Hazelden, 2010).

88   위의 책, 102.

89   MaryAnn McKibben-Dana, *Sabbath in the Suburbs: A Family's Experiment with Holy Time* (St. Louis, MO: Chalice Press, 2012).

90   Erin Bried, *How to Build a Fire and Other Handy Things Your Grandfather Knew* (New York: Ballantine Books, 2010), 251-52.

91   Chögyam Trungpa, *Shambhala: The Sacred Path of the Warrior*, reissue ed. (Boulder, CO: Shambhala, 2007).

92   2016년 12월에 저자와 나눈 대화에서 발췌.

93   Bruce Feiler, "This Life: The Stories That Bind Us," *New York Times,* 2013. 3. 15.

94   Jerry Mander, *In the Absence of the Sacred: The Failure of Technology and the Survival of the Indian Nations* (San Francisco: Sierra Books, 1991).

95   contemporaryjewishlearning.com/conversationstarters와 thefamilydinner-project/conversationstarters 참고.

96   Turkle, *Reclaiming Conversation.*

97   2015년 11월에 저자와 나눈 대화에서 발췌.

98   2014년 5월에 저자와 나눈 대화에서 발췌.

99   2015년 4월에 저자와 나눈 대화에서 발췌.

100   2016년 2월에 저자와 나눈 대화에서 발췌.

101   2016년 3월 저자와 나눈 대화에서 발췌.

102   Sara Schley, *Secrets of the Seventh Day: How Everyone Can Find Renewal through*

the Widsom and Practices of the Sabbath (Ashland, OR: White Cloud Press, 2014).

103 Thich Nhat Hanh, Lilian Cheung, *Savor: Mindful Eating, Mindful Life* (New York: HarperOne, 2010).

104 Gary Eberle, *Sacred Time and the Search for Meaning.*

105 Ray Williams, "Workaholism and the Myth of Hard Work," *Psychology Today,* 2012. 3. 15. psychologytoday.com/blog/wired-success/201203/workaholism-and-the-myth-hard-work/.

106 *The Workaholics Anonymous Book of Recovery,* 1st ed. (2005), 11-15. http://www. Workaholics-anonymous.org/literature/book-of-recovery. 다음에 나오는 내용은 일중독자 모임 국제 서비스기구(Workaholics Anonymous World Services Organization)의 허가를 받아 게재함.

107 Sonja Haller, *52 Sabbaths.*

108 Richard Louv, *Last Child in the Woods: Saving Our Children from Nature Deficit Disorder* (Chapel Hill, NC: Algonquin of Chapel Hill, 2006), 64.

109 2016년 9월에 저자와 나눈 대화에서 발췌.

110 팟캐스트 〈크리스타 티펫과 나누는 존재에 대한 이야기(On Being with Krista Tippett)〉에서 크리스타 티펫과 미라바이 부시가 나눈 대화 중 일부.

111 2015년 12월 11일에 한 인터뷰에서 존스 목사가 인용한 내용.

112 Robert Kegan, Lisa Lahey, *Immunity to Change: How to Overcome It and Unlock the Potential in Yourself and Your Organization* (Boston: Harvard Business Press, 2009).

113 2015년 11월에 저자가 리사 라헤이와 나눈 대화에서 발췌.

114 McKibben-Dana, *Sabbath in the Suburbs.*

115 Kegan, Lahey, *Immunity to Change.*

116 Julia Gifford, "The Secret of the 10% Most Productive People? Breaking!" 블로그 게시글, 2014. 8. 20. blog.desktime.com/2014/08/20/the-secret-of-the-10-most-productive-people-breaking/.

117 Schulte, *Overwhelmed,* 8-20.

118 Katherine Ellison, *Buzz: A Year of Paying Attention* (New York: Voice, 2010).

119 Abby Seixas, *Finding the Deep River Within: A Woman's Guide to Recovering Balance and Meaning in Everyday Life* (San Francisco: Jossey-Bass, 2006).

120 Tara Brach, *True Refuge: Finding Peace and Freedom in Your Own Awakened Heart* (New York: Bantam, 2013).

121 Rachel Macy Stafford, "Vow to Breathe," *Hands Free Mama,* 2014. 1. 7. http://www.handsfreemama.com/2014/01/07/vow-to-breathe/.

122 Benjamin Franklin, *The Autobiography of Benjamin Franklin,* 편집: Frank Woodworth Pine (New York: Henry Holt and Company, 1922).

123 이 비유는 상담가이자 영적 스승인 랍비 데이비드 라핀에게서 얻은 것이다.

124 Marshall Goldsmith, Mack Reiter, *Mojo: How to Get It, How to Keep It, How to Get It Back if You Lose It* (New York: Hyperion, 2009), 179-80.

125 Cal Newport, *Deep Work: Rules for Focused Success in a Distracted World* (New York: Grand Central Publishing, 2016).

126 Teresa Amabile, Steven Kramer, *The Progress Principle: Using Small Wins to Ignite Joy, Engagement, and Creativity at Work* (Boston: Harvard Business Review Press, 2011).

127 Michael W. Kraus, Cassy Huang, Dacher Keltner, "Tactile Communication, Cooperation, and Performance: An Ethological Study of the NBA," *Emotion* 10, vol. 5 (2010. 10.): 745-49.

128 Tim Kasser, *The High Price of Materialism* (Cambridge, MA: MIT Press, 2002), 9.

129 Paul Piff, Dacher Keltner, "Why Do We Experience Awe?" *New York Times,* 2015. 3. 22, http://www.nytimes.com/2015/05/24/opinion/sunday/why-do-we-experience-awe.html.

130 위와 같음.

131 Dan Buettner, *The Blue Zones: Lessons for Living Longer from the People Who've Lived the Longest* (Washington, DC: National Geographic, 2008).

132 Thich Nhat Hanh, *Miracle of Mindfulness: An Introduction to the Practice of Med-*

itation (New York: Beacon Press, 1978).

133 Heschel, *God in Search of Man,* 46.

134 Brach, *True Refuge.*

135 Barbara Brown Taylor, *The Practice of Saying No* (New York: Harperone, 2012).

136 Dominique Browning, "Losing It," *New York Times Magazine* 2010. 3. 25.

137 Sebastian Junger, *Tribe: On Homecoming and Belonging* (New York: Twelve, 2016), 52.

138 Heschel, *The Sabbath,* 28.

쉼과 나아감에 대하여
ⓒ 마릴린 폴, 2017

초판 1쇄 인쇄 | 2024년 11월 15일
초판 1쇄 발행 | 2024년 11월 27일

지은이 | 마릴린 폴
옮긴이 | 김태훈
책임편집 | 배상현
콘텐츠 그룹 | 배상현, 김아영, 김다미, 박화인, 기소미
북디자인 | STUDIO 보글

펴낸이 | 전승환
펴낸곳 | 책 읽어주는 남자
신고번호 | 제2024-000099호
이메일 | bookpleaser@thebookman.co.kr

ISBN 979-11-93937-34-1 (03190)